나는 세무사 없이
세금 신고한다

1인 사업자를 위한 세금 완전정복

나는
세무사 없이
세금 신고
한다

송대훈 지음

✳ 세무사가 알려주는 똑똑한 절세법 ✳

교보문고

경영만으로도 벅찬 사업 초기, 세금은 어떻게 관리해야 할까?

요즘 우리 주변을 살펴보면 정말 많은 사람이 창업을 한다. 그로 인한 성공담, 실패담, 사업가이드 등 수많은 책과 블로그 글, 유튜브 동영상이 쏟아져 나온다. 왜 그럴까? 매체를 보고 간접 체험으로 끝내라는 것일까? 기업을 경영하기 위해서 미리 준비하라는 것일까?

통계를 보면 창업을 하는 만큼 폐업도 많이 한다. 창업하는 숫자가 이전보다 절대적으로 늘었지만, 폐업하는 수와 비교해보면 창업보다 폐업이 많다. 그들은 왜 사업을 그만둘까?

폐업하는 사업자의 많은 수가 사업을 경영하는 방법을 모른다. "나는 소소하게 벌어서 저녁에 일 빨리 끝내고 술 한잔하면서 나만의 시간을 보내는 게 목표야" "나는 그저 직장생활이 지긋지긋해서 창업하고 싶은 거야" 이런 어중간한 각오가 폐업의 지름길이 되는 것이다.

물론 개중에는 성공한 사람도 있고, 뜻하는 바를 이룬 사람도 있다. 그렇지만 이런 사례는 극소수다. 평균적으로는 그렇지 않다. 우리는 사업을 위해서 조금 더 철저해야 한다. 내가 하고자 하는 사업의 아이템, 아이디어, 업종에 대한 이해도는 물론이거니와 그 외 마케팅, 내부관리, 재무관리 등 모든 사업에 공통적으로 적용되는 전략을 아는 것도 중요하다.

거래처 대표들 중에는 승승장구하는 사람들이 있는가 하면, 성장 가도를 달리던 와중에 경영을 못 해서 갑자기 미끄러지는 사람도 있다. 직원, 세금 등에서 문제가 불거지는 것이다. 어떤 업종을 경영하든지, 어느 정도의 규모를 운영하든지 우리는 대표로서 기본자세를 겸비하고 있어야 한다. 그중 하나가 세금 문제다.

주변에 어마어마하게 빠른 속도로 성장하는 사업가가 있었다. 좋은 차도 사고, 유명 연예인들이 산다는 집도 사고, 자수성가해서 정말 남부럽지 않은 생활을 하고 있었다. 그러다 세무조사를 받게 되었다. 국세청에 토해낸 세금이 어마어마했다. 결국 그의 다년간의 노력은 한순간에 무너졌고, 성공하기 위해 이를 바득바득 갈며 걸어왔던 그 길을 처음부터 다시 걸어야만 했다.

이 책은 중견기업의 대표들에게 지식을 주는 책은 아니다. 본인 위치에 어울리는 책이 있듯이 창업을 하고자 꿈꾸는, 또는 사업을 막 시작한 사업자들에게 적합한 책이다. "거미도 줄을 쳐야 벌레를 잡는다"라는 말처럼, 미리 알고 준비해야 차후에 발생할 문제를 미연에 방지할 수 있지 않겠는가? 특히 세금은 더욱 철저히 준비해야 한다.

세무사로 사업 관련 일을 하다 보면 세금이 막막해서 찾아오는 초보 사업자들을 많이 만난다. 그들은 세금을 잘 몰라서 도움을 받고자 전문가를 찾아왔겠지만, 세법대로 계산한 세금이 생각보다 많으면 무턱대고 화를 내거나 막무가내로 줄일 방법을 알려달라고 하는 경우도 있다. 그들이 세금에 대한 기초지식이 있다면, 세무사를 찾아오기 전에 스스로 세금을 현명하게 줄일 방법을 숙지하고 사업을 해 세금이 많이 나오지 않았을 것이고, 설령 처음에는 세금이 많이 나왔더라도 세무사가 하는 설명과 조언을 쉽게 이해해 결국 절세에 성공하고 사업을 더 번창시킬 수 있을 것이다.

그래서 나는 사업자라면 세금이 비록 불편하고 어렵더라도, 한 발짝 더 다가가길 권한다. 그러려면 세금 신고 때 블로그나 유튜브로 단편적인 지식을 흡수하기보다 사업 전반에 걸쳐, 1년의 경영 사이클 속에서 세금이 어떤 의미이고 어떻게 발생하고 처리되는지 그 원리를 이해해야 한다. 이런 의도를 가지고 이 책을 집필했다.

세금 관련 업무는 전문용어로 된 세법을 기본으로 하기 때문에 모든 용어가 낯설고 어렵다. 이 책에서는 이런 전문용어들이 난무하는 세무를 일반인들도 이해하기 쉬운 용어로 풀어 쓰고자 했다. 따라서 전문가가 보기에는 오히려 낯설고 불편한 단어들이 존재할 수도 있다. 한편 요즘에는 1인 사업자로 창업하는 비율이 늘어나는 만큼, 1인 사업자가 알아야 할 세금 지식을 최대한 담으려 했다. 그들이 반드시 알아야 할 세금인 부가가치세, 종합소득세, 원천세 이 세 가지를 집중적으로 다뤘다. 그래서 책을 읽고 나면 이 세 가지 세금이 조금이나마 만만하게 보일 수 있도록 하는 게 이 책의 목표다.

창업 초기에 사업을 하다 보면 많은 관문에 부딪힐 것이고 끊임없이 고민하고 고뇌하는 시간이 반복될 것이다. 적어도 세금만큼은 이 책을 참고해, 세무의 궁금증을 빠르게 해소하고 좀 더 영업활동에 집중할 수 있도록 도움이 되었으면 한다.

목차

· 서문 경영만으로도 벅찬 사업 초기, 세금은 어떻게 관리해야 할까?   05

· 기초 세무용어 사전   12

PART 1 📃
사업한다면 세금과 친해져라

1. 세금, 피할 수 없으면 익숙해지자   27

2. 개인사업자의 1년 세금 캘린더   31

3. 부가가치세: 남녀노소 누구나 낸다   33

4. 종합소득세: 소득 있는 개인은 누구나 낸다   35

5. 원천세: 사업자가 알아야 할 또 하나의 세금   38

6. 연말정산: 직원을 둔 사업자의 추가 숙제   40

7. 적격증빙: 절세의 기초수단   42

PART 2 📃
절세에 유리한 사업자가 되는 법

1. 사업자등록은 꼭 해야 할까?   47

2. 6단계로 사업자등록 끝내기   52

3. 개인사업자 vs. 법인사업자   69

4. 일반과세자 vs. 간이과세자   75

5. 과세사업자 vs. 면세사업자   82

6. 사업을 인수했다면, 권리금은 어떻게 처리할까?   84

PART 3 📖
사업자의 세금 기본기

1. 사업 필수요소 1: 사업자통장 등록   91

2. 사업 필수요소 2: 현금영수증 가맹점 가입   94

3. 사업 선택요소: 사업용 카드 등록   102

4. 세금계산서 발급하기   105

5. 수정세금계산서 발급하기   115

6. 세금계산서와 관련된 가산세, 무엇이 있을까?   120

7. 현금영수증 발급하기   123

8. 은행 대출을 받아보자   126

9. 거래 대상에 따라 준비도 달라야 한다   128

10. 알아두면 유리한 간이과세자 관련 법 총정리   130

11. 세금 신고와 납부가 늦으면 어떤 불이익이 있을까?   133

PART 4 📖
부가가치세 완전정복

1. 부가가치세 다시 보기   141

2. 부가가치세 신고 및 납부 시기   143

3. 부가가치세 신고서 뜯어보기: 매출세액   146

4. 부가가치세 신고서 뜯어보기: 영세율   157

5. 부가가치세 신고서 뜯어보기: 매입세액   163

6. 홈택스로 부가가치세를 직접 신고해보자   168

7. 카드매출 높으면: 신용카드매출 전표 등 발행 공제   187

8. 음식점은 여기 주목: 의제매입세액 공제   191

9. 과세제품도 팔고 면세제품도 판다: 겸영사업자　　196

10. 인테리어에 돈 좀 썼어요: 조기환급신고　　202

11. 현금매출 신고해야 하나요?　　204

12. 부가가치세 신고 후 납부를 깜빡했어요　　206

13. 일반과세자에서 간이과세자로 변경, 환급 포기해야 하나?　　209

14. 경기에 따라 부가가치세 조절하는 법　　211

PART 5 📜
종합소득세 완전정복

1. 종합소득세의 개념 이해하기　　217

2. 장부 작성 여부에 따른 종합소득세 신고 유형　　222

3. 종합소득세 신고, 사업자가 직접 할 수 있을까?　　227

4. 11월에 종합소득세 내기: 중간예납　　229

5. 간편장부 대상자 종합소득세 신고하는 법　　231

6. 신고서 작성법: 단일소득 단순경비율 대상자(모두채움 납부 유형)　　238

7. 홈택스로 신고하기: 단일소득 단순경비율 대상자(모두채움 납부 유형)　　245

8. 간편장부를 직접 작성해보자　　258

9. 사업비일까, 아닐까 알쏭달쏭한 항목들　　264

10 개인 대출이자도 비용 처리할 수 있다?　　267

11. 기계를 구매했는데 자산일까, 비용일까?　　269

12. 프리랜서에게 맡긴 일, 비용으로 처리하는 법　　271

13. 사업용 자동차, 어디까지 비용 처리할 수 있나?　　285

14. 세무대리인이 필요한 시점　　288

15. 세무대리인 선정의 4가지 기준　　292

16 세무대리인에 대한 오해　　295

PART 6 📜
직원을 고용해보자

1. 1인 사업자의 첫 직원 채용기　　301

2. 근로계약서 작성 안 하면 벌금 5백만 원?　　304

3. 직원과 관련된 세무 업무 한눈에 보기　　307

4. 직원 채용 직후 처리해야 할 업무　　309

5. 급여 대장 작성 방법　　315

6. 근로자의 소득세 납부하기　　322

7. 직원 퇴사 후 처리해야 할 업무　　326

8. 직원의 카드를 사업용으로 사용했다면 어떻게 처리할까?　　332

PART 7 📜
그 외 세금 Q&A

1. 업태와 종목의 선택이 왜 중요할까?　　337

2. 부부가 사업을 같이한다면 꼭 공동사업자로 등록해야 할까?　　339

3 직장인은 사업자등록 할 수 없다?　　341

4. 프리랜서는 사업자등록을 하는 편이 좋을까?　　343

5. 폐업은 어떻게 하고, 주의할 사항은 무엇이 있나?　　345

6. 매출·매입 실적이 전혀 없으면 신고 안 해도 될까?　　350

7. 직장인인데 프리랜서 소득이 생겼다면　　351

8. 회사에서 경품을 지급했는데 어떻게 처리하나?　　352

9. 간이과세자는 세금계산서를 받지 않아도 될까?　　355

10. 간이과세자로 전환 후 예상치 못한 세금이 나왔다면　　358

기초 세무용어 사전

법과 관련한 용어는 일반인에게 쉽지 않다. 세법도 예외는 아니다. 우리가 일상에서 잘 사용하지 않는 용어들이 많아서 세금이 더 어렵게 느껴진다. 하지만 세금은 우리 삶에서 떼려야 뗄 수 없고, 특히 사업할 때는 세금 신고가 필수이기 때문에 이 용어들을 이해하고 또 친해져야 하는 일은 불가피하다. 세무대리인을 두고 있으므로 걱정 없다고 하는 사람들도 있을 것이다. 그런데 그 세무대리인이 하는 말을 알아듣고 제대로 의사소통하기 위해서는 그들이 쓰는 단어를 정확히 이해해야 한다. 우리가 전쟁에 나가기 위해 용병을 고용했다고 하자. 그런데 그 용병이 아무리 아군이라지만, 말이 통하지 않으면 어떻게 함께 싸울 수 있을까?

따라서 책을 본격적으로 시작하기에 앞서 세법 관련 용어들을 최대한 일반인의 시선에 맞춰 설명하는 사전을 마련했다. 여기서는 쉽게 풀어 쓰는 데 중점을 두었으므로, 전문적인 뜻은 아니라는 점을 참고하자.

관련 용어들끼리 묶어서 설명하면 이해하기 더 쉽겠지만, 책을 읽으면서 단어가 낯설게 느껴질 때 돌아와서 다시 찾아볼 수 있도록 가나다순으로 정리했다.

가산세

세법에서는 의도적 탈루든 단순 착오든 상관없이 적법하게 신고 및 납부되지 않았을 때 과태료와 비슷한 성격의 가산세를 부과한다. 가산세는 실질적으로 어떤 사유로 납부하느냐에 따라서 기존 세액의 최대 50%를 추가로 낼 수도 있다. 세금을 제대로 몰라서 신고를 잘못한 경우도 예외는 아니다. 그러니 억울하게 가산세를 내는 일을 피하기 위해서라도 세금을 정확히 알 필요가 있다.

(예시) 10만 원의 공급가액(매출)에 대한 세금계산서를 발급하지 않은 김 씨는 세금계산서 미발급 가산세로 본래 납부할 세금에 추가로 공급가액 10만 원의 1%에 해당하는 1,000원까지 내야 했다.

간이영수증

적격증빙에 속하지 않은 영수증을 간이영수증이라고 한다. 이는 부가가치세법상 불공제 대상이며, 종합소득세 또는 법인세를 신고할 때 비용으로 처리하려면 가산세를 내야 할 수도 있다.

(예시) 의류 도소매를 운영하는 박 씨가 의류를 구매하고 받은 장끼(의류도매시장에서 사용하는 거래 명세서)는 세법상 간이영수증에 속한다.

감가상각

사업에 필요한 자재를 구매할 때 비용으로 한꺼번에 처리하지 않고, 5년 등 사업자가 정한 내용연수(사용 가능 햇수)에 따라 매년 비용을 처리하는 방법이다. 감가상각 방법은 정액법, 정률법, 생산량비례법 등이 있다.

경정청구

세금을 실제보다 많이 신고했을 때 돌려받기 위해 다시 신고하는 것을 말한다.

고정자산

회계상 감가상각이 가능한 자산을 통칭해서 이르는 단어로 유형자산과 무형자산이 모두 포함된다. 예를 들어 유형자산으로는 기계, 업무용 자동차, 컴퓨터 등이 있으며, 무형자산으로는 개발비, 소프트웨어 구매비용 등이 포함된다. 구매한 품목 중에 고정자산이 있다면 부가가치세, 종합소득세 그리고 법인세를 신고할 때 별도의 항목으로 반영할 필요가 있다.

(예시) 1월 1일 공장기계(내용연수 : 5년, 감가상각 방법 : 정률법 가정)를 총 5,500만 원(부가가치세 포함)에 구매했다면, 구매한 날이 속한 과세기간에 부가가치세를 신고할 때 '고정자산 매입'으로 500만 원(해당 기계 가격에 붙는 부가가치세)을 비용으로 인정받는다. 한편 종합소득세를 신고할 때는 5,000만 원을 감가상각 대상 자산으로 신고해 여기에 세법에서 정한 감가상각률인 45.1%를 곱해 2,255만 원을 감가상각비로 인정받을 수 있다.

공급가액
부가가치세의 기준이 되는 금액으로 매출이라고도 한다. 총결제금액, 즉 사업자가 받은 금액에서 부가가치세를 제외한 금액이다.

(예시) 과세 제품을 1만 1,000원(부가세 포함)에 판매했다면 공급가액은 1만 원이다.

공급대가
부가가치세를 포함한 판매금액으로, 결제금액이라고도 부른다. 주로 간이과세자는 공급대가를 기준으로 부가가치세를 신고한다.

(예시) 1만 원짜리 과세 제품을 판매했다면 공급대가는 1만 1,000원

공급자와 공급받는 자
공급자는 재화나 용역을 판매하는 사업자를 말하며, 공급받는 자는 재화나 용역을 구매하는 사업자를 말한다.

공제 및 불공제
공제는 세금을 신고할 때 비용으로 인정받을 수 있는 것이고, 불공제는 인정받을 수 없는 것이다.

(예시) 매출 공급가액이 5,000원, 매입 공급가액 3,000원 중 공제 가능한 비용 1,000원, 불공제비용 2,000원인 경우 국세청에 신고해야 할 부가가치세는 매출세액 500원(5,000의 10%)에 공제 가능 비용 100원(1,000의 10%)을 차감한

400원이다.

과세(항목)

과세는 세금이 부과되는 재화나 용역을 말한다. 비과세 및 면세와 구별된다.

(예시) 저축상품은 부가가치세법상 면세 항목에 속한다. 그리고 저축 중 일부 상품은 종합소득세법에 따라 비과세한다.

과세기간

종류별 세금마다 신고하는 기준이 되는 기간의 범위를 말한다.

(예시) 부가가치세의 과세기간은 다음과 같다.

　　　1기 : 1월 1일부터 6월 30일까지

　　　2기 : 7월 1일부터 12월 31일까지

과세표준

세율을 적용하는 기준이 되는 금액을 말한다. 즉 과세표준 금액에 따라 세율이 결정되는 것이다. 과세표준이 높을수록 적용 세율 역시 높아진다.

(예시) 수입금액 − 필요경비 = 사업소득금액

　　　(다른 소득이 없다면 사업소득금액이 종합소득금액)

　　　종합소득금액 − 소득 공제 = 과세표준

기장

개인사업자나 법인사업자가 사업과 연관된 금전에 관한 모든 활동을 장부에 작성하는 것을 말한다. 가정에서 가계부를 작성하는 것과 유사한 개념으로 보면 된다.

기장대리

세무대리인의 서비스 중 하나로 사업장의 세무 전반을 관리해주는 것이다. 종류별 세금 신고와 정기적인 세무 상담, 절세 컨설팅 등 기본적인 세무 업무를 담당하는 것으로, 비용을 매달 지급하는 것이 보통이다(법인세, 종합소득세 등 세무 조정이 필요한 업무는 대부분 일회성으로 비용을 따로 지급한다).

기타매출(건별 매출)

기타매출은 증빙 자료가 아예 없거나 적격증빙으로 인정되지 않는 증빙을 통해서 매출이 발생했을 때 분류하는 매출 항목이다.

(예시) 국밥집을 운영하는 개인사업자 정 씨가 현금을 수취하고 현금영수증을 발급하지 않은 채 판매한 국밥 11만 원의 현금매출은 기타매출로 분류해 부가가치세를 신고해야 한다.

기한후신고

세금을 법정신고기한 내에 신고하지 못해서 기한이 지난 후 신고하는 것을 말한다.

내용연수

자산의 사용 가능한 기간을 말한다. 이 기간은 세법에 규정된 자산별 범위 안에서 사업자가 임의로 정할 수 있다.

매입

매출의 반대 개념으로, 흔히 영업활동을 위해 지출한 매출원가라고 생각할 수 있는데, 실무적으로는 부가가치세와 관련한 모든 비용을 매입비용이라고 부른다.

매입세액

부가가치세법상 인정 가능한 비용과 관련한 부가가치세액을 말한다.

(예시) 의류 도소매업을 운영하는 윤 씨가 소비자에게 판매할 의류를 업체로부터 1만 1,000원에 구매했다면 매입세액은 1,000원.

매출세액

부가가치세법상 매출과 관련한 부가가치세액을 말한다.

(예시) 과세 제품을 1만 1,000원(부가세 포함)에 판매했다면 매출세액은 1,000원이다.

면세(항목)

면세는 특정한 재화 또는 용역의 공급에 대해 과세 대상이지만, 부가가치세법에 따라 부가가치세의 납부 의무만을 면제하는 것이다. 따라서 면세 항목으로 신고할 의무는 존재한다. 1차 농수산물이나 도서 등이 해당한다.

발급일자

세금계산서를 발급하는 날을 말하며, 재화나 용역을 공급한 날이 속한 날을 기준으로 다음 달 10일까지 발급해야 한다(작성일자 참조).

(예시) 6월 25일에 판매한 제품에 관한 세금계산서를 7월 2일에 발급했다면, 6월 25일이 작성일자, 7월 2일이 발급일자다.

복리후생비

직원의 복지를 위해서 사용한 모든 금액.

(예시) 직원의 식대와 간식대는 복리후생비다.

부가가치세

이익에 대해서만 부과하는 세금을 부가가치세라고 하며, 부가가치세법에 따라 부과된다. 영어로 'value added tax'라서 줄여서 VAT라고도 부른다. 부가가치세를 매기는 상품에는 재화와 용역이 있다. 목적에 따라 일부 재화와 용역은 부가가치세가 면제되기도 한다.

부가가치세 예정신고

부가가치세의 예정신고는 1분기(1~3월)와 3분기(7~9월)에 대해서 신고하는 것으로 각각의 신고기한은 4월 25일, 10월 25일이다.

부가가치세 예정고지

부가가치세 예정신고기한 동안 개인사업자 및 소규모 법인사업자는 부가가치세를 직접 신고하지 않고 국세청에서 직전 기간에 발생했던 부가가치세 납부세액의 절반을 미리 납부하도록 알린다.

（예시） 이 씨는 4월 10일 세무서로부터 부가가치세 1분기 예정고지 세액을 우편물로 받았다.

부가가치세 확정신고
부가가치세의 확정신고는 상반기와 하반기로 나눠 신고하며, 각각의 신고기한은 7월 25일과 1월 25일이다.

불공제
→ 공제 참조

비과세(항목)
정책이나 사회현상을 반영해서 신고 및 납부 의무 자체가 성립하지 않는 항목을 말한다(과세항목 참조). 목돈 마련을 위한 은행의 비과세 예금 등이 해당한다.

사용자와 사용인
법률용어로 사용자는 회사의 대표, 즉 고용인을 말하고, 사용인은 회사의 직원, 즉 피고용인을 말한다.

세금계산서와 계산서
세금계산서는 과세되는 재화 또는 용역을 거래할 때 발급되는 증빙이며, 계산서는 면세 재화 또는 용역을 거래할 때 발급되는 증빙이다.

세액 공제
세율을 적용해서 산출된 세액을 줄여주는 항목으로, 세액 공제가 많으면 실제 납부할 세금이 줄어든다. 의료비 공제, 연금계좌세액 공제, 교육비 공제 등이 여기에 속한다(소득 공제 참조).

소득과 소득금액

소득은 매출, 수입금액과 동일하다고 볼 수 있으며, 소득금액은 그 소득에서 비용(필요경비)을 차감한 금액을 말한다.

(예시) 매출이 5,000만 원이고 비용이 4,000만 원인 사업자의 사업소득은 5,000만 원이고, 사업소득금액은 5,000만 원에 4,000만 원을 차감한 1,000만 원이다.

소득 공제

소득 공제는 과세 대상이 될 소득을 결정하기 위해 총소득액에서 법으로 정해진 금액을 빼는 것을 말한다. 소득 공제가 많으면 과세표준이 줄어드니 적용받는 세율 또한 낮아지는 효과가 있다. 대표적인 소득 공제로 신용카드 등 사용금액에 대한 소득 공제, 본인 및 부양가족 등 인적 공제, 연금보험료 공제 등이 그에 속한다.

(예시) 적용받는 세율이 6%라고 가정하면, 300만 원 소득 공제의 실제 절세액은 18만 원(300만 원×6%)이고 300만 원 세액 공제의 실제 절세액은 그대로 300만 원이다.

수입금액

일반적인 매출(부가가치세를 제외한 금액)에 종합소득세법에 따라 가산해야 할 항목에 따른 금액과 수입금액으로 보지 않는 금액을 차감한 뒤 남은 금액을 수입금액이라고 한다. 다만 우리는 수입금액과 매출을 동일시해도 무방하다.

수정신고

세금을 실제보다 많거나 적게 신고했을 때 다시 신고하는 것을 말한다.

신고기한

부가가치세, 종합소득세 등의 신고가 가능한 마지막 날.

(예시) 부가가치세의 상반기 신고기한은 7월 25일이며, 하반기의 신고기한은 1월 25일이다.

신고대리
세무대리인의 서비스 중 하나로 부가가치세, 종합소득세 등 신고 기간에만 대리를 맡기는 것으로, 일회성으로 비용이 발생한다.

신용카드매출 전표 등 발행 공제
적용 대상 사업자가 과세 재화나 용역을 공급하고 세금계산서 대신 신용카드, 현금영수증, 직불카드, 결제대행업체를 통해 결제받거나 전자적 결제수단에 의해 대금을 결제받는 경우 일정 금액을 납부세액에서 공제받을 수 있는데 이를 신용카드매출 전표 등 발행 공제라고 한다.

(예시) 국밥집을 운영하는 개인사업자 최 씨가 카드 결제를 받고 판매한 국밥 11만 원(부가세 포함)어치는 부가가치세를 신고할 때 1%를 곱한 1,100원만큼 세액을 공제받을 수 있다.

영세율
부가가치세액을 0으로 해서 신고하는 일. 과세 대상인 물품을 수출하거나 영세율 적용 대상인 거래를 하는 경우에 해당한다. 영세율의 거래를 주로 하는 사업자는 부가가치세법상 과세사업자로, 부가가치세 신고를 하지 않는 면세사업자와는 다르다.

영업용 승용차와 업무용 승용차
사람들은 영업을 위해서 사용하는 차량이 영업용 차량이라고 흔히 오해한다. 하지만 세법에서는 자동차판매업, 렌터카 회사, 운전학원, 택시회사처럼 승용차가 사업의 도구가 되는 업종의 승용차를 영업용이라 부르고, 그 외의 용도로 사용하는 차량은 모두 업무용(비영업용)으로 분류한다. 일반 회사에서 영업사원이 영업을 위해 사용하는 차량도 여기에 포함된다. 세금과 관련해서 이 차이는 매우 중요하다.

(예시) 영업용 승용차는 부가가치세 매입세액 공제가 가능하지만, 업무용 승용차는 부가가치세 매입세액 공제가 불가능하다.

용역

상품 중 형태가 없는 것을 가리킬 때 '용역'이라고 하며, 형태가 있는 것을 '재화'라고 한다.

예시 음식점에서 판매하는 음식은 용역이고(주된 사업 형태가 조리), 마트에서 판매하는 즉석식품은 재화다.

원천세

소득이나 수익을 지급하는 쪽에서 세금 일부를 거두어들이는 방법을 원천징수라고 하며, 이런 세금을 원천세라고 한다. 사업자가 원천징수 대상이 되는 소득을 지급할 때, 소득에서 세금을 떼고 지급하며 그 세금은 사업자가 신고하고 납부한다.

예시 사업자는 직원에게 인건비를 지급할 때 근로소득 간이세액표에 따른 일정 금액을 매달 원천징수해서 국세청에 신고 및 납부해야 한다.

의제매입세액 공제

부가가치세법상 세액 공제 중 하나. 사업자가 부가가치세를 면제받아 공급받은 농수산물 등을 원재료로 해서 제조·가공한 재화 또는 용역에 대해 부가가치세가 과세되는 경우 해당 원재료의 구매 금액 일부를 매입세액으로 공제받을 수 있는데 이를 의제매입세액이라 한다. 의제매입세액을 적용하는 비율은 업종마다 다르다.

예시 국밥집을 운영하는 개인사업자 한 씨가 구매한 돼지고기 10만 원(면세)어치는 부가가치세를 신고할 때 비용에 9/109를 곱한 8,256원만큼 의제매입세액 공제를 받을 수 있다.

작성일자

세금계산서의 작성일자는 재화나 용역을 공급한 시기라고 세법에 규정되어 있다 (발급일자 참조).

재화

상품 중 형태가 있는 것을 가리킬 때 '재화'라고 한다('용역' 참조).

적격증빙

세금계산서, 계산서, 신용카드매출 전표, 현금영수증 등이 적격증빙에 속한다. 적격증빙에 의하지 않고 세금을 신고하는 경우 혜택을 받지 못하거나 가산세를 적용받는 등 일부 제약이 있을 수 있다.

정액법

정해진 내용연수에 따라 단순하게 나누어 매년 균등한 금액을 비용으로 처리하는 방법이다.

정률법

정해진 내용연수에 따른 상각률(자산의 가치가 줄어드는 비율)을 매년 곱해서 계산된 금액을 비용으로 처리하는 방식이다.

중간예납

법인세와 종합소득세는 연간 1회 신고하며, 신고하기 전에 먼저 절반 정도를 미리 납부한다. 법인세의 경우는 8월에 중간예납 신고를 해야 하고 종합소득세의 경우 11월에 중간예납 고지를 우편으로 받는다.

지방소득세

종합소득세는 국세청에 소득과 관련된 세금을 납부하는 것이다. 그리고 이렇게 세금을 납부할 때 부가적으로 지방자치단체에도 세금을 같이 납부해야 한다. 세금 대부분은 국세청 신고·납부 시에 지방소득세로 지방자치단체에도 같이 신고하고 납부하게 되어 있다.

(참고) 부가가치세는 지방소득세를 따로 신고·납부하지 않는다.

추징

국세청이나 세무서에서 납세자가 신고를 잘못했을 때 덜 낸 세금, 즉 과소납부세액이나 가산세를 수정신고나 고지를 통해서 받는 행위를 '추징한다'고 표현한다.

필요경비

종합소득세법에서 쓰는 용어로 세법에 적법하게 인정되는 비용을 필요경비라고 부른다.

3.3%

정식 용어는 아니지만, 많은 사람들이 '3.3% 세금'이라는 말을 많이 쓴다. 이 3.3%는 일반적으로 프리랜서에게 비용(프리랜서의 사업소득)을 지급할 때 세법이 3%의 소득세를 제외하고 지급하라고 규정한 데서 생겨났다. 그런데 종합소득세의 대부분은 세금의 10%를 지방소득세로 납부하도록 규정하고 있기 때문에 종합소득세인 3%의 10%에 해당하는 0.3%가 지방소득세다. 이 두 세금을 합쳐서 3.3%라고 말하는 것이다.

PART 1

사업한다면
세금과 친해져라

세금, 피할 수 없으면 익숙해지자

누군가가 왜 일하느냐고 물으면, 그에 대한 답은 저마다 제각각일 것이다. 오랜 꿈을 이뤘다는 사람도 있을 것이고, 가족을 먹여 살리기 위해 일한다는 사람도 있을 것이며, 대출을 갚아야 한다는 사람도 있을 것이다. 사회 구성원으로서 누구나 일하니 나도 하고 있다는 사람도 있을 것이다. 그렇더라도 한 가지 대답은 모두 같지 않을까? 돈을 벌기 위해, 먹고 살기 위해, 경제적 자유를 얻기 위해 사람들은 일한다. 어떤 사람들은 직장인으로, 어떤 사람들은 사업자로, 또 아르바이트를 하거나 프리랜서로 일하는 사람들도 있다. 물론 금수저로 유유자적한 삶을 누리는 이도 있고 복권만 바라보고 있는 사람도 있을 것이다. 하지만 대부분은 일을 하고, 그들 중 일부는 사업자다.

예전에는 '평생직장'이란 단어가 당연하게 여겨졌다. 한번 취직하면 퇴직할 때까지 안정된 직장에서 정해진 월급을 받으며 인생의 계획을 세우고 살았다. 하지만 이제 직장은 보장된 미래가 아니고, 직장인들은 누구나 창업을 꿈꾼다. 특히 인터넷이 발달한 요즘, 예전에는 없었던 새로운 직업이 많이 생겨나면서 커피숍이나 치킨집 등의 자영업뿐만 아니라 오픈마켓의 셀러, 콘텐츠 크리에이터, 유튜버 등으로 사업자의 영역이 넓어지고 있다. 따라서 직장을 그만두고 창업하던 모습에 더해 오전에는 직장인, 저녁에는 사업자로 변신하는 투잡러들도 늘고 있다. 누구나 능력과 열정만 있다면, 자본이 적어도, 아니 자본이 없어도 창업할 수 있는, 그야말로 창업 전성시대다.

창업의 문턱이 낮아진 만큼, 많은 사람들이 창업을 한다. 그런데 그만큼 실패하는 사람도 많다. 도대체 왜 실패할까? 주위를 살펴보면 충분한 아이템을 가지고도 실패하는 사람들이 태반이다. 목표도 뚜렷하다. 창업 관련 서적을 독파하고 가이드에 따라서 운영했는데도 성공의 길은 멀고 멀다. 폐업하는 사업자의 대부분은 손익분기점break even point, BEP을 넘길 때까지 버티지 못하기 때문으로 밝혀졌다. 결국 다시, 돈 문제다.

사업자는 궁극적으로 돈을 벌어야 하고 그 노하우는 수없이 많겠지만, 이 책은 창업을 위한 책이 아니니 여기서는 생략하겠다. 우리가 여기서 다루는 것은 사업을 하면 필수적으로 알아야 하는 세금이다.

사업과 세금은 떼려야 뗄 수 없다. 아니, 사실 삶과 세금은 뗄 수 없는 관계다. 이런 관계를 벤저민 프랭클린은 "죽음과 세금은 피할 수 없다"는 명언으로 남겼다. 흔히 '세금폭탄'이라는 말을 많이 쓴다. 세금이 얼마나 파괴적이었으면 '폭탄'이라고 쓸까? 그런데 이유 없이 세금폭탄을 맞는 일은 없다. 다 이유가 있다. 세금을 아끼려고 탈세하다 적발되면 폭탄이 된다. 더 중요한 것은 세금에 대해 잘 모르기 때문에 사전에 조치가 되지 않아, 폭탄을 맞는 경우가 의외로 많다는 점이다. 예를 들어 사업을 위해서 많은 돈을 지출했지만 적격증빙을 제대로 챙기지 않아 비용으로 인정받지 못해 세금이 많이 나온 경우가 그렇다.

우리는 이 책에서 폭탄이 되지 않도록, 똑똑하게 세금 관리하고 현명하게 절세하는 방법을 알아보고자 한다.

세무대리 맡길수록 세금 알아야 한다

한 기업의 대표라면 회사가 굴러가는 모든 사정을 알아야 한다. 마케팅은 마케터에게, 자금 관리는 경리에게 맡기는 것은 당연하다. 하지만 알고 맡기는 것과 모르고 맡기는 것은 천양지차다. 대표는 CEO chief executive officer: 최고경영자, 즉 경영하는 사람이다. 각 분야의 전문가들이 내 기업을 위해서 일한다고 해도 그들은 최종 결정자가 될 수 없다. 결국 회사의 모든 책임은 대표가 지게 되는데 결정을 직원에게 맡길 수는 없지 않은가.

세금도 마찬가지다. "세무사님이 다 알아서 해주시겠죠." 다수의 대표에게 듣는 말이다. 물론 세무대리인이 회사 세금의 전반적인 부분을 알아서 처리해준다. 하지만 이는 하나는 알고 둘은 모르는 말이다. 세무대리인은 주어진 자료에 충실하게 전문지식을 활용할 뿐이다. 다시 말해, 사후에 처리해주는 사람이다. 만약에 사전에 잘 관리했다면 내지 않았을 세금을 내는 것은 사업자에게 큰 손해다. 사업을 직접 하는 주체인 '내가' 미리 알고 사전적으로 올바른 대처를 해야만 손실이 발생하지 않는다.

예를 들어보자. 일반적으로 세금계산서는 발급 시기가 정해져 있는데 이 시기를 벗어나면 지연했다는 이유로 매출의 1%에 해당하는 가산세(미발급의 경우 2%)가 발생한다. 고작 1%라고 와닿지 않는다면, 이렇게 생각해보자. 거래 한 건에 매출이 10억 원이고 매입은 9억 7,000만 원이다. 그러면 순수익은 3,000만 원으로 이익률은 낮지만 한 건당 매출의 볼륨이 매우 크다. 이때 세금계산서를 늦게 발급한다면 10억 원의 1%에 해당하는 가산세가 무려 1,000만 원에 달한다. 상황에 따라서는 감당할 수 없는 폭탄이 된다. 그렇기에 우리 자신이 준비하는 수밖에 없다.

그리고 양심이 올곧은 사람은 이해할 수 없을지도 모르지만, 생각지도 못한 편법을 이용해 세금을 내지 않는 사업자들이 있다. 불법적으로 세금을 내지 않는 것을 탈세라 하고 우회적으로 적법하게 세금을 내지 않는 것을 절세라 하는데, 양심의 잣대를 들이밀었을 땐 탈세 같지만 실제로는 법에 저촉되지 않기 때문에 절세인 경우가 많다. 하지만 이제 막 시작하거나 규모가 작은 개인사업자들은 아주 사소한 절세의 방법조차 모른다. 그들은 세무대리인을 이용할 규모가 아니기에 더욱 세금을 공부해야 한다. 또 세무대리인이 있다 한들, 내가 알지 못한다면 세무대리인이 설계해주더라도 실천에 옮길 수가 없다. 회사가 성장할수록 많은 대표들이 이를 뼈저리게 체감한다. 이미 우리는 학창시절 부모님이 공부의 중요성을 아무리 가르쳐줘도 자신의 고집대로만 살아 온 전적이 있지 않은가? 창업의 길을 걸어온 선배들을 보면서, 미리 세금을 공부하고 준비하자. 절대 후회하지 않을 것이다.

개인사업자의
1년 세금 캘린더

세금 하면 왠지 거부감이 들고 겁부터 덜컥 나는가? 그렇다고 하더라도 사업을 시작한 이상, 세금에 익숙해져야 한다. 그리고 세금은 세법에 따라 제때 잘 내기만 하면 문제가 없다. 특히 직원 없이 시작하는 개인사업자라면, 두 가지 세금만 알아도 문제없이 사업을 해나갈 수 있다. 부가가치세와 종합소득세만 잘 챙기면 여러분도 사업하면서 세금을 관리할 수 있다는 뜻이다.

이제 세금이 생각보다 쉽게 느껴지는가? 그런 자신감이 필요하다. 다만 부가가치세와 종합소득세 두 가지라고 해서 만만하게 봐서는 안 된다. 현명하게 절세하기 위해서는 세금을 납부하는 시기만 신경 쓰는 게 아니라 1년 내내 세금을 고려하며 사업을 관리해야 하기 때문이다.

다음의 표는 개인사업자의 연간 세금 관리 리스트로, 보는 바와 같이 대부분이 부가가치세와 종합소득세다. 사업이 잘돼 직원을 둘 경우에 필요한 원천세와 연말정산 관리까지 포함한다면 일반적인 개인사업자는 세금폭탄 맞는 일 없이 사업을 이어나갈 수 있을 것이다.

우리 책에서는 사업을 시작한 개인사업자의 세금 관리를 위한 첫걸음으로, 사업자등록부터 시작해 부가가치세와 종합소득세를 집중 공략한다. 또 사업을 하다 보면 프리랜서에게 외주를 맡기게 되거나 일용직을 쓰게 될 수도 있고, 직원(아르바이트 포함)을 한두 명 둔 자영업자가 될 수도 있으므로 원천세와 함께 연말정산 등도 뒤에서 다룬다. 개인사업자의 1년 세금 캘린더를 머릿속에 넣고 이제 본격적인 세금 공부를 시작해보자.

납부기한	신고	납부	항목	적용 대상자
1월 25일	√	√	부가가치세 하반기(2기) 신고	개인사업자
3월 10일	√		연말정산	근로자가 있는 개인사업자
4월 25일		√	부가가치세 상반기(1기) 예정고지	개인사업자 中 일반과세자
5월 31일	√	√	종합소득세 신고	개인사업자
7월 25일	√	√	부가가치세 상반기(1기) 신고	개인사업자 中 일반과세자
		√	부가가치세 상반기(1기) 예정고지	개인사업자 中 간이과세자
10월 25일		√	부가가치세 하반기(2기) 예정고지	개인사업자 中 일반과세자
11월 30일		√	소득세 중간예납 고지	개인사업자
매월 10일	√		원천세 신고	원천징수한 개인사업자

부가가치세:
남녀노소 누구나 낸다

한국에 살면서 소비 경험이 있다면 그들은 모두 부가가치세를 납부해본 경험자들이다. 그런데 독자들 가운데 "나는 아직까지 부가가치세를 내본 적이 없다"고 생각하는 사람이 있을지도 모르겠다. 그 이유는 부가가치세가 간접세이기 때문이다.

간접세란 무엇일까? 세금은 크게 직접세와 간접세로 나눌 수 있는데, 그 중 간접세는 말 그대로 간접적으로 내는 세금이다. 예를 들어보자. 종합소득세는 직접세다. 내가 얻은 소득에 대해 내가 세금을 납부한다. 하지만 부가가치세는 내가 부담하는 세금이지만 납부는 재화를 판매한 사업자가 한다. 그렇기 때문에 우리는 부가가치세를 납부한 사실을 인지하지 못하는 경우가 많다. 하지만 물건을 구매하고 영수증을 한 번이라도 본 사람은 부가세가 포함되어 있다는 사실을 확인했을 것이다.

또 다른 예를 들어보자 우리가 편의점에서 감자칩을 1,100원에 구매했다고 하자. 사실 이 과자의 가격은 1,000원일 것이다. 거기에 10%인 부가가치세 100원을 더한 1,100원을 과잣값으로 지급하면, 편의점 점주가 부가가치세 100원을 국세청에 납부한다. 물론 매출이 날 때마다 매번 납부하는 것은 아니고, 정해진 과세기간 동안 판매된 수많은 제품의 부가가치세를 모아서 신고기한에 한꺼번에 국세청에 납부한다.

그런데 이게 간접세가 아닌 직접세라면 어떨까? 우리가 매일 편의점에서 1,000원의 감자칩을 사고 부가가치세를 납부하기 위해 인근 세무서에 들러 세무공무원에게 "저 오늘 1,000원짜리 감자칩을 샀으니 세금 100원 납부합니다" 하고 6,000만 국민이 똑같이 부가가치세를 납부한다고 생각해보자. 국세 행정에 마비가 올 것이다. 그렇기 때문에 편의점 점주가 일괄적으로 대신 납부할 뿐이지, 내 주머니에서 나간 내 세금이다.

이해되었다면, 이것을 살짝만 비틀어 사업자의 입장에서 생각해보자. 부가가치세는 소비자가 납부하는 세금이다. 그저 판매자가 대신 내는 것뿐이다.

그런데 사업자의 입장에서 부가가치세를 납부하면 기분이 썩 좋지 않다. 왜 그럴까? 앞에서도 언급했듯이, 소비자의 입장에서 볼 때 본인이 부가가치세를 납부한 것은 피부로 와닿지 않는다. 본인이 내는 세금인데도 말이다. 반대로 말하면 사업자 입장에서는 본인이 납부하기 때문에, 일단 내 주머니에 들어온 순간 내 돈처럼 여겨지는데 다시 내보내야 하니 속이 쓰리다. 심지어 이 부가가치세라는 세금은 특별한 세액 공제나 감면도 거의 없다. 물론 이 책을 보다 보면 간이과세자 제도, 신용카드매출 전표 등 발행 공제, 재고매입세액 공제, 의제매입세액 공제 등의 공제가 있긴 하다. 그렇더라도 종합소득세와 법인세를 계산할 때 적용할 수 있는 세액 공제나 감면에 비해 그 숫자가 현저히 적다. 결국 사업자의 입장에서 부가가치세는 들어온 만큼 고스란히 나가는 돈이다. 어떻게 보면 가장 정확한 세금이라고도 할 수 있다. 이 사실을 인지하고 사업에 임하자.

종합소득세:
소득 있는 개인은 누구나 낸다

앞서 간접세의 대표주자 부가가치세를 간단하게 살펴보았는데, 이번에는 직접세의 대표주자인 소득세를 알아보자. 소득이 생기면 그 소득에 따라 세금을 부과하는 것을 소득세라고 한다.

우리나라 현행법상 개인의 소득 종류에는 이자소득, 배당소득, 사업소득, 근로소득, 연금소득, 기타소득, 양도소득, 퇴직소득이 있다. 여기서 양도소득과 퇴직소득을 제외한 소득을 아울러서 종합소득이라고 하고, 여기에 부과하는 세금을 종합소득세라고 한다. 이 책을 보는 대부분은 사업자일 테니 사업소득을 계산해 신고하고 납부해야 할 것이다.

계산 방법을 살펴보면, 수입금액에 필요경비를 차감한 금액을 사업소득금액이라고 한다. 다른 소득이 없다면 사업소득금액이 종합소득금액이 되며, 이 외에 이자소득, 배당소득, 근로소득, 연금소득, 기타소득이 있다면 그 소득과 합산한 금액이 종합소득금액이 된다.

각종 소득 공제를 차감한 금액이 '과세표준'이 되고 이 금액을 기준으로 세율이 결정된다. 그 세율은 다음과 같다.

종합소득세 과세표준	세율
1,400만 원 이하	6%
1,400만 원 초과 5,000만 원 이하	15%
5,000만 원 초과 8,800만 원 이하	24%
8,800만 원 초과 1억 5천만 원 이하	35%
1억 5천만 원 초과 3억 원 이하	38%
3억 원 초과 5억 원 이하	40%
5억 원 초과 10억 원 이하	42%
10억 원 초과	45%

이처럼 종합소득세법은 누진세를 적용하므로, 과세표준액에 따라 적용받는 세율이 달라진다.

그런데 많은 사람들이 여기서 오해를 한다. 종합소득세를 신고할 때 적용받는 세율을 예측하는 단계에서 과세표준을 기준으로 보지 않고 매출을 기준으로 본다는 것이다. 하지만 실제로는 매출이 아닌 과세표준이 기준이 된다. 다음의 문제를 풀어보면서 정확히 학습해보자.

2022년 김가나 씨의 총매출은 5,000만 원에 비용은 4,000만 원, 소득 공제는 150만 원이다(다른 소득은 없고, 모두 세법상 적법한 금액이다). 김가나 씨가 적용받을 세율은 몇 %일까?

① 6% ② 15% ③ 24% ④ 35%

--- **정답) ①번**

(근거) 종합소득금액 = 5,000만 원(매출) − 4,000만 원(비용) = 1,000만 원
과세표준 = 1,000만 원(종합소득금액) − 150만 원(종합소득 공제) = 850만 원
과세표준이 1,400만 원 이하이므로 6%

종합소득세율은 금액의 구간에 따라 적용받는 세율이 달라진다. 사례에서 김가나 씨의 경우는 과세표준이 850만 원이기 때문에 6%(1,400만 원 이하인 자는 6% 세율 적용)를 적용받는데, 많은 사람들이 "내 매출은 5,000만 원이기 때문에 세율 15%를 적용받을 거야" 하고 오해하는 것이다. 그렇지

않다는 사실을 꼭 기억하자.

또 하나의 간과하기 쉬운 문제는 내가 복수 소득이 있을 때 종합소득세를 어떻게 신고하는지 모른다는 것이다. 흔히들 직장 생활을 하면서 근로소득을 받는 와중에 프리랜서로 투잡을 뛰며 3.3%를 제외한 소득(사업소득)을 지급받았다고 하자. 직장인이니 2월에 연말정산을 할 텐데 이 연말정산은 급여에 대해서만 이루어진다. 다시 말하면, 프리랜서로 벌어들인 소득에 대해서는 아직 신고되지 않았다는 것이다. 이 소득에 대해 5월에 종합소득세 신고를 해야 신고 의무가 최종적으로 완료된다. 이때 흔히 실수하는 부분이 프리랜서로 벌어들인 소득만 신고하면 된다고 생각한다는 것이다. 정확한 신고 방법은 프리랜서로 벌어들인 소득에 연말정산이 끝난 근로소득을 합쳐서 신고하는 것이다. 핵심은, 내가 사업소득을 두 곳 이상에서 벌어들이든, 근로소득과 사업소득을 받든 상관없이, 소득의 출처가 둘 이상이 있으면 무조건 합쳐서 신고해야 한다는 점이다.

TOP ⚡ TIPS!

누진세란?

과세표준액이 높아질수록 적용받는 세율이 높아지도록 정한 세금을 누진세라고 하며, 소득의 불평등을 해소하는 데 그 취지가 있다. 누진세는 해당 구간에 진입하게 된 금액부터 다음 구간으로 구분되는 금액까지만 해당 세율을 적용한다. 예를 들어 과세표준이 1,500만 원인 사람은 종합소득세법에 따라 1,400만 원까지는 6%를 적용받고, 1,400만 원부터 1,500만 원까지 100만 원만 15%를 적용받는다. 이러한 구조로 인해 고소득자라고 무조건 세율이 높은 게 아니라, 고소득이라고 판단되는 금액만큼만 높은 세금을 내게 되는 것이다.

원천세:
사업자가 알아야 할
또 하나의 세금

세법에는 '원천징수'라는 용어가 있다. 이 단어는 우리에게 생소해서 어렵게 느껴지지만, 뜻만 잘 알면 아주 간단한 세금이다. 누군가에게 대가를 지급할 때 세법에서 정한 세금을 미리 떼고 지급하는 것이다. 대표적으로 프리랜서의 사업소득에 대한 세금 3.3%가 있다.

1인 사업자인 A가 사업과 관련해 500만 원을 대가로 B에게 외주를 맡겼다고 하자. 용역이 완료된 뒤 500만 원의 대가를 지급할 때, B가 사업자라면 부가가치세인 50만 원을 추가해 550만 원을 대금으로 받고 세금계산서를 A에게 발급한다. 그런데 B가 사업자가 아니라면 세금계산서를 발급할 수 없다. 이럴 때 A는 용역의 대가 500만 원의 3.3%인 16만 5,000원의 세금을 떼고 나머지 금액 483만 5,000원을 B에게 지급한다. 떼어놓은 16만 5,000원의 세금을 사업소득 원천세라고 하며, A는 이 원천세를 B에게 용역비를 지급한 달의 다음 달 10일까지 세무서에 신고·납부해야 한다.

또 다른 예를 들어보자. 직장인이라면, 매달 받는 급여에 항상 세금이 제외되어 있다. 제외된 세금은 근로소득 원천세라고 해서 매달 원천징수하는 것이다. 그리고 그 원천세는 지급하는 회사의 사장이 다음 달 10일까지 신고·납부했을 것이다.

이처럼 종합소득세법상의 어떤 소득을 지급하든 지급받는 상대방이 사업자가 아닌 개인이라면 원천징수를 해야 한다. 특히 사업자가 직원을 고용하면 입사일부터 매달 급여 지급일의 다음 달 10일까지 원천세 신고·납부 의무가 생긴다는 것을 잊지 말자.

TOP ⚡ TIPS!

지급 소득에 따른 원천세율 간단 예시

사업자로서 알아야 할 간단한 원천징수 세율을 알아보자(예시).

① 금융업자로부터 지급받는 이자 : 14%(지방소득세 포함 15.4%)

② 비금융업자(은행, 신용금고, 대부업체 등이 아닌 경우)가 금전을 대여하고 지급받는 이자: 25%(지방소득세 포함 27.5%)

③ 프리랜서에게 지급하는 대가 : 3%(지방소득세 포함 3.3%)

④ 상용근로자에게 지급하는 대가 : 근로소득 간이세액표에 의함(직장인이 여기에 해당)

⑤ 일용근로자에게 지급하는 대가 : (1일 급여 - 15만 원) × 6%(최저세율) × 45%(일용직에게 세금 감면 55% 적용)

⑥ 기타소득으로 지급하는 대가 : 20%(지방소득세 포함 22%) 또는 8%(지방소득세 포함 8.8%)

※ 기타소득에서도 비용을 차감한 금액을 기준으로 세금을 지급한다. 다만, 일정한 기타소득의 경우 비용을 증명하지 않아도 기본적으로 필요경비를 60%로 산정해 공제해준다. 즉 수익에서 비용을 제외한 소득(세금을 정하는 기준)이 총수익의 40%이므로 40 × 20% = 8%의 세금이 나오는 것이다. 다만 이용이 60%를 넘는다면 이를 증명해서 직접 20% 세율로 계산해 세금을 더 적게 낼 수도 있다.

연말정산:
직원을 둔 사업자의 추가 숙제

사업자인 고용주가 고용인에게 월 급여로 근로소득을 지급할 때는 근로소득 간이세액표에 의해 소득세를 매달 원천징수한다. 그런데 이 표는 원천징수를 편하게 하도록 간이로 만들어진 표일 뿐, 실제 종합소득세를 계산하는 방법과는 차이가 있다. 그래서 근로소득자들의 1년 급여에 대해 다음 해 2월에 올바른 종합소득세 구조에 따라 계산을 하는 것이 바로 연말정산이다.

종합소득세법의 다른 소득과 동일한 세율을 적용받아 계산한 세금과 1년 동안 근로소득 간이세액표에 의해 납부한 세금의 총합을 비교하면 이둘이 동일한 경우는 거의 없다. 따라서 2월에 계산한 금액이 더 많다면, 흔히들 말하는 '토해내야 하는 결과'가 기다릴 것이고, 납부한 세금의 총합이 더 많다면 초과 금액만큼 환급받는다. 연말정산의 결과에 불만인 사람들은 "나는 급여도 적은데 보험도 들고 연금계좌에, 카드까지 많이 썼는데 왜 환급을 이것밖에 못 받나요?"라는 말을 자주 하는데, 이는 오해에서 비롯된 것이다. 공제할 요소가 아무리 많더라도 1년 동안 납부한 세금을 기준으로 하므로, 돌려받는 금액이 적은 것은 그동안 내온 세금이 애초에 적었다고 할 수 있다. 다시 말하면 적정한 세금을 낸 것이다.

또 하나의 오해는 사업자가 "저는 언제 연말정산을 하나요?"라고 하는 질문이다. 사업자는 연말정산 신고를 하지 않고 5월에 종합소득세를 신고한다.

정확하게 정리해주겠다. 소득이 있는 개인은 누구라도 종합소득세를 신고해야 한다. 다만 근로자에 한해 이를 연말정산으로 대체하는데, 세법에서는 근로자가 독립적으로 종합소득세 신고를 하기 어렵다고 판단하기 때문이다. 이와 비슷하게 3.3%의 세금을 떼고 소득을 지급받는 직업 가운데 보험모집인, 방문판매원, 음료배달원도 독립적으로 종합소득세 신고를 하는 것이 어렵다고 판단되어 사업소득자임에도 불구하고 연말정산을 한다.

사업자로서 연말정산을 챙겨야 할 때는 직원이 생겼을 때다. 직원이 생기면 매달 원천세 신고·납부와 더불어 매년 2월에 직원의 연말정산을 진행해야 할 의무가 발생한다는 사실을 잊지 말자!

적격증빙:
절세의 기초수단

프로그램을 만들기 위해서는 코딩이 필요하다. 밥을 먹기 위해서는 젓가락과 숟가락이 필요하다. 그리고 사업과 관련된 매출과 매입을 인정받기 위해서는 적격증빙이 필수다.

이 적격증빙은 세법에서 인정하는 증명서류라고 생각하면 되는데, 여기에는 ①세금계산서 ②계산서 ③신용카드매출 전표 ④현금영수증이 있다. 우리가 분식집에서 떡볶이를 먹고 현금으로 계산하면 사장님이 휘갈겨 써주는 종이영수증인 간이영수증은 적격증빙에 포함되지 않는다. 세금계산서는 현금을 결제하고 과세사업자로부터 사업자가 받는 증빙서류, 계산서는 현금을 결제하고 면세사업자로부터 사업자가 받는 증빙서류, 신용카드 매출 전표는 카드로 결제할 때 얻는 증빙서류(직불카드, 체크카드, 전자지급 수단을 포함한다), 현금영수증은 비사업자 또는 사업자가 현금으로 결제하고 사업자로부터 받는 증빙서류를 말한다.

이 적격증빙이 없다면 사업자에게 어떤 문제가 생길까?

- 부가가치세를 신고할 때 매출 및 매입으로 인정받지 못한다.
- 종합소득세를 신고할 때 매입으로 인정받기 위해서는 사용금액의 2% 를 가산세로 내야 한다.

그렇기 때문에 사업자라면 매출을 일으키거나 비용을 지급할 때 항상 적격증빙을 챙기는 것을 잊지 말자.

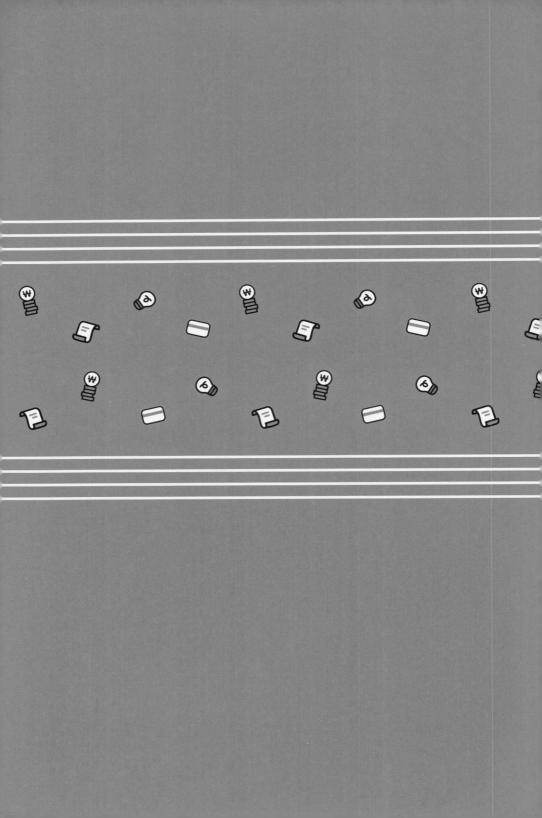

PART 2

절세에 유리한
사업자가 되는 법

사업자등록은
꼭 해야 할까?

 몇 년 전부터 유튜버를 꿈꿔 온 DJ사랑 씨는 유튜브 촬영을 위해 스튜디오가 있는 사업장에 임대차계약을 하고 편집자를 고용한 후 유튜브를 시작했다. 갖은 노력 끝에 2년 만에 인기 유튜버가 되었고, 애드센스 수익이 1억 원에 달하게 되자 신난 DJ사랑 씨는 친구들과 고급레스토랑에서 점심을 먹게 되었다. DJ사랑 씨의 유튜브 무용담을 잠자코 듣고 있던 세무사 김청렴 씨가 갑작스레 걱정스러운 얼굴로 다음과 같은 얘기를 한다.

"너 사업자등록 하지 않고 벌어들인 수익 1억 원… 가산세만 최소 100만 원은 내야 해."

그 말을 전해 들은 DJ사랑 씨는 가슴이 철렁 내려앉았다.

사업자등록은 사업하는 사람이라면 당연히 해야 하는 것이 맞다. 하지만 회사의 내규에 겸직 금지 의무가 있거나 단순히 세금을 회피하려는 목적 등 여러 가지 이유로 사업자등록을 하지 않는다. 그런데 놀라운 것은 그중에 자신이 사업자등록을 해야 하는 대상자인지를 몰라서 하지 않는 경우가 많다는 것이다.

판례에서는 사업자인지 아닌지를 '그 규모, 횟수, 기간, 태양態樣: 생긴 모습이나 형태 등에 비추어 사업 활동으로 볼 수 있을 정도의 계속성과 반복성이 있는지 등을 고려해 사회통념에 따라 사실 판단할 사항'이라고 말한다. 정말 뜬구름 잡는 말이긴 하다. 결국 국세청이 봤을 때 사업처럼 보인다면 사업자로 판단하겠다는 것이다. 다음과 같은 두 가지 비교되는 사례가 있다.

평소에 온라인 중고마켓을 애용하는 정수기 회사 영업사원 A는 회사 내에서 실적을 올리기 위해 2년 동안 본인이 정수기를 대량으로 할인 구매한 후 온라인 중고마켓에 웃돈을 얹어 판매하는 행위를 반복했다. 본인의 실적을 올리는 것이 목표였기 때문에 중고마켓에 되파는 행동이 사업 활동이라는 것을 전혀 인지하지 못했던 A는 결국 세금을 추징당했다.

평소 청바지를 좋아해 여러 브랜드의 청바지를 지속적으로 수집하던 B는 또 다른 청바지를 구매할 자금을 마련하기 위해 오랫동안 입던 청바지를 판매하기로 결정했고 6개월간 동일 브랜드의 청바지를 20벌을 온라인 중고마켓을 통해 판매했다. 평소 세법에 관심이 많던 B가 세금이 우려되어 세무서에 문의했더니 사업 활동으로 보지 않는다는 답변을 받았다.

사업자등록은 누가 해야 하는가?

도대체 어떤 차이가 있기에 A는 세금을 추징당했고, B는 세금을 내지 않아도 되었을까? 우선 A는 개봉하지 않은 동일한 물품을 동일한 가격에 반복적으로 판매해왔다. 이는 일반적인 소매업의 행태와 비슷하기 때문에 세무서의 입장에서는 사업 활동이라고 판단했다. 반대로 B는 본인이 오랫동안 착용했던 청바지, 즉 중고물품을 이윤을 남길 목적 없이 판매했기 때문에 6개월 동안 반복적으로 청바지를 판매했다는 사실만으로는 사업성이 있다고 볼 수 없는 것이다.

판매 행위를 반복적으로 했다고 해서 무조건 사업성이 있다고 보는 것은 아니다. 중요한 것은 사회통념상 타당해야 한다는 말이다. 사회적으로 사업성이 있다고 인식되는가 하는 부분을 유의하면서 평가했으면 한다.

다만 사업성 여부의 판단이 어려울 때는 보수적인 기준으로 처리하길 바란다. 만약 국세청 입장에서 사업성이 없다고 판단했을 때 사업자등록을 했다고 피해를 보는 일은 없지만, 사업성이 있다고 판단되는데 사업자등록을 하지 않았을 때는 피해가 생기기 때문이다. 그러므로 판단이 모호할 때는 보수적으로 사업자등록을 할 것을 권한다.

사업자등록은 사업을 시작한 날로부터 20일 이내에 하는 것이 원칙이다.

사업자등록을 하지 않으면 생기는 불이익

사업자등록을 하지 않았는데 세무서에서 사업 활동으로 판단해 사업자가 되면 가산세를 내야 한다. 세법에서 규정하는 '미등록 가산세'다. 이뿐만 아니다. 사업자등록을 하지 않았다는 것은 부가가치세 신고도 하지 않았다는 것이고, 종합소득세 신고 또한 누락했을 가능성이 크기 때문에 부가가치세, 종합소득세와 관련해 각각 무신고 가산세와 납부지연 가산세도 부과된다. 거기에 사업자등록 전에 비용으로 쓴 돈은 세액 공제 대상에서 제외되는 불이익도 있다.

가산세는 각각 다음과 같은 방식으로 부과된다.

① **미등록 가산세** ▸ 사업개시일부터 등록을 신청한 날의 직전일까지의 공급가액 합계액의 1% (등록기한◆으로부터 1개월 이내 신청 시 가산세의 50% 감면)

② **무신고 가산세** ▸ 납부할 세액의 20%(6개월 이내 신고 시 가산세의 최고 50%감면) + 영세율 적용 대상 거래의 경우 영세율 과세표준◆◆의 0.5%

③ **납부지연 가산세** ▸ 납부하지 않은 세액 × 0.022% × 당초 신고기한으로부터 경과일수

④ **등록 전 매입세액 불공제** ▸ 사업자등록 전 매입한 세액에 대해서는 불공제가 원칙 다만, 과세기간이 끝난 후 20일 이내에 등록한 경우 해당 과세기간의 매입세액은 공제 가능

◆ 사업 개시일로부터 20일 이내
◆◆부가가치세법상 영세율을 적용받는 거래의 기준이 되는 금액인 공급가액을 의미한다

다음의 김맹꽁 씨의 경우를 통해서 가산세를 구체적으로 알아보자.

2021년 2월 1일 사업 개시

	2021년 6월 30일까지의 손익	2021년 12월 31일까지의 손익
매출	1억 원	8,000만 원
비용◆	4,000만 원	4,000만 원
이익	6,000만 원	4,000만 원

*이 비용은 모두 부가가치세법상 매입세액 공제가 가능한 비용으로 가정

2022년 1월 1일 사업자등록(사업개시일을 2021년 2월 1일로 명시)

2022년 1월 25일에 2021년 하반기 부가가치세 신고

김맹꽁 씨는 2021년 2월 1일에 사업을 시작했지만, 사업자등록은 하지 않은 채 12월 31일까지 계속해서 사업하던 도중 사업자등록을 해야 한다는 사실을 깨닫고 다음 해 1월 1일에 바로 사업자등록을 했다.

앞서 말한 것처럼, 세법에서는 사업자등록이 가능한 날을 사업을 시작

한 날로부터 20일 이내로 규정하고 있다. 김맹꽁 씨의 경우는 2021년 2월 20일까지다. 이날까지 사업자등록을 하지 못했다고 해도 세법은 다시 한번 기회를 준다. 그 이후로 한 달 이내에 사업자등록을 한 경우 미등록 가산세의 50%를 감면해준다. 김맹꽁 씨의 경우 2021년 3월 20일까지였다. 이 기한들을 모두 놓친 그의 미등록 가산세는 얼마일까? 그리고 사업자등록을 하지 않아서 누락한 상반기의 부가가치세 신고와 관련한 세금 및 가산세는 얼마일까?

상반기(2월 1일~6월 30일)의 경우는 납부세액이 1,000만 원(1억 원 × 10%)이다. 그 이유는 사업자등록 전 매입세액에 대해서는 전혀 공제해주지 않기 때문이다. 그뿐만 아니다. 사업자가 아니기 때문에 사업자였다면 이행해야 했을 부가가치세 신고를 진행할 수 없었을 것이다. 이 때문에 부가가치세 신고 누락과 관련해 무신고 가산세 200만 원(납부할 세액 1,000만 원 × 20%)에 미등록 가산세 100만 원(1억 원 × 1%) 등 총 1,300만 원의 세금이 나온다. 그런데 여기서 끝이 아니다. 납부지연 가산세라고 해서 납부세액 1,000만 원에 0.022%인 220원이 납부한 날까지 매일 추가된다.

그렇다면 하반기(7월 1일~12월 31일)는 어떠할까? 2021년 하반기 부가세 신고 기간인 1월 안에 사업자등록을 하면 하반기는 과세기간이 끝난 12월 31일 이후 20일 이내에 사업자등록을 했기 때문에 매입세액 불공제는 적용받지 않아 전부 공제받을 수 있다. 또한 하반기의 부가가치세 신고는 기한 내에 했기 때문에 무신고 가산세와 납부지연 가산세도 없다. 하지만 미등록 가산세 80만 원(8,000만 원×1%)은 부가가치세를 신고할 때 같이 납부해야 한다.

TOP ⚡ TIPS!

'미등록 가산세'는 부가가치세를 신고할 때 신고서에 자진해서 추가한 뒤 납부하자.

6단계로
사업자등록 끝내기

 박다희 씨는 '택스니어파트너스' 탱글대훈이라는 세무사 유튜 버의 온라인 쇼핑몰 영상을 시청한 뒤 온라인 의류쇼핑몰을 운영해보기로 마음먹었다. 그런데 막상 창업하려고 보니 무엇부터 준비해 야 할지 몰라 어영부영 시간을 보내다 결국 택스니어파트너스의 상담을 받게 되는데….

창업에 본격적으로 뛰어드는 사람들 가운데 사업자등록부터 막히는 이 들이 많다. 그래서 세무사에게 사업자등록 상담수수료를 지출하거나 사 업자등록 대행수수료를 지출하는 등 예상외의 지출을 하는 경우가 많다. 또 사업자등록을 한 번도 해보지 않았다면 이것저것 알아보는 데도 아까 운 시간을 소비하게 될 것이다. 무엇부터 시작해야 할지 모른다면 다음에 소개된 다섯 가지 단계에 따라 진행해보자. 시간을 단축하는 데 큰 도움이 될 것이다.

1단계: 업종 선택에 앞서 필수적으로 해야 할 일

업종을 선택하는 것은 사업을 시작하는 단계에서 가장 중요한 일이다. 애초에 어떤 종류의 사업을 하겠다는 생각이 있었으니 사업자등록까지 왔을 것이다. 그런데 여기서부터 문제가 발생한다.

대부분의 사람들이 시장조사를 철저히 하지 않은 채 단순하게 업종을 선택한다. 누가 이 사업으로 대박이 났다더라, 이 사업은 하기가 편하다더라는 막연한 소문이나, 내가 하면 잘할 것 같다는 생각 등으로 선택하는 것이다. 그런데 세무사로서 다양한 업종의 거래처를 관리하다 보니 매년 유행에 따라 특정 업종이 잘될 때가 있고, 그것이 다른 해에는 최악이 될 수도 있다는 점이 보인다. 예를 들면 코로나 팬데믹이 그렇다. 코로나는 온라인 쇼핑몰의 매출을 급증시키고 노래방 매출은 급감하게 만들었다. 이러한 사회적 요인을 파악하는 것이 업종 선택 전에 해야 할 첫 번째 일이다.

두 번째로 트렌드를 파악하는 것이다. 예를 들어 개인사업자의 카페가 성행하던 초기에는 커피의 맛이 중요했다. 하지만 지금은 어떠한가? 커피 맛이 상향 평준화되자 이제는 인테리어가 멋있고 사진이 잘 나오는 카페라는 키워드가 더 이목을 끈다. 그렇기 때문에 카페를 창업하는 데 예전보다 훨씬 큰 비용이 든다.

마지막으로, 최소자본이 있다. 업종마다 차이는 있지만, 일반적으로 창업을 하면 일정 기간은 손실을 보게 된다. 이 시기를 버티지 못하면 내 상품이 아무리 경쟁력이 뛰어나도 결국 폐업할 수밖에 없다. 이 암흑기를 견디는 데 필요한 돈을 최소자본이라고 한다. 최소자본은 업종마다 다르기 때문에 해당 업종에서 성공한 이들의 사례를 분석할 필요가 있다. 이야기를 직접 들어보면 가장 좋겠지만, 그것이 힘들다면 인터넷 또는 유튜브 등에서 찾아보자. 다행히 요즘은 매체가 무척 다양해서 얼마든지 공부할 수 있다.

즉 중요한 것은 창업자금이 아니라 손실을 대비한 최소자본을 알아보고 자신의 자금력을 진단하는 것이다. 한 번의 실패는 다른 한 번의 성공을 부를 수 있지만, 기왕이면 실패하지 않는 게 더 낫지 않을까?

2단계: 업태와 종목의 선정

세무대리인으로 일하다 보면, 예비 창업자로부터 "제가 하고자 하는 일의 업태와 종목이 어떻게 되는지, 업종코드가 무엇인지 모르겠어요"라는 문의를 많이 받는다. 여기서 업태는 제조업, 소매업, 도매업처럼 큰 분류항목을 말하고, 종목은 여성복 제조업, 액세서리 제조업 등 하위 분류를 말한다. 국세청에서는 이 업태와 종목 하나하나를 분류해 코드를 부여했는데 이를 업종코드라고 부른다. 이 업종코드는 모두 여섯 숫자로 이루어져 있다. 대표적인 예를 하나 들어보자. 업태가 소매업이고 종목이 전자상거래라면 업종코드는 525101이다. 다만 우리나라에 존재하는 업종이 워낙 다양하고 복잡하기 때문에 세무사들조차 모든 업종을 다 파악하고 있기란 힘들다.

왜 복잡할 수밖에 없는지 사례를 통해 살펴보자. 우리가 흔히 아는 업태로 제조업과 도소매업이 있다. 제조업은 원재료 등을 구매해 제품을 만들어서 수익 창출 활동을 하며, 도소매업은 이렇게 제조된 물품을 구매한 후 상품으로 판매해서 수익을 창출한다. 그런데 분명 제조업을 하는데 도소매업으로 분류되는 일도 있다. OEMoriginal equipment manufacturer: 주문자상표부착생산이 그러하다. OEM은 자체 생산하지 않고 생산만 타 업체에 위탁하는 것을 말하는데, 국내 공장에 위탁을 맡기면 제조업으로, 국외 공장에 위탁을 맡기면 도소매업으로 분류한다. 또 다른 예를 들면, 같은 유튜버라도 혼자 집에서 촬영 및 편집을 하는 1인 유튜버는 면세사업자로 업종을 설정해야 하고, 사업장 등의 물적 시설을 두거나 편집 직원 등 인적 시설을 두고 운영하는 유튜버는 영세율을 적용받는 과세사업자로 업종을 설정해야 한다. 이런 차이점에 따라 업종코드 또한 바뀐다.

그러면 이 복잡한 것들을 제대로 알고 내 업종을 구분해 정확히 선정할 필요가 있을까? 당연히 그래야만 한다. 그 이유는 업종에 따라 세금을 신고하는 방법이 다르며, 적용받는 세법도 차이가 있기 때문이다. 다시 유튜버를 살펴보면, 1인 유튜버는 세법상 면세사업자이므로 과세사업자와는 다르게 부가가치세 신고를 하지 않고, 다음 해 2월 10일까지 '면세사업장 현황 신고'라는 것을 한다. 그뿐만 아니라, 제조업이냐 도소매업이냐에 따라서 우리가 나중에 살펴볼 종합소득세를 신고할 때 적용받는 경비율이나 각종 세금 감면 및 공제의 종류 등 많은 것이 달라진다.

그렇다면 내가 적용받아야 할 업종이 무엇인지 어떻게 알 수 있을까?

첫 번째는 국세청 홈택스 사이트의 업종코드 분류표를 통해서 직접 찾는 것이다. 아래의 순서를 따라 분류표를 받아보자.

> 홈택스 ▶ 세금신고 ▶ 종합소득세 신고 or 법인세 신고 ▶ 신고도움 자료 조회 ▶ 기준·단순 경비율(업종코드)조회 ▶ 귀속 업종코드(엑셀) 다운로드

두 번째는 인터넷이다. 웬만한 업종과 업종코드는 인터넷의 검색으로도 충분히 찾아볼 수 있다. '전자상거래 업종코드', '유튜버 업종코드' 이런 식으로 자신이 하고자 하는 사업을 키워드로 검색해보자.

마지막으로 전문가나 기관의 도움을 받는 것이다. 세무사 또는 세무서의 민원실에 문의하면 적용 가능한 업종을 손쉽게 알 수 있다.

3단계: 사업장 마련하기

사업자등록을 하는 데 임대차계약서는 필수다. 사업장이 없다면 세무서에서 사업자등록 신청을 처리해주지 않는다. 게다가 창업 준비단계에서 가장 오래 걸리는 것이 사업장을 구하고 인테리어를 하는 기간이다. 그렇기 때문에 사업장을 구하는 것이 먼저다.

사업장으로 사용할 수 있는 곳으로 상가, 일반 사무실, 소호 사무실, 공유 오피스 등 다양하다. 업종과 쓰임새에 따라서 구해야 하는 사업장의 형태와 규모도 다르니 본인의 필요에 맞게 사업장을 구해서 임대차계약서를 작성하자. 여기서 주의할 점은, 건물의 용도에 따라 입주가 불가능한 업종이 있다는 점이다. 그러므로 계약 전에 반드시 내가 하려는 업종이 입주할 수 있는 건축물인지 확인해야 한다. 구청이나 시청 등 지자체의 건축과에 문의하면 확인할 수 있다. 또 사업장을 따로 구하지 않아도 업종에 따라 현재 살고 있는 자가 소유 주택을 사업장으로 해서 사업자등록을 할 수 있다. 다만 제조업과 도소매업 등 특정 업종은 세무서에서 창고의 유무에 따라 사업자등록 신청을 반려하는 일도 있으므로 주의하자. 이럴 때 제조업이라면 전부 OEM으로 진행한다는 식으로 통과할 수도 있으며, 소매업의 경우 재고를 남기지 않기 위해 전부 주문 결제 이후 구매배송 형식이어서 창고가 필요 없다는 식으로 대처하는 방법도 있다.

TOP ⚡ TIPS!

사업장과 관련해 자주 하는 질문답변

Q1. 내가 월세로 살고 있는 집에서도 사업자등록이 가능할까?
월세로 살고 있는 집도 가능하지만, 세법과는 무관하게 집주인의 허락을 받는 것이 차후 발생할 문제의 소지를 방지할 수 있다. 그리고 월세의 경우 주거로 이용하는 목적과 사업으로 이용하는 목적의 구분이 명확하지 않기 때문에 월세를 사업장의 비용으로 처리하기 어렵다는 것을 명심하자.

Q2. 전세보증금은 비용으로 인정받을 수 있을까?

결론부터 말하면 '아니요'다. 전세보증금은 임대차계약이 해소될 때 임대인으로부터 다시 돌려받는 것이기 때문에 회계상 비용으로 보지 않고 자산으로 본다.

Q3. 기존 사무실 임차인과 사업장을 나눠서 사용하려면 어떻게 해야 하나?

사무실을 이미 빌려 쓰고 있는 사업자와 그 사업장을 함께 쓰는 방법에는 두 가지가 있다. 첫 번째는 기존의 임차인이 자신이 빌린 사무실을 다시 빌려주는 방법이다. 이를 전대라고 하며, 이때 임차인과 재임차인 사이에 쓰는 계약서가 전대차계약서다. 이 경우에 사무실 소유자인 임대인으로부터 전대동의서를 받는 것이 필수다. 그리고 기존의 임차인은 사업자등록증에 전대업을 추가해야 하며, 재임차인에게 임대료와 관리비에 관해 별도의 세금계산서를 발급해야 한다.

두 번째 방법은 임차인이 기존의 임대차계약을 해소하고 사무실 소유자에게 사용 면적에 따라 각각의 임대차계약서 작성을 의뢰하는 것이다.

다만 첫 번째 방법은 과거에 전대로 인해 법적 문제로 임대인이 피해를 입은 사례가 많기 때문에 허락을 하지 않을 수도 있고, 기존 임차인 또한 전대업을 사업자등록증에 추가해야 하므로 정책자금이나 정부지원금 등의 신청을 거절당할 수도 있다(정부에서 주관하는 지원 정책 대부분은 부동산임대업을 제외시킨다). 그래서 두 번째 방법이 조금 더 원활한 방법이라고 볼 수 있다.

Q4. 전기료, 관리비 등을 비용으로 처리할 수 있을까?

가능하다. 관리비 등은 임대인으로부터 월세와 함께 세금계산서 발급을 요청해 비용으로 처리할 수도 있고 한국전력공사에 전기료 사용 명의를 본인의 사업장으로 이전한 다음 세금계산서를 신청해서 처리할 수도 있다.

Q5. 거주지를 사업장으로 등록했다면 임차료, 전기료 및 관리비를 비용으로 인정받을 수 있을까?

불가능하다. 거주지를 사업장으로 등록할 경우, 거주의 공간과 업무의 공간 구분이 명확하지 않으므로 실무적으로 이를 사업을 위한 비용으로 인정하지 않는다.

4단계: 인허가받기

사업을 하기 위해 보통은 사업장을 구해서 사업자등록만 하면 되지만, 일부 업종은 해당 지자체에 인허가를 받거나 영업 신고를 해야만 영업이 가능한 경우가 있다. 다음에 예시된 표를 보고 본인이 하고자 하는 업종이 속한다면, 지자체 해당 부서나 관련 협회에 문의해서 절차에 따라 신고하거나 허가를 받은 후 사업자등록을 진행하자.

① 허가업종

허가 요건 및 제반 서류를 갖추어 사업자등록을 신청한 뒤에 관할 유관 기관의 심사 및 협의를 거쳐 허가를 취득해야 창업이 가능한 업종이다. 업종마다 법이 존재하고 사업장소재지 주변의 환경과 민원 등을 고려하기 때문에 타 업종에 비해 그 절차와 심사가 까다로운 편이다.

업종	관련 법령	예시
부동산중개업	공인중개사법	부동산 중개소, 부동산 사무소 외
식품접객업	식품위생법	음식점, 카페, 유흥음식점, 단란주점 외
용역경비업	경비업법	시설경비, 특수경비, 호송경비 외
유기장업	공중위생관리법	전자오락실, 당구장, 탁구장 외
먹는샘물 제조업	먹는물관리법	생수 생산공장 외
숙박업	공중위생관리법	여관, 모텔, 호텔, 고시원, 펜션 외
식품 제조가공업	식품위생법	식품 제조사업, 식품 제조공장 외
유료직업소개사업	직업안정법	직업소개소, 인력사무소 외
의약품 도매상	약사법	의약도매업 외
의약품 및 의료용구 제조업	약사법	의료용구 제조공장 외
주유소, 석유판매	석유 및 석유대체연료 사업법	주유소, 간이 석유취급점 외
중고자동차 매매업	자동차관리법	중고차 매매업 외
폐기물 처리업	폐기물관리법	폐기물 처리업 외
LP가스 충전업	액화석유가스의 안전관리 및 사업법	차량용 LP 가스충전소 외
유료 노인복지시설	노인복지법	유료 노인복지원 외

② 신고업종

관련 법을 준수해 시설을 구축하고 신고하면 지자체 관련 부서 등에서 서류를 검토하고 필요에 따라 실사를 진행한 뒤 창업이 가능한 업종이다.

업종	관련 법령	예시
건강보조식품 판매	식품위생법	건강보조식품 판매점
교습소	학원의 설립·운영 및 과외교습에 관한 법률	학원, 피아노, 미술교습소 외
결혼상담소	건전가정의례의 정착 및 지원에 관한 법률	결혼상담소 외
노래방	풍속영업의 규제에 관한 법률	노래방 외
동물병원	수의사법	동물병원 외
만화대여업	풍속영업의 규제에 관한 법률	만화방 외
목욕탕	공중위생관리법	목욕탕, 사우나장 외
무역대리업	대외무역법	무역중개업 외
방송프로그램 제작	문화산업진흥 기본법	방송프로그램 독립제작 및 수출업 외
세탁소	공중위생관리법	세탁소, 빨래방, 신발세탁소 외
세척제 제조업	공중위생관리법	세척제 제조공장 외
양곡매매업	양곡관리법	양곡판매업 외
옥외광고업	옥외광고물 등의 관리와 옥외광고산업 진흥에 관한 법률	간판 외
의약외품 제조업	약사법	의약품 제조공장 외
위생관리용역업	공중위생관리법	청소용역 외
이미용실	공중위생관리법	헤어미용숍, 피부관리실 외
장난감 제조업	공중위생관리법	장난감 공장 외
장례식장업	건전가정의례의 정착 및 지원에 관한 법률	장례식장 외
전당포업	대부업 등의 등록 및 금융이용자 보호에 관한 법률	전당포 외
정수기 제조업	먹는물관리법	정수기 제조공장 외
체육시설업	체육시설의 설치·이용에 관한 법률	실내골프장, 스키장, 당구장 외
화장품 제조업	약사법	화장품 공장 외

③ 등록업종

등록업종은 영업과 관련된 사실이 기재된 등록신청서를 제출하는 것만으로 사업자등록을 할 수 있다. 즉 자격증이나 영업등록증 등의 자격요건이 갖추어지고 그에 따른 증빙이 확인되어야만 한다.

업종	관련 법령	예시
공연장업	공연법	공연장 외
다단계 판매업	방문판매 등에 관한 법률	방문판매, 다단계판매업 외
동물의약품 제조업 등	약사법	동물의약품 제조공장 외
비디오 대여업	음반 · 비디오물 및 게임물에 관한 법률	비디오 렌트숍 외
비디오방	음반 · 비디오물 및 게임물에 관한 법률	비디오방 외
무역업	대외무역법	무역업, 무역중개업 외
사료제조업	사료관리법	사료공장 외
안경업소	의료기사 등에 관한 법률	안경점 외
약국	약사법	약국 외
양곡관리업	양곡관리법	양곡공장 외
여행업	관광진흥법	여행업, 여행사 외
음반판매업	음반 · 비디오물 및 게임물에 관한 법률	음반판매점, DVD 판매점 외
인쇄업	출판문화산업 진흥법	인쇄소 외
자동차운송알선	여객자동차 운수사업법	화물운송알선업 외
출판업	출판문화산업 진흥법	출판사 외
학원	학원의 설립 · 운영 및 과외교습에 관한 법률	어학원, 학원, 피아노, 미술학원 외
예식장업	식품위생법 등	예식장 외

5단계: 사업자등록 신청하기

이제 사전 준비가 갖춰졌다면, 본격적으로 사업자등록을 해보자.

사업자등록에 필요한 서류는 다음과 같으니 미리 준비해두자.

- 대표자의 신분증
- 임대차계약서
- 인허가가 필요한 업종의 경우 그 증명서류

사업자등록은 보통 세무서를 방문해서 진행하지만, 요즘은 홈택스로도 간편하게 할 수 있으니, 혼자 할 자신이 있다면 홈택스로 해보는 것도 괜찮겠다.

① 세무서에서 사업자등록하기

필요한 서류를 미리 준비해 세무서의 민원실을 방문하자. 민원실은 보통 세무서의 1층이나 별도의 건물로 마련되어 있어서 찾아가기가 어렵지 않다. 그곳에 사업자등록 신청 서류가 준비되어 있으니 이를 작성해서 창구에 제출하면 된다.

이걸로 사업자등록 신청이 끝나는데, 국세청 홈택스 사이트를 이용하는 것과 어떤 점이 다를까? 다시 말해 어떤 장점이 있을까?

첫째, 든든한 민원실 직원이 곁에 있다는 점이다. 사업자등록을 처음 해보는 사람들에게 개별소비세 해당 여부라든가 주류면허, 사업자 단위 과세 적용 신고 여부 등 모르는 항목이 나오면 당황하게 마련이다. 이럴 때 민원실 직원에게 문의하면 친절하게 설명해준다. 물론 우리 책에서도 뒤에 사업자등록 신청서 작성법을 상세하게 설명한다.

둘째, 세무서에서 사업자등록을 하면 빳빳한 노란 종이의 사업자등록증을 받을 수 있다. 이것은 개인 취향이지만, 홈택스로 사업자등록을 하면 보통 A4용지로 출력하기 때문에 공식 서류 같은 느낌이 덜하다. 그래서 사업장에 공개적으로 비치해두려고 일부러 세무서를 방문하는 사람도 있다.

사업자등록 신청서(개인사업자용)
(법인이 아닌 단체의 고유번호 신청서)

※ 사업자등록의 신청 내용은 영구히 관리되며, 납세 성실도를 검증하는 기초자료로 활용됩니다.
  아래 해당 사항을 사실대로 작성하시기 바라며, 신청서에 본인이 자필로 서명해 주시기 바랍니다.
※ [ ]에는 해당되는 곳에 √표를 합니다.

(앞쪽)

접수번호		처리기간	2일(보정기간은 불산입)

1. 인적사항

상호(단체명)		연락처	(사업장 전화번호)
성명(대표자)			(주소지 전화번호)
			(휴대전화번호)
주민등록번호			(FAX 번호)

사업장(단체) 소재지	층 호

사업장이 주소지인 경우 주소지 이전 시 사업장 소재지 자동 정정 신청	([ ]여, [ ]부)

2. 사업장 현황

업 종	주업태		주종목		주생산요소		주업종 코드	개업일	종업원 수
	부업태		부종목		부생산요소		부업종 코드		

사이버몰 명칭		사이버몰 도메인	

사업장 구분	자가 면적	타가 면적	사업장을 빌려준 사람 (임 대 인)			임대차 명세			
			성 명 (법인명)	사업자 등록번호	주민(법인) 등록번호	임대차 계약기간	(전세) 보증금	월 세 (차 임)	
	㎡	㎡				. . . ~ . . .	원	원	

허가 등 사업 여부	[ ]신고 [ ]등록 [ ]허가 [ ]해당 없음	주류면허	면허번호	면허신청
				[ ]여 [ ]부

개별소비세 해당 여부	[ ]제조 [ ]판매 [ ]입장 [ ]유흥	사업자 단위 과세 적용 신고 여부	[ ]여 [ ]부

사업자금 명세 (전세보증금 포함)	자기자금	원	타인자금	원

간이과세 적용 신고 여부	[ ]여 [ ]부	간이과세 포기 신고 여부	[ ]여 [ ]부

전자우편주소		국세청이 제공하는 국세정보 수신동의	[ ]문자(SMS) 수신에 동의함(선택) [ ]전자우편 수신에 동의함(선택)

그 밖의 신청사항	확정일자 신청 여부	공동사업자 신청 여부	사업장 외 송달장소 신청 여부	양도자의 사업자등록번호 (사업양수의 경우에만 해당함)
	[ ]여 [ ]부	[ ]여 [ ]부	[ ]여 [ ]부	

210mm×297mm[백상지(80g/㎡) 또는 중질지(80g/㎡)]

▲ 사업자등록신청서

② 국세청 홈택스 사이트를 이용하기

국세청에 홈택스 사이트가 개설되고 나서 정말 편리해진 것 중 하나가 사업자등록이다. 컴퓨터만 있다면 어디에서든 가능하기 때문이다. 물론 세무서 민원실에서처럼 사업자등록 신청을 헤매는 나를 도와줄 누군가가 없긴 하지만, 사업자등록을 하기 위해 굳이 세무서를 방문할 필요가 없어졌다는 것은 매우 편리한 일이 아닐 수가 없다.

사실 취향 차이일 뿐, 어떤 방식을 이용해 사업자등록을 하든 차이는 없다. 본인의 상황에 맞는 방법을 이용하도록 하자.

6단계: 사업자등록 신청서 작성단계

사업자등록 신청서를 작성하는 방법은 그렇게 어렵지 않지만, 처음 해본 사람이라면 분명히 당황하는 지점이 있다. 그래서 작성 방법을 하나씩 점검보고자 한다.

① 상호

상호는 꼭 작성할 필요가 없고, 작성하지 않는다고 불이익도 없다. 실제로 임대사업자 중에는 상호를 사용하지 않는 사업자도 많다. 하지만 상호라는 것은 회사를 대표하는 또 하나의 얼굴이다. 게다가 상호는 세금계산서를 발급할 때 반드시 기재해야 할 사항이기 때문에 상호가 없어서 적지 않는다면 잘못된 세금계산서로 오해받을 수도 있다. 그러므로 신중하게 고민해서 작성하도록 하자. 상호가 마음에 들지 않거나 사업을 하다 상호를 변경해야 이유가 생긴다면, 사업자등록 정정을 통해서 상호를 변경할 수 있으니 큰 부담을 가질 필요는 없다.

② 성명 / 주민등록번호 / 연락처

대표자의 성명, 주민등록번호를 정확히 기입하고, 연락처는 사업장의 전화번호나 팩스번호가 없다면 공란으로 비워두어도 상관없다. 다만 본인의 휴대전화번호 정도는 써넣도록 하자. 전화번호가 아예 기재되지 않으면 문제가 될 소지가 있다.

③ 사업장소재지 / 사업장소재지 자동 정정 신청

임대차계약을 한 사업장소재지나 거주지를 사업장으로 한다면 그 주소를 정확히 써넣자. 거주지를 사업장으로 할 경우, 자동 정정 신청을 해놓으면 이사할 때마다 사업자등록 정정을 할 필요 없이 전입신고에 따라 자동으로 정정되니 꼭 신청해두자.

④ 업종 / 사이버몰 명칭 / 사이버몰 도메인

업종은 이미 언급했다시피 매우 중요하다. 사전에 철저한 조사를 통해 업종코드를 선정해 작성하도록 하자. 매출이 많을 것으로 예상되는 것을 주업종에, 그다음을 부업종에 써넣으면 되고, 만약 업종을 하나만 하려고 한다면 부업종란은 비워둔다.

사이버몰 명칭과 도메인은 온라인 쇼핑몰을 운영하는 경우 작성하면 된다. 이때 자사몰이 아닌 오픈마켓을 이용하더라도 작성해야 한다.

⑤ 개업일 / 종업원 수

세법상 사업의 시작일은 개업일과 사업자등록을 한 날 중에 빠른 날이다. 만약 개업 후 뒤늦게 사업자등록을 하는 경우라면 정확한 개업일 기재가 필요하지만, 사업자등록을 먼저 한다면 개업일은 같은 날짜로 기재하거나 공란으로 비워두어도 무방하다.

4대 보험을 공제하고 급여를 지급할 직원이 있다면 종업원 수를 써넣되 그 외의 방법으로 지급하거나 직원이 없는 경우는 공란으로 비워둔다.

⑥ 사업장 구분

임대차계약서의 정확한 면적을 기입하고 임대인이 개인이라면 성명 및 주민등록번호, 사업자라면 상호 및 사업자등록번호를 기재하도록 하자. 나머지 사항도 임대차계약서에 명시된 사항 그대로 작성하면 된다.

⑦ 허가 등 사업 여부 / 주류면허

3단계에서 언급한 신고·등록 또는 허가가 필요한 업종은 해당 사항에 체크한 뒤 관련 증명서류를 함께 제출해야 한다. 주류를 판매한다면 주류제조업, 주류 수출·수입업, 단순 소매판매업, 주류를 파는 음식점 등 형태에 따라 방식에 차이가 생긴다. 예를 들면, 음식점의 경우 주류면허 신청으로 체크하고 세무서에 함께 비치된 '의제주류판매업 면허 신고서'를 작성해야 한다(홈택스를 통한다면 의제주류 면허 신청에 유흥음식점으로 신청). 자신의 주류 판매 방식에 따른 정확한 면허 신청 방법을 알아보고 기재하자.

⑧ 개별소비세 해당 여부

귀금속을 제조·수입·판매하거나 골프장, 카지노 등의 오락 시설, 클럽 등의 과세유흥장소를 경영한다면 개별소비세 납세자다. 여기에 해당한다면 체크한다.

⑨ 사업자 단위 과세 적용 신고 여부

사업자 단위 과세란 둘 이상의 사업장을 가지고 있을 때 하나의 사업장으로 보아 세금계산서 발급 및 수취 그리고 세금 신고 등 모든 납세의무를 해당 사업장에서 부담하는 것을 말한다. 이는 납세자의 납세 편의를 도모하기 위한 것으로, 둘 이상의 사업장을 운영한다면 신고하고 세무서에 비치된 '사업자 단위 과세 사업자의 종된 사업장 명세서'를 함께 작성해 제출한다.

⑩ 사업자금 명세

사업자금에서 자기자금에는 자신이 준비한 현재 사업 운영자금, 타인자금에는 은행 대출 정부지원금 등을 기재하도록 하자. 실무적으로 정확하게 작성하지 않아도 무방하다.

⑪ 간이과세 적용 여부

간이과세 여부는 중요하므로 뒤에 더 자세하게 다룬다. 75쪽에 나오는 내용을 살펴보고 장단점 및 적용 가능 여부를 파악한 뒤 신중하게 선택하자. 가장 좋은 것은 동종 업계에서 신규사업자들의 선택 동향을 정확히 파악하고 행동하는 것이다.

⑫ 전자우편주소 / 국세정보 수신동의

전자우편주소는 없는 경우 작성하지 않아도 무방하다. 국세정보 수신동의는 안내문 외에 여러 가지 정보의 제공 여부를 묻는 것인데, 이 또한 우편으로 받아 볼 수 있기에 신청하지 않아도 무방하다.

⑬ 그 밖의 신청사항

그 밖의 신청사항 중에는 사업장에 대한 확정일자를 받는 것은 매우 중요하다. 주택과 마찬가지로 임차인으로 보호받기 위한 필수적인 절차이니 절대 잊지 말고 확정일자 신청 여부란을 꼭 체크하자. 한편 공동사업자가 있거나 사업장소 외 송달장소를 신청할 경우 세무서에 비치된 '공동사업자 명세' 혹은 '서류를 송달받은 장소에 대한 신청서'를 함께 작성해 제출한다.

TOP ⚡ TIPS!

공동사업을 하려면 어떻게 해야 하나요?

공동사업자 간에 동업계약서를 먼저 작성하고, 사업자등록신청서에 공동사업자 신청을 체크해 동업계약서와 함께 제출하면 된다. 이 동업계약서의 양식은 자율이지만, 손익분배 비율은 꼭 넣도록 주의하자.

사업자등록 전 인테리어 비용은 어떻게 인정받을 수 있을까?

인테리어 비용은 사업 초기에 지출하는 금액 중 가장 큰 금액에 속하기 때문에 비용으로 인정받아야 절세에 유리해진다. 그런데 많은 사람이 사업자등록 전에 미리 인테리어를 하는 바람에 이를 비용으로 인정받지 못한다.

세법에는 과세기간 종료일(상반기 6월 30일, 하반기 12월 31일)로부터 20일 이내에 사업자등록을 신청하면 해당 과세기간의 사업자등록 전 매입세액은 공제가 가능하다는 조항이 있다. 즉 1월 1일부터 6월 30일까지 사업을 위한 비용을 지출하고 7월 20일 전까지 사업자등록을 신청하면 사업자등록 전에 사용했더라도 비용으로 인정해준다는 것이다.

다만 해당 항목을 적용받기 위해서는 적격증빙이 필요하다. 적격증빙으로는 사업용 카드를 사용하거나 세금계산서를 수취하는 법이 있다. 그런데 카드는 개인 명의의 카드도 사업용 카드로 사용할 수 있으므로 사업 전에 보유하고 있을 수 있지만, 사업자등록이 없을 때 어떻게 세금계산서를 받을 수 있을까?

답은 의외로 간단하다. 공급받는 자를 본인의 명의로 하고 사업자등록번호는 본인의 주민등록번호로 대체해서 받으면 된다. 그리고 사업자등록이 완료된 시점에 이를 사업자 명의로 전환만 해주면 되는데, 그 경로는 다음과 같다.

홈택스 로그인 ▶ 전자(세금)계산서, 현금영수증·신용카드 ▶ 전자(세금)계산서
조회 ▶ 주민등록번호 수취분 전환 및 조회

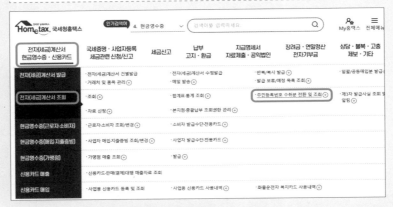

▲ 홈택스-세금계산서 주민번호 수취분 전환 및 조회

이처럼 홈택스에 들어가서 클릭만 하면 사업자의 비용으로 인정받을 수 있다. 어려운
부분은 전혀 없으니 잊지 말고 인테리어 등 사업자등록 전에 사용한 비용을 챙겨 똑
똑하게 절세하자.

개인사업자 vs. 법인사업자

창업을 마음먹은 이들이 초기에 가장 많이 하는 질문 중 하나가 개인사업자와 법인사업자 중 어떤 것을 선택해야 하느냐다. 인터넷에서 조금만 검색해보면 그 차이점을 알 수 있을 텐데 왜 항상 이 질문이 나올까? 그 이유는 정답이 없기 때문이다. 결국에는 본인의 선택이라는 건데, 조금이라도 그 선택에 도움이 되도록 개인사업자와 법인사업자의 차이에 대해서 알아보고자 한다.

법인사업자와 개인사업자의 차이는 크게 일곱 가지로 나눠볼 수 있다.

차이1: 개인사업장의 주인은 나, 법인사업장의 주인은 법인

가끔 세무대리인들은 알 수 없는 얘기를 한다. 분명 법인사업장의 설립자는 나이고 내 회사인데, 내 통장에서 법인통장으로 돈을 입금하면 '법인이 대표로부터 돈을 차입했다'라고 표현한다. 법인을 의인화해서 나와 별개의 사람처럼 취급하는 것이다. 법인은 사람도 아니고 내가 세운 회사인데 왜 따로 보는지 전혀 모르겠다. 법인을 세운 회사의 대표들 가운데 이런 생각을 해본 사람들이 제법 있을 것이다.

법인은 한자로 *法人*이라고 쓴다. 보시다시피 '사람'을 뜻한다. 이처럼 회사 자체를 하나의 독립된 인격체로 보는 것이 법인이다. 그 결과 많은 부분이 우리의 생각과는 달라지는데, 예를 들면 사례에서 언급한 입금의 경우도 그렇다. 우리가 누군가한테 돈을 주면 그것이 차입이 되듯이, 법인에도 똑같이 적용된다. 또 법인에서는 법인사업자의 대표 역시 법인으로부터 월급을 받는다. 즉 법인에 고용된 사람으로 보는 것이다. 드라마에서 보면 회사의 오너인데도 주주총회를 통해 대표 자리에서 쫓겨나는 장면을 보았을 것이다. 이것이 바로 법인의 특성에서 비롯되는 것이다.

이 기본을 이해하지 못하면, 법인사업자와 개인사업자의 수많은 차이를 이해하는 데 어려움을 겪을 수 있으니 항상 이 부분을 명심하자.

차이2: 대표이사인 '나'도 직원으로 4대 보험을 신고해야 한다

개인사업자로서 사업장을 혼자서 운영할 때 납부하는 건강보험료는 '지역가입자'로 구분된다. 지역가입자가 되면 소득, 재산 등 모든 개인의 상황을 고려해 보험료가 계산된다. 사업이 잘돼서 직원을 두게 되면 그제야 대표 또한 '직장가입자'로 위치가 바뀐다. 직장 가입자는 개인 재산을 고려하지 않으므로 보험료가 상대적으로 줄어든다. 그래서 직장가입자가 되기 위해서 직원을 고용하는 사례도 종종 있다. 그런데 법인사업자는 설립 당시부터 대표이사인 나는 법인사업자의 직원이기 때문에, 1인 사업자라고 하더라도 건강보험의 적용을 받게 된다.

결국 1인 사업자의 기준에서 둘을 단순 비교하자면, 법인사업자일 때 건강보험료가 더 저렴할 수 있다.

차이3: 법인사업자는 설립비용이 발생한다

개인사업자는 설립과 관련해 사업장 임차 관련 부동산 수수료, 인테리어 외에 따로 비용이 들지 않는다. 그러나 법인을 설립하려면, 법인이라는 인격을 만들기 위해서 개인사업자와 다르게 법인의 등기가 필요하다. 그렇기 때문에 법인 등기 비용이 추가로 발생한다. 등기를 직접 하느냐 법무사에게 위임하느냐에 따라 그 금액의 차이는 있을 수 있지만, 결론적으로 어떤 방법을 택하든 법인 설립에 관한 등록면허세는 발생한다.

TOP ⚡ TIPS!

법인 설립 셀프 등기의 장단점

- 장점: 법무사에게 지불하는 등기 관련 수수료를 아낄 수 있다.
- 단점1: 법인 운영을 위한 정관을 작성하는 것이 매우 중요한데, 이를 올바르게 작성했는지 파악하기 힘들다.
- 단점2: 법무사에게 위임할 때보다 시간이 많이 걸린다.
- 단점3: 설립 과정을 사실과 다르게 기입하면, 설립의 무효 사유가 된다.

차이4: 적용받는 세율이 다르다

개인사업자는 소득에 대해 종합소득세를 신고하고 법인사업자는 법인세를 신고한다. 각각의 법령이 다른 만큼 적용받는 세율 또한 다르다. 개인사업자의 과세표준이 1,400만 원 이하일 때 최저 6%부터 10억 원 초과일 때 45%인 반면, 법인사업자는 과세표준이 2억 원 이하일 때 9%부터 3,000억 원을 초과할 때 24%를 적용받는다. 각 세율과 그 구간을 정리하면 다음과 같다.

적용 구간 ◆	종합소득세율	법인세율
1,400만 원 이하	6%	9%
5,000만 원 이하	15%	9%
8,800만 원 이하	24%	9%
1억 5,000만 원 이하	35%	9%
2억 원 이하	38%	9%
3억 원 이하	38%	19%
5억 원 이하	40%	19%
10억 원 이하	42%	19%
200억 원 이하	45%	19%
3,000억 원 이하	45%	21%
3,000억 원 초과	45%	24%

◆ 매출액이 아닌 과세표준이 기준이다

　이처럼 개인사업자와 법인사업자의 세율로만 비교했을 때는 초기 소득이 1,400만 원 이하 구간에서는 개인사업자가 법인사업자보다 세율이 적지만, 그 외의 구간에서는 종합소득세율이 월등히 높다.

　그러나 이 종합소득세와 법인세 모두 누진세◆◆ 구조이기 때문에 이를 반영한다면 과세표준이 2,100만 원일 때 법인과 개인사업자의 세액이 동일해진다. 다시 말하면 내 과세표준이 2,100만 원이 넘어갈 때부터 법인사업자가 세금 측면에서 유리하다고 볼 수 있다.

◆◆ 누진세는 표와 같이 구간에 따라 세율을 달리 적용하는 계산 구조다. 구간에 진입하면 총액에 대해서 세율을 적용받는 것이 아닌, 그 구간만큼만 해당 세율을 적용받는다. 예를 들면, 내 과세표준이 1,500만 원이라고 한다면, 1,400만 원까지는 6%를 적용받고 100만 원만 15%를 적용받는다.

차이5: 기업 성장에 유리한 것은 '법인'이다

　흔히 경영컨설턴트들은 기업을 크게 성장시킬 목표가 있는 사람들에게는 법인 설립을 추천한다. 같은 매출일 때 법인사업자가 개인사업자보다 연구소 설립, 벤처기업 인증, 정부로부터의 지원금, 투자자로부터의 투자 등 기업가치를 상승시킬 방법이 다양하다. 사업에 큰 뜻을 품고 있다면, 법인을 설립하자.

차이6: 세금 신고 방식의 편의성

개인사업자는 매출에 따라 간편장부 대상자, 복식부기 의무자, 성실신고 대상자 등 세금과 관련해 신고하는 방식이 다양하다. 정확히 말하면 회계 처리의 방식이라고 할 수 있는데, 매출이 상승할수록 후자의 방식을 적용받게 되어 회계 처리가 복잡해진다. 개인사업자는 사업 초기에 매출이 적을 때 간편장부 대상자를 적용받는데, 이때는 세법에 대한 지식이 많지 않더라도 작성하는 데 어려움이 크지 않다. 하지만 법인사업자는 무조건 복식부기 의무자로, 세무대리인이나 세무 관련 실무 경험이 있는 직원이 없다면 작성이 사실상 불가능하다고 생각하면 된다. 결과적으로 보면 법인은 설립 초기부터 세무 관련 비용이 발생한다고 볼 수 있는 것이다.

차이7: 법인 전환에는 큰 비용이 든다

많은 사람이 처음부터 법인을 설립할 필요는 없고 개인사업자로 사업을 운영하다가 어느 정도 성장하면 법인으로 전환하면 된다고 말한다. 여기서 '법인 전환'이란 쉽게 말하면 개인사업자의 자산과 부채, 즉 기업가치를 그대로 새로운 법인에 고스란히 이전하는 것을 말한다. 그런데 여기에는 법인 전환과 관련한 감정평가 수수료, 또 필요에 따라 감사수수료, 세무대리인 수수료 등 생각보다 많은 비용이 발생한다. 이를 명심하자.

이 밖에도 법인과 개인사업자의 사이에는 많은 차이점이 존재하지만, 개인사업자를 설립할지 법인사업자를 설립할지 판단한 기준을 간단하게 정리하면 다음의 네 가지로 좁힐 수 있다.

① 법인과 관련한 상법과 세법 등 최소한의 지식이 부족하다면 법인 설립은 독이 될 수도 있다.
② 기업을 크게 성장시킬 야망이 있다면, 법인사업자가 무조건 유리하다.
③ '워라벨'을 중요시하면서 사업을 소소하게 하고 싶다면, 개인사업자가 적합하다.
④ 내가 하고자 하는 업종의 거래처가 법인을 우대하는 경향이 있다면, 과감히 법인을 설립하자.

일반과세자 vs. 간이과세자

주변에서 많은 사람이 개인사업자로 시작할 때는 무조건 간이과세자를 선택하라는 말을 한다. 간이과세자가 도대체 무엇이기에 '무조건'이라는 단어까지 쓰는 걸까?

간이과세자는 부가가치세를 신고할 때 일반과세자보다 세금을 훨씬 적게 낼 수 있다. 심지어는 판매금액이 일정 금액 미만이면 부가가치세를 아예 면제해주기도 한다(참고로 종합소득세 신고는 일반과세자든 간이과세자든 차이가 없다). 그 이유는 간이과세라는 제도가 영세한 납세자들에게 세금 측면에서 혜택을 줘서 그들의 성장을 돕는 데 있기 때문이다.

둘 사이에 어떤 차이가 있을지, 세금 계산의 구조부터 살펴보겠다.

간이과세자의 계산 구조

일반과세자의 부가가치세 구조는 매우 단순하다.

매출세액(매출공급가액 × 10%) − 매입세액(매입공급가액 × 10%)

간이과세자의 부가가치세 계산 구조는 일반과세자보다는 조금 복잡하다.

매출공급대가 × 10% × 업종별 부가율 − 매입공급대가 × 0.5%

간이과세자의 업종별 부가율	
① 소매업, 재생용 재료 수집 및 판매업, 음식점업	15%
② 제조업, 농업·임업 및 어업, 소화물 전문 운송업	20%
③ 숙박업	25%
④ 건설업, ②를 제외한 운수업, 창고업, 정보통신업, ⑤를 제외한 서비스업	30%
⑤ 금융 및 보험 관련 서비스업, 전문·과학 및 기술서비스업 등	40%

　　일반과세자보다 부가율을 한 번 더 곱하기 때문에 일반과세자에 비해 세금이 현저히 낮을 수밖에 없는데, 다음의 사례를 통해 계산 구조를 정확히 이해해보자.

　　세무대학 세금학과에 다니고 있는 학구열 학생은 간이과세자와 일반과세자의 세금 차이에 관해 리포트를 작성하기 위해 김똑똑 세무사를 방문했다.

"세무사님, 제가 소매업을 운영하면서 1년에 부가세를 포함해서 6,600만 원어치를 판매하고 부가세 포함 4,400만 원의 비용을 썼습니다. 모두 부가가치세법상 적법한 매출과 비용이라고 가정하면 일반과세자일 때와 간이과세자일 때 세금이 어떻게 달라질까요?"

앞에서 흐뭇한 미소를 짓던 김똑똑 씨는 안경을 고쳐 잡고 다음과 같이 말했다.

"우리 학생이 가정을 세웠으니 그 외에 다른 것은 모두 고려하지 않고, 그 것만으로 간단하게 말해볼게요."

"네."

"그전에 사전 설명을 하면 매출 관련 부가세는 600만 원, 공급가액은 6,000만 원이고 공급대가는 6,600만 원이죠. 매입 관련 부가세는 400만 원, 공급가액은 4,000만 원 그리고 공급대가는 4,400만 원인 거 알죠?"

"네, 그런데 공급대가가 정확히 무엇인가요?"

"공급대가는 공급가액에 부가가치세를 더한 금액, 즉 결제금액을 말합니다."

"이제 전부 이해한 것 같습니다."

"자, 그럼 다시 설명해보겠습니다. 일반과세자는 매출세액 600만 원에 매입세액 400만 원을 차감한 결과 납부세액이 200만 원 나옵니다. 간이과세자는 조금 달라요. 간이과세자는 6,600만 원에 10%를 곱한 다음에 소매업의 부가율인 15%를 한 번 더 곱합니다. 그럼 99만 원이 나오죠? 그 99만 원에 4,400만 원 곱하기 0.5%를 해서 나온 22만 원을 차감하면 77만 원, 즉 최종 납부할 세액이 77만 원인 것이죠."

"결론적으로 일반과세자일 때보다 간이과세자일 때 세금이 123만 원 낮아지는 거네요?"

"네, 맞습니다."

사례에서 적용한 공식 외에 간이과세와 일반과세자의 계산 구조의 차이가 더 존재하지만, 간단하게 살펴보면 일반과세자보다 간이과세자의 세금이 훨씬 낮은 것을 이해할 수 있다. 그런데 기존 사업자나 세무사들의 이야기를 자세히 들어보면 이러한 장점에도 불구하고 간이과세자를 택하는 것을 신중하게 고민해보라고 한다. 왜 그럴까?

간이과세자의 치명적인 단점

간이과세자는 일반과세자보다 세금이 훨씬 적다는 비교 불가능한 장점이 있음은 틀림없다. 그렇다고 간이과세자가 마냥 좋다고는 할 수 없다. 그 이유는 간이과세자에게 다음과 같은 치명적인 단점이 있기 때문이다.

첫째, 간이과세자는 부가가치세를 환급받을 수 없다. 일반과세자는 부가가치세 과세기간 동안 매출보다 매입이 많아 납부세액이 마이너스가 된다면 그 금액만큼 환급을 받는다. 그러나 간이과세자 하면 비용이 아무리 많을지라도 납부세액은 0이 될 뿐 환급받지 못한다.

둘째, 간이과세자로부터 매입한 사업자는 공제를 받지 못한다. 간이과세자는 거래 상대방에게 세금계산서를 발급하지 못할뿐더러, 상대는 간이과세자에게 카드로 결제하거나 현금영수증을 받아 매입한 금액을 부가가치세 신고 때 비용으로 처리하지 못한다. 다시 말하면 간이과세자로부터 매입한 재화는 비용으로 인정받지 못하므로 거래를 꺼리는 사업자들이 생긴다는 것이다. 다만 이런 단점이 2021년 7월 1일부터 세법 개정을 통해 보완되면서, 직전 과세기간의 공급가액이 4,800만 원 이상인 간이과세자는 세금계산서를 발급할 수 있게 되었다. 따라서 여기에 해당하는 사업자로부터 매입하면 매입세액 공제를 받을 수 있다. 그러나 실질적으로 판매자가 해당 사업자인지 아닌지 거래할 때마다 물어볼 수도 없고, 부가가치세 신고 시에 이를 일일이 기억했다가 적용하는 일은 쉽지 않을 것이다. 매입한 사업자가 이를 구분할 수 있도록 제도적인 개선이 되지 않는 한 주거래처가 사업자인 간이과세자에게는 여전히 치명적인 단점이 될 수 있을 것이다.

셋째, 간이과세자는 매출보다 매입이 크더라도 부가가치세를 납부하는 경우가 있다. 간이과세자는 매출공급대가의 10%에 업종별 부가율을 곱한 금액에 매입세액에 최저 부가율인 5%를 곱한 금액을 차감한다.

예를 들어보자. 1년간 부가세를 포함한 매출공급대가가 4,400만 원이고 매입공급대가는 6,600만 원이며, 15%의 부가율을 적용받는 간이과세자가 있다. 현재 그의 사업은 매입이 매출보다 크다. 하지만 세법에 따라 계산하면 4,400만 원에 1.5%(4,400×10%×15%)를 곱한 66만 원에서, 6,600만 원에 0.5%를 곱해서 산출된 33만 원을 빼면 33만 원의 부가가치세가 나온다. 매입이 매출보다 더 큰데도 납부할 세액이 발생하는 것이다. 번 돈보다 쓴 돈이 많은데도 세금을 내야 한다는 것은 부가가치세의 이념과는 맞지 않아 앞으로 제도적인 개선이 필요해 보이지만, 현재의 세법이 이와 같다는 사실을 인지할 필요가 있다. 심지어 동일한 경우 일반과세자라면 200만 원의 환급세액이 발생한다.

이렇게 특이한 사례도 발생하기는 하지만, 통상적으로는 일반과세자보다 간이과세자가 납부할 부가가치세가 더 낮다는 사실은 기억하도록 하자.

간이과세자를 적용받지 못하는 업종

간이과세자가 모든 업종에 적용되는 것은 아니다. 거래 구조가 B2B인 업종 대부분을 포함해서 많은 업종이 간이과세자 적용에 제한을 받을 뿐만 아니라, 지역에 따라 간이과세자를 적용받지 못하기도 한다. 내가 하고자 하는 업종 및 창업하고자 하는 지역이 그 배제업종과 지역에 해당하는지 확인하고 진행하자.

① 간이과세자 배제업종 예시
- 광업
- 제조업(주로 최종소비자에게 재화를 직접 공급하는 사업으로, 기획재정부령으로 정하는 것*은 제외)
- 도매업

- 부동산매매업
- 상품중개업
- 부동산임대업 중 기획재정부령으로 정한 것(기획재정부 홈페이지 등 참고)
- 변호사, 변리사, 세무사 등 전문직 사업자
- 과세유흥장소를 경영하는 자
- 전기·가스·증기 및 수도 사업
- 건설업(주로 최종소비자에게 직접 재화나 용역을 공급하는 사업으로 기획
  재정부령으로 정하는 것♦♦은 제외)
- 전문·과학·기술서비스업, 사업시설 관리·사업지원 및 임대 서비스업
  (주로 최종소비자에게 직접 용역을 공급하는 사업으로 기획재정부령으로 정
  하는 것♦♦♦은 제외)

♦ 과자점, 도정업, 제분업 및 떡류 제조업 중 떡방앗간, 양복점업, 양장점업, 양화점
♦♦ 도배, 실내 장식 및 내장 목공사업, 배관 및 냉난방 공사업, 그 밖에 최종소비자에 대한 매출비중, 거래유형 등
을 고려해 주로 최종소비자에게 직접 재화 또는 용역을 공급하는 사업
♦♦♦ 개인 및 가정용품 임대업, 인물사진 및 행사용 영상 촬영업, 복사업, 그 밖에 최종소비자에 대한 매출비중, 거
래유형 등을 고려해 주로 최종소비자에게 직접 용역을 공급하는 사업

② 간이과세자 배제 지역
- 백화점, 할인점, 중심상업지역 등 각 관할 세무서에서 정한 지역군.

TOP ⚡ TIPS!

세무서의 실수

간혹 세무서 민원실에서 사업자등록 신청을 할 때 간이과세자를 적용받을 수 없는 사
업자인데도 간이과세자 신청을 받아주는 경우가 있다. 하지만 대부분 다음 과세기간
부터는 일반과세자로 변경된다는 고지가 갈 수 있으니 알고 있도록 하자.

간이과세자와 일반과세자의 선택

① 음식점, 온라인 쇼핑몰과 같이 거래 상대방인 소비자가 일반인이라면 간이과세자가 유리하다.

② 카페와 같이 인테리어 등 초기 비용이 크다면 일반과세자가 유리하다.

③ 간이과세 배제업종이나 지역 등 기준에 만족하지 못하면 일반과세자를 선택해야 한다.

④ 일반과세자로부터 사업을 양수했다면 일반과세자를 선택해야 한다.

⑤ 기존에 일반과세자를 적용받는 사업장을 보유한 사업자라면 새로운 사업장도 일반과세자를 적용받아야 한다.

⑥ 사업자는 세금계산서 수수의 불편함으로 인해 간이과세자와 거래하지 않으려는 사례가 많다. 그러므로 거래 상대방의 대다수가 사업자라면 이를 충분히 고려해 선택하자.

과세사업자 vs. 면세사업자

먼저 여기는 오해가 없도록 하자. 일반과세나 간이과세와 달리 사업을 과세로 할지, 면세로 할지는 내가 마음대로 정하는 게 아니라, 법으로 정해져 있다. 부가가치세법에서 면세 항목에 관해 정확히 규정하고 있으므로 내가 면세 제품을 판매하는 사업을 주로 한다면, 면세사업자를 선택해야만 한다. 면세사업자는 선택이 아닌 필수다.

면세로 규정된 것은 미가공 식료품, 국내생산 비식용 미가공 농·축·수·임산물, 도서·신문·방송 등이 있는데, 이를 판매하는 사업자라면 면세사업자를 적용받는다. 그래서 본인이 하고자 하는 사업이 과세에 해당하는지 면세에 해당하는지를 정확히 알아보고 창업해야 한다. 다만 면세 재화를 판매하면서 동시에 과세 재화를 판매하면 이를 '겸영 사업자'라고 하고 일반과세자를 적용받는다. 더 자세한 내용은 뒷부분의 부가가치세 편에서 다루기로 한다.

그렇다면 과세사업자와 면세사업자의 어떤 차이점이 있을까?

부가세 신고는 면제되지만 종합소득세는 신고한다

과세사업자와 면세사업자는 크게 네 가지 차이점이 있다.

첫째, 사업자와 거래할 때 과세사업자는 세금계산서를 발급고 면세사업자는 계산서를 발급한다.

둘째, 과세사업자는 부가가치세 신고를 하지만, 면세사업자는 1년에 한 번 2월에 면세사업장 현황 신고를 한다.

셋째, 면세사업자는 거래할 때 거래 상대방으로부터 부가가치세를 받지 않는다. 이는 세금계산서를 발급하지 않으므로, 당연하게도 부가세 역시 받지 않는 것이다.

넷째, 이런 차이에도 불구하고 과세사업자와 면세사업자의 종합소득세 신고는 다르지 않다. 즉 동일하게 종합소득세 신고에 들어간다.

사업을 인수했다면,
권리금은 어떻게 처리할까?

카페, 미용실, 볼링장, 음식점, 병원 등의 업종으로 창업할 때 처음부터 자신의 노력에 의해 수익을 창출하고자 하는 사람도 있지만, 이미 고객이 확보된 사업장의 소유주에게 권리금을 주고 사업을 인수해 창업하는 사람들이 있다.

그런데 권리금을 주고 상가를 인수한 사람 중 대부분이 세금에 대한 사전 대처를 못 하는 바람에 비용으로도 처리하지 못하는 사례가 많다. 권리금은 인테리어에 못지않은 큰 비용이 들기 때문에 반드시 비용으로 처리해야 한다. 다음의 절차에 따라 정확하게 사전 대처를 해 불이익을 받지 않도록 하자.

1단계: 권리금 계약서 작성

① 부가가치세를 지급하고 세금계산서를 발급받는다는 내용을 특약에 넣도록 하자. 다만 포괄적 양수도의 경우는 대가를 지급하고 얻을 수 있

는 재화의 제공이라고 보지 않기 때문에 부가가치세가 비과세된다. 그에 따라 세금계산서 발급 절차도 없는데, 이때는 포괄적 양수도임을 계약서에 꼭 써넣어야 한다. 다만 포괄적 양수도의 경우 사업을 처음 시작하는 사람이 판단해서 진행하기는 어려우므로, 전문가의 상담을 받을 필요가 있다.

② 권리금은 기존 임차인의 기타소득으로 분류되므로, 원천징수 세율인 8.8%(법의 개정에 따라 변경될 수 있음)를 제외한 금액만 입금하고 8.8%에 해당하는 금액은 원천세 신고를 해야 한다는 것을 기재하자.

2단계: 세금계산서 수취

권리금에 대한 세금계산서는 양도인(기존 임차인)이 폐업하기 전에 받아야 한다. 기존 임차인(양도인)의 폐업 이후 발급받은 세금계산서는 인정되지 않는다. 사정이 이렇다 보니 나의 사업자등록은 아직 없을 가능성이 크다. 사업자등록을 하려면 사업장소재지가 필요하기 때문이다. 그래서 사업자등록번호 역시 없으므로 대표자인 나의 주민등록번호로 세금계산서를 받아야 한다. 폐업일 이후에 잔금을 지급하기로 했다면, 세금계산서는 미리 발급받자.

3단계: 권리금 지급

권리금을 지급할 때 계약금의 8.8%를 원천세로 제외하고 지급하도록 하자. 이때 지급해야 하는 부가가치세는 8.8%를 제외한 금액의 10%가 아닌 계약금 전체의 10%임을 명심해야 한다. 예를 들어 계약한 권리금이 1,000만 원이라고 하자. 이때 계약 상대방에게 지급해야 할 금액은 1,000

만 원에 88만 원을 차감한 912만 원의 권리금과 1,000만 원의 10%인 부가가치세 100만 원, 총 1,012만 원을 지급해야 한다. 이 계산은 권리금이 선금과 잔금으로 분류되더라도 총금액은 동일하다. 예를 들어 전체 계약금이 1,000만 원이고 잔금이 900만 원이라고 하면 아래와 같다.

선금: 100만 원+10만 원(부가세)
잔금: 900만 원+90만 원(부가세)
　　– 실지급 잔금: 812만 원+90만 원(부가세)
　　– 원천세 88만 원은 내가 직접 신고

4단계: 세금 신고

① 권리금을 지급한 달의 다음 달 10일까지 기타소득으로 원천세를 신고해야 한다.
　– 필요정보 : 양도인의 이름, 주민등록번호
② 권리금을 지급한 해의 다음 해 2월 말까지 지급 명세서를 제출해야 한다 (지급 명세서는 PART 6에서 상세히 다룬다).
③ 권리금은 종합소득세를 신고할 때 5년 동안 정액으로 나눠서 매년 상각비로 처리한다.

예시 2021년 4월 21일 지급한 권리금이 5,000만 원이라고 가정
　– 2021년 750만 원 비용 처리 가능(5,000 × 1/5 × 9/12)
　– 2022년 1,000만 원 비용 처리 가능(5,000 × 1/5)
　– 2023년 1,000만 원 비용 처리 가능(5,000 × 1/5)
　– 2024년 1,000만 원 비용 처리 가능(5,000 × 1/5)
　– 2025년 1,000만 원 비용 처리 가능(5,000 × 1/5)
　– 2026년 250만 원 비용 처리 가능(5,000 × 1/5 × 3/12)

④ 부가가치세를 신고할 때 해당 세금계산서를 반영해 환급받자.

참고로, 양도인의 경우 권리금은 사업소득이 아니므로 종합소득세를 신고할 때 사업소득의 수입금액에서 제외한 뒤 기타소득으로 신고한다.

TOP ⚡ TIPS!

상각비는 감가상각비와 다른 것인가요?

회계적으로 감가상각은 형태가 있는 유형자산에 상각을 얘기하고, 형태가 없는 권리금과 같은 무형자산은 상각비라고 구분해서 쓴다. 다만 회계적으로 차이가 있더라도 이를 구분하는 것이 실익과 관계되는 건 아니기 때문에 같은 것으로 보아도 무방하다.

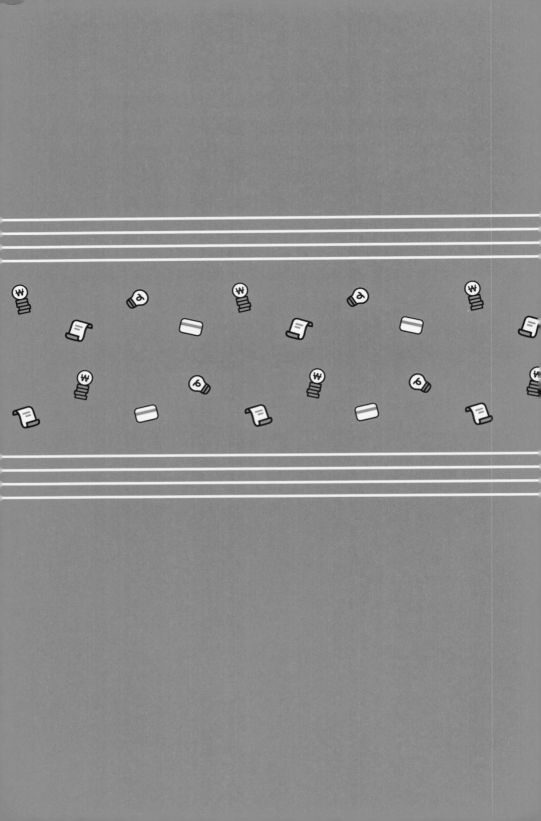

PART 3

사업자의
세금 기본기

사업 필수 요소 1: 사업자통장 등록

CASE 개인사업자로 의류 판매업을 시작한 김귀찬 씨는 사업 통장을 개설하러 은행에 가기 귀찮아 '당분간'이라는 자기변명으로 본인 명의의 계좌로 거래를 시작했다. 언젠가는 만들겠지 하다가 2년이 훌쩍 흘렀다. 1년 만에 입소문을 탄 귀찬 씨는 복식부기 의무자가 되었고, '종합소득세 신고안내문'을 보던 중 사업용 계좌를 신고하지 않은 사업자로, 가산세 대상이라는 것을 확인하고 망연자실해졌다.

사업자라면 누구든 사업용 계좌는 있어야 한다. 이는 거래 질서 확립을 위한 사업자의 의무다. 세법에서는 복식부기 의무자를 적용받는 사업자가 사업용 계좌를 등록하지 않으면 가산세 대상이 되고, 영업 상황 등을 점검해 세금이 추가로 추징될 수도 있다. 금융자료가 넘어간다는 생각에 왠지 꺼려져서 복식부기 의무를 적용받을 때 등록하려고 미루다가 정작 사업이 바빠지면 이를 잊게 되는 경우가 종종 있다. 이런 실수를 미연에 방지하기 위해 사업 초기에 사업용 계좌를 미리 신고하기를 권한다.

사업자 통장을 홈택스에 직접 등록해보자

홈택스 로그인 ▶ 국세증명·사업자등록, 세금관련 신청/신고 ▶ 세금관련 신청·신고 공통분야 ▶ 사업용·공익법인 계좌 개설/조회

▲ 사업용 통장 개설

개인사업자로 사업을 시작하면 대부분은 다음과 같은 고민을 하게 된다. 사업용으로 별도의 통장을 만들어야 할까? 사업용 통장이라는 것이 따로 있을까? 물론 법인사업자라면 그렇다. 법인은 대표이사와 구분되는 인격이기 때문에 법인이라는 인격체의 명의로 된 통장이 별도로 필요하다. 하지만 개인사업자와 대표 개인은 동일한 인격이기 때문에 개인 명의로 된 통장을 사용해도 무방하다. 다시 말해 사업자 상호가 기재된 통장이 아닌 사업용으로만 사용할 수 있는 본인 명의의 통장만 있다면 홈택스에 등록해서 사업용으로 사용할 수 있다. 물론 거래처의 입장에서는 입금처 또는 지급처가 상호명으로 되어 있다면 좀 더 신뢰할 수 있을 것이다. 다만, 그뿐이

기 때문에 걱정하지 말고 본인 명의의 잔여 계좌가 있다면 활용하자.

사업용 계좌를 신고하지 않으면 해당 과세 연도의 미신고 기간 중 수입금액의 1,000분의 2(0.2%), 또는 금융회사 등을 통해 결제한 거래대금에 인건비 및 임차료를 지급한 금액의 합의 1,000분의 2(0.2%)중 큰 금액을 가산세로 납부해야 한다.

사업용 계좌 신고 불성실 가산세

① 과 ② 가운데 큰 금액

① (해당 과세기간◆의 수입금액 × 미신고기간 ÷ 365) × 2/1,000

② (㉠ + ㉡) × 2/1,000

㉠ 금융회사 등을 통해 결제하거나 결제받는 거래대금

㉡ 인건비 및 임차료로 지급하거나 받은 금액. 다만 외국인 체류자 등 실질적으로 사업용 계좌를 사용하기 어려운 경우는 제외한다.

◆ 사업용 계좌를 등록하지 않은 해당 연도를 말한다

사업자의 입장에서 이 가산세는 여간 귀찮은 게 아니다. 그 이유는 '사업용 계좌 신고 불성실 가산세'는 가산세가 있다는 사실만 단순히 사실만 통보할 뿐, 가산세가 얼마인지는 금액을 직접 계산해서 알려주지 않기 때문에 사업자인 내가 자발적으로 계산해서 종합소득세를 신고할 때 추가해야한다. 만약 이때 계산을 잘못하더라도 그에 대한 책임은 오롯이 사업자가 져야 한다.

사업 필수 요소 2:
현금영수증 가맹점 가입

세법에서는 재화를 판매하고 이 대금을 현금으로 받을 때, 거래 건당 10만 원 이상이면 소비자가 요구하지 않더라도 현금영수증을 발행해야 한다는 기준을 정해두고 있다. 이를 현금영수증 의무발행 사업자라고 하며, 여기에 해당하는 기준은 두 가지가 있다.

하나는 현금영수증 의무발행업종에 해당하거나, 법인사업자 및 매출 대비 현금영수증 발행 의무가 발생하는 개인사업자다. 현금영수증 의무발행 업종에 해당하는 사업자는 다음과 같다.

구분	업종
1. 사업서비스업	가. 변호사업
	나. 공인회계사업
	다. 세무사업
	라. 변리사업
	마. 건축사업
	바. 법무사업
	사. 심판변론인업
	아. 경영지도사업

	자. 기술지도사
	차. 감정평가사업
	카. 손해사정인업
	타. 통관업
	파. 기술사업
	하. 측량사업
	거. 공인노무사업
	너. 행정사업
2. 보건업	가. 종합병원
	나. 일반병원
	다. 치과병원
	라. 한방병원
	마. 요양병원
	바. 일반의원(일반과, 내과, 소아청소년과, 일반외과, 정형외과, 신경과, 정신건강의학과, 피부과, 비뇨의학과, 안과, 이비인후과, 산부인과, 방사선과 및 성형외과)
	사. 기타의원(마취통증의학과, 결핵과, 가정의학과, 재활의학과 등 달리 분류되지 않은 병과)
	아. 치과의원
	자. 한의원
	차. 수의업
3. 숙박 및 음식점업	가. 일반유흥 주점업('식품위생법 시행령 제21조 제8호 다목에 따른 단란주점영업을 포함한다)
	나. 무도유흥 주점업
	다. 일반 및 생활 숙박 시설운영업
	라. 출장 음식 서비스업
	마. 기숙사 및 고시원 운영업(고시원 운영업으로 한정한다)
	바. 숙박공유업
4. 교육 서비스업	가. 일반 교습 학원
	나. 예술 학원
	다. 외국어학원 및 기타 교습학원
	라. 운전학원
	마. 태권도 및 무술 교육기관
	바. 기타 스포츠 교육기관
	사. 기타 교육지원 서비스업
	아. 청소년수련시설 운영업(교육 목적용으로 한정한다)
	자. 기타 기술 및 직업훈련학원
	차. 컴퓨터 학원
	카. 그 외 기타 분류 안 된 교육기관

	가. 골프장 운영업
	나. 골프 연습장 운영업
	다. 장례식장 및 장의 관련 서비스업
	라. 예식장업
	마. 부동산 중개 및 대리업
	바. 부동산 투자 자문업
	사. 산후 조리원
	아. 시계 및 귀금속 소매업
	자. 피부 미용업
	차. 손발톱 관리 미용업 등 기타 미용업
	카. 비만 관리 센터 등 기타 신체 관리 서비스업
	타. 마사지업(발 마사지업 및 스포츠 마사지업으로 한정한다)
	파. 실내건축 및 건축마무리 공사업(도배업만 영위하는 경우는 제외한다)
	하. 인물 사진 및 행사용 영상 촬영업
	거. 결혼 상담 및 준비 서비스업
	너. 의류 임대업
	더. '화물자동차 운수사업법 제2조 제4호에 따른 화물자동차 운송주선 사업(이사화물을 포장하는 서비스를 제공하는 사업으로 한정한다)
5. 그 밖의 업종	러. 자동차 부품 및 내장품 판매업
	머. 자동차 종합 수리업
	버. 자동차 전문 수리업
	서. 전세버스 운송업
	어. 가구 소매업
	저. 전기용품 및 조명장치 소매업
	처. 의료용 기구 소매업
	커. 페인트, 창호 및 기타 건설자재 소매업
	터. 주방용품 및 가정용 유리, 요업 제품 소매업[거울 및 액자(내용물이 없는 것으로 한정한다) 소매업, 주방용 유리제품 소매업, 관상용 어항 소매업으로 한정한다]
	퍼. 안경 및 렌즈 소매업
	허. 운동 및 경기용품 소매업
	고. 예술품 및 골동품 소매업
	노. 중고자동차 소매업 및 중개업
	도. 악기 소매업
	로. 자전거 및 기타 운송장비 소매업
	모. 체력단련시설 운영업
	보. 화장터 운영, 묘지 분양 및 관리업(묘지 분양 및 관리업에 한정한다)
	소. 특수여객자동차 운송업
	오. 가전제품 소매업

조. 의약품 및 의료용품 소매업	
초. 독서실 운영업	
코. 두발 미용업	
토. 철물 및 난방용구 소매업	
포. 신발 소매업	
호. 애완용 동물 및 관련 용품 소매업	
구. 의복 소매업	
누. 컴퓨터 및 주변장치, 소프트웨어 소매업	
두. 통신기기 소매업	
루. 건강보조식품 소매업	
무. 자동차 세차업	
부. 벽지, 마루덮개 및 장판류 소매업	
수. 공구 소매업	
우. 가방 및 기타 가죽제품 소매업	
주. 중고가구 소매업	
추. 사진기 및 사진용품 소매업	
쿠. 모터사이클 수리업	
투. 가전제품 수리업	
푸. 가정용 직물제품 소매업	
후. 가죽, 가방 및 신발 수리업	
그. 게임용구, 인형 및 장난감 소매업	
느. 구두류 제조업	
드. 남자용 겉옷 제조업	
르. 여자용 겉옷 제조업	
므. 모터사이클 및 부품 소매업(부품 판매업으로 한정한다)	
브. 시계, 귀금속 및 악기 수리업	
스. 운송장비용 주유소 운영업	
으. 의복 및 기타 가정용 직물제품 수리업	
즈. 중고 가전제품 및 통신장비 소매업	
츠. 백화점	
크. 대형마트	
트. 체인화편의점	
프. 기타 대형 종합소매업	
흐. 서적, 신문 및 잡지류 소매업	
기. 곡물, 곡분 및 가축사료 소매업	
니. 육류 소매업	
디. 자동차 중개업	
리. 주차장 운영업	

	미. 여객 자동차 터미널 운영업
	비. 통신장비 수리업
	시. 보일러수리 등 기타 가정용품 수리업
6. 통신판매업	전자상거래 소매업(제1호부터 제5호에 따른 업종에서 사업자가 공급하는 재화 또는 용역을 온라인 통신망을 통해 소매하는 경우로 한정한다)

두 번째 기준은 거래 상대방이 주로 사업자가 아닌 소비자인 경우로, 법인사업자이거나 직전 과세기간 수입금액(작년 매출)의 합계액이 2,400만 원 이상인 개인사업자다. 여기에 해당하면 해당 연도의 3월 31일까지 현금영수증 가맹점으로 가입해야 한다. 그 시기를 놓친다면 가산세의 대상이 되기 때문에 과세사업자라면 부가가치세 신고를 통해, 면세사업자라면 사업장 현황 신고를 통해 자신의 매출을 정확히 파악해서 판단해야 한다.

하지만 보는 것과 같이 현금영수증 의무발행 사업자의 종류도 많고, 그 기준금액에 부합하는지 여부 또한 매년 판단하기 번거로우므로 누구든 사업 초기에 미리 현금영수증 가맹점에 가입하기를 권한다.

TOP ⚡ TIPS!

현금영수증 의무발행 수입금액 기준(2,400만 원) 판단 시 유의사항

- 사업자 상대 업종과 소비자 상대 업종이 혼합된(흔히 말하는 B2B와 B2C) 사업자의 수입금액은 소비자 상대 업종의 수입금액만으로 하며, 소비자 상대 업종으로 운영하는 사업장이 두 개 이상인 사업자의 수입금액은 사업장별 수입금액을 합산해 산정한다.
- 직전 과세기간(작년)에 신규로 사업을 개시한 사업자의 수입금액은 직전 과세기간의 수입금액을 해당 사업 월수(1월 미만일 때에는 1월로 한다)로 나눈 금액에 12를 곱해 산정한다. 예를 들어 작년 4월 10일에 개업했다면, 기준금액은 2,400만 원이 아닌 2,400만 원 × 9/12에 해당하는 1,800만 원이다.

현금영수증 가맹점 가입 방법

본인이 현금영수증 의무발행 사업자라고 한다면, 필수적으로 현금영수증 가맹점으로 가입해야 한다. 가입 방법은 세 가지가 있다. 자세히 살펴보자.

① 홈택스 이용한 등록방법

> 홈택스 로그인 ▸ 전자(세금)계산서, 현금영수증·신용카드 ▸ 현금영수증(가맹점)
> ▸ 발급 ▸ 현금영수증 발급 사업자 신청 및 수정

▲ 현금영수증 가맹점 가입 방법

② 전화를 이용한 등록방법

> 126-1번(홈택스 상담) ▸ 1번(현금영수증) ▸ 1번(한국어) ▸ 4번(가맹점 현금영수증 발급 서비스) ▸ 사업자등록번호 입력 ▸ 비밀번호 설정 ▸ 대표자 주민등록번호 ▸ 비밀번호 입력 ▸ 1번(가맹점 가입)

③ 오픈마켓이나 카드결제대행업체 이용

음식점 등 최종소비자를 거래 대상으로 하는 대부분의 업체는 카드 결제의 과정을 전문업체에 맡긴다. 이런 업체를 흔히 VAN value added network, 부가가치통신망 또는 PG payment gateway, 전자지급결제대행사라고 하는데, 거의 모든 VAN사 또는 PG사가 거래업체의 현금영수증 가맹점 가입까지 도와주고 있다.

한편 오픈마켓에서 사업을 한다면 가입할 때 현금영수증 발급 여부에 체크하면 오픈마켓이 현금영수증 가맹점 가입을 도와준다.

이처럼 카드결제대행사나 오픈마켓을 이용하는 사업자라면 굳이 홈택스를 통할 필요 없이 사용하는 업체에 가맹점 가입을 맡기면 된다. 다만 현금영수증 가맹점에 자동으로 가입되는 것은 아니고, 이런 서비스를 제공하지 않는 업체도 있을 수 있으니 필요하다면 꼭 사전에 문의하도록 하자.

현금영수증 미가맹 가산세

현금영수증 가맹점으로 신청하지 않았다면, 해당 과세기간의 수입금액(그중 세금계산서를 발급한 부분은 제외)에 미가입 기간을 곱해 산정한 금액의 1%를 가산세로 납부해야 한다.

가산세 = A × B ÷ C × 1%

A: 해당 과세기간의 수입금액(현금영수증 가맹점 가입 대상인 업종의 수입금액만 해당하며, 세금계산서 발급분은 제외한다)

B: 미가입 기간(가입기한인 3월 31일의 다음 날부터 가입일 전날까지의 일수)

C: 365(윤년에는 366으로 한다)

'종합소득세 신고안내문'에 미가맹으로 가산세 대상이라는 표시가 있다면, 종합소득세를 신고할 때 직접 계산해 납부세액에 포함해야 한다.

사업 선택 요소:
사업용 카드 등록

대부분의 카드사 메뉴에는 사업자 전용 카드가 있다. 그래서 많은 사업자들이 사업 초기에 이를 궁금해한다. "나는 사업자니까 사업자용 카드를 발급받아야 하나?" 정답은 "그렇지 않다"이다. 사업용 계좌와 마찬가지로 카드도 개인 명의로 된 카드를 사업용으로 사용할 수 있다.

그렇다면 이 사업자용 카드의 정체는 무엇일까? 그저 개인 카드와 비교했을 때 사업자에게 알맞은 혜택이 알차게 들어 있는 카드일 뿐이다. 그러므로 개인 카드가 여러 장이라 사업용으로 사용할 수 있는 여분의 카드가 있다면 굳이 새로 만들 필요 없이 기존의 카드를 활용하자. 체크카드도 가능하다.

사업용 계좌와 달리 사업용 카드는 국세청에 꼭 등록해야 하는 것은 아니다. 세법상 사업용으로 사용했다면 대표 명의의 어떤 카드라도 비용으로 인정받을 수 있다. 다만 홈택스에 등록하면 카드 사용에 따른 증빙이 국세청 홈택스에 저장되기 때문에 따로 보관할 필요도 없고 국세청에 증명하지 않아도 된다. 그리고 세무대리인이 바로 확인할 수도 있기 때문에(정확히는 사용한 달의 다음 달 중순) 신고할 때 세무대리인에게 사용 명세서를 보내는 수고도 덜 수 있다. 그러므로 사업용 카드 비용을 원활하게 처리하기 위해서 홈택스에 등록하도록 하자.

홈택스에 사업용 카드 등록하는 법

등록은 매우 간단하다. 다음의 네 단계에 따라 차근차근 등록해보자.

> 홈택스 로그인 ▶ 전자(세금)계산서, 현금영수증·신용카드 ▶ 신용카드 매입 ▶ 사업용 신용카드 등록 및 조회

▲ 사업용 신용카드 등록

가족 명의의 카드를 사업에 사용했다면 어떻게 해야 비용으로 인정받을 수 있을까?

가끔 우리는 사업용 카드를 한도까지 사용하거나 다른 피치 못할 이유로 가족의 카드를 이용해 사업 비용을 결제할 때가 있다. 이럴 때 어떻게 비용으로 인정받을 수 있을까? 생각보다 간단하다. 다음의 순서에 따라 진행하자.

- 1단계: 사업용 계좌에서 가족 명의의 계좌로 이용대금을 송금한다.
- 2단계: 가족 명의의 카드사 홈페이지나 앱에 로그인해서 '사업자 부가세 신고용' 메뉴(카드사마다 메뉴의 이름이 다를 수 있다)로 들어가서 사업용으로 이용한 내역을 엑셀로 저장한다.
- 3단계: 부가가치세 및 종합소득세 신고할 때 이 금액을 반영한다.
- 4단계: 가족이 근로자라면 연말정산할 때 해당 금액을 제외하고 진행한다.

해당 단계를 보면서 "실질적으로 이렇게 진행하기 어렵지 않아?"라는 생각이 들 것이다. 물론 쉽지 않다. 이 중 하나는 빼먹을 가능성도 크다. 다만 기억해둘 것은 이것이 정확한 방법이며, 이후 문제 발생의 소지를 없애는 유일한 방법이라는 것이다.

세금계산서 발급하기

　세금계산서는 사업자가 물건을 사고팔 때 부가가치세법에 따라 발급하는 영수증을 말한다. 이는 부가가치세는 물론 종합소득세나 법인세를 계산하는 데 필수적인 증빙자료다. 세금계산서를 얼마나 잘 발급하고 발급받는지가 절세하는 데서도 지름길이 될 수 있다. 게다가 사업자인 나의 거래 상대방이 회사라면 반드시 세금계산서를 발급해야 하는데 세법에서는 발급할 때, 공급받는 자가 누구인지, 공급자가 누구인지, 공급대가는 얼마인지, 부가세는 얼마인지 등등 많은 정보를 한 치의 오차도 없이 정확히 입력해야 올바른 증빙으로 취급한다. 그중에서도 필수적으로 기재해야 하는 정보가 세법에 규정되어 있다. 이를 '필요적 기재사항'이라고 한다. 만약 이 필요적 기재사항을 빠뜨리거나 잘못된 정보를 입력한다면, 세금계산서 발급과 관련된 가산세가 발생하니, 꼼꼼하게 체크하고 발급하도록 하자. 필요적 기재사항은 다음의 네 가지 사항이다.

　① 공급자의 사업자등록번호, 상호 또는 대표자 성명

② 공급받는 자의 사업자등록번호 또는 주민등록번호

③ 공급가액과 부가가치세액

④ 작성연월일

쉽게 설명하면 재화를 판 사람의 정보, 산 사람의 정보, 얼마에 팔았는지, 언제 팔았는지를 꼭 작성하라는 것이다. 이 네 가지는 꼭 기억하자.

세금계산서의 '작성연월일'은 언제일까?

부가가치세법에서 공급 시기는 법적으로 인식해야 할 매출이 발생한 날을 말한다. 정해진 공급 시기에 맞지 않은 작성연월일로 세금계산서를 발급하면 필요적 기재사항 중 하나를 틀리게 기재했다는 명목으로 가산세의 대상이 된다. 그래서 작성연월일을 제대로 작성하는 것이 중요한데, 실무적으로는 정확한 공급 시기에 맞게 기재하지 않는 사례가 많기 때문이다. 왜 그럴까?

전자 세금계산서는 일반적으로 세무대리인이 아닌, 세무에 해박하지 않은 기업 실무자들이 발급하는 경우가 많기 때문이다. 하지만 세무공무원이 이를 하나하나 검토할 수 없으므로 우리가 제대로 발급했는지 아닌지 알 수 없다. 반면에 세법에서는 그 기준을 명확히 설정하고 있으므로 향후 문제가 발생할 소지가 있다. 이를 미연에 방지하기 위해서라도 다음의 예시 정도는 알아두자.

① 재화의 공급 시기

- 재화의 이동이 필요한 경우: 제품, 상품, 동산 등 상대방에게 인도되어야 할 때 → 대가 수령 여부와 관계없이 재화가 인도되는 시점

- 재화의 이동이 필요하지 않은 경우: 부동산과 영업권 등 상대방에게
  인도될 수 없을 때 → 재화가 이용 가능한 시점
- 외상 판매 및 할부 판매 → 재화가 인도되거나 이용 가능해지는 시점
- 장기 할부 판매 → 대가의 각 부분을 받기로 한 시점(약정일)

② 용역의 공급 시기

- 일반적인 용역 공급의 경우 → 역무(용역)의 제공이 완료되는 때
- 건물을 임대한 경우 → 대가의 각 부분을 받기로 한 때(실제로 받은 날
  과 다름)

③ 수출과 수입의 일반적인 기준

- 수출의 경우 → 선적일
- 수입의 경우 → 수입신고 수리일

예를 들어보자. 상가 건물을 임대하는 사업자라면, 보통 2년의 임대계약을 맺는다. 그리고 매달 임대료를 지급하는데 이것이 '대가의 각 부분을 받기로 한 때'라고 보면 된다. 이때 세금계산서의 발급은 실제로 받은 날이 아니라, 계약에 따라 임대료를 받기로 한 날짜를 작성연월일에 기록하면 된다. 예를 들어 1월 임대료를 다음 달 10일에 주기로 계약했다면, 1월 임대료에 대한 세금계산서는 2월 10일 날짜로 작성하면 된다.

그 외에도 각각의 특수한 거래 형태에 따라 기준이 존재한다. 다만 모든 형태의 거래를 개인사업자가 파악하는 데는 분명히 한계가 있으므로 일반적인 기준 정도만 숙지하고 있다면 대부분은 적용이 가능할 것이다. 그렇더라도 그 외의 거래에 해당한다면 꼭 공급 시기가 언제인지를 정확히 검토한 뒤 업무를 진행하도록 하자.

종이 세금계산서 vs. 전자 세금계산서

세금계산서에는 종이 세금계산서와 전자 세금계산서가 있다. 세금계산서를 받아야 하는 입장이라면 세금계산서를 발급했다는 이메일을 받을 때도 있고, 종이로 된 세금계산서를 우편으로 받을 때도 있다. 마찬가지로 우리도 전자로 된 세금계산서, 종이로 된 세금계산서를 발급할 수 있다. 다만, 세법에서는 전자 세금계산서를 의무적으로 발급해야 하는 기준을 정해놓고 있다.

- 모든 법인사업자
- 직전 과세기간의 총수입금액이 8,000만 원 이상인 개인사업자(해당하는 사업자는 해당연도의 7월 1일부터 의무발급)

법인사업자는 수입금액에 상관없이 설립 당시부터 전자 세금계산서를 발급해야 한다. 하지만 개인사업자는 설립 초기부터 전자 세금계산서를 발급할 의무가 없을뿐더러 직전 과세기간의 총수입금액의 합(겸영사업자라면 과세 + 면세)이 8,000만 원보다 적다면 발급하지 않아도 된다. 즉 이 경우에 해당하면 종이 세금계산서를 발급해도 괜찮다는 뜻이다.

여기서 종이 세금계산서란, 수기로 직접 작성하는 종이로 된 세금계산서를 의미한다. 문구점 같은 곳에서 구입할 수 있으며, 일반적으로 부동산임대업자들이 많이 사용한다. 세법적으로 바람직한 방법이라고는 할 수 없지만, 발급 시기를 비교적 자유롭게 조정할 수 있다는 장점 때문에 여전히 널리 이용된다. 전자 세금계산서는 작성 즉시 국세청에 보고되는 반면, 종이 세금계산서는 부가가치세를 신고할 때 반영되기 때문에 평소에 사업을 경영하지 않는 부동산임대업자라면 부가세를 신고할 때 6개월 치를 한꺼번에 발급하는 경우가 종종 있다. 하지만 종이 세금계산서에는 명백한 단점이 있다. 부가세 신고를 할 때 전자 세금계산서는 홈택스에서 바로 불러올 수 있지만, 종이 세금계산서는 수기로 입력해야 한다. 만약 세무대리인이 세무 업무를 대행해주고 있다면, 별도의 전달이 필요 없는 전자 세금계산서와 달리 종이 세금계산서는 세무대리인에게 직접 전달해야 한다. 이를 누락하면 매출 세금계산서의 경우 부가가치세가 과소 신고되어 가산세가 발생할 수 있고, 매입 세금계산서는 공제를 받지 못해 부가가치세가 과다 납부될 수 있다. 즉 세금계산서를 받을 때마다 잘 챙겨서 세금 신고 시기까지 보관했다가 잊지 않고 신고해야 한다.

세금계산서 발급 방법

세금계산서의 발급 시기는 공급 시기다. 하지만 우리가 사업을 하다 보면 바빠서 가끔 그 시기를 놓칠 때가 있다. 거래처에 거래대금을 송금해야 하는 시기조차 종종 놓치는데 하물며 세금계산서의 발급은 오죽할까? 그래서 세법은 세금계산서의 발급 시기를 작성일자, 즉 공급 시기의 늦어도 다음 달 10일까지 발급할 수 있도록 규정하고 있다. 그렇다면 세금계산서는 도대체 어떻게 발급하면 될까?

먼저 전자 세금계산서의 발급 방법에 관해 세법에서 정한 방식을 살펴보자.

① 전사적 자원 관리(enterprise resource planning, ERP)

'전자거래기본법'에 따른 표준인증을 받은 설비를 이용하는 방법이다. 규모가 큰 사업자는 전자 세금계산서 발급 및 국세청 전송까지 가능하도록 구축된 ERP 시스템을 사용한다.

② 발급대행사업자(application service provider, ASP)

전자 세금계산서 발급시스템을 개발해 서비스하는 발급대행사업자의 시스템에 접속해 발급 및 국세청에 전송하는 방법이다. 일정액의 수수료가 있다.

③ 국세청이 구축한 전자 세금계산서 발급 시스템을 이용하는 방법

홈택스는 별도 시스템 개발 없이 모든 사업자가 무료로 이용 가능하다. 또 입력과 동시에 국세청 시스템에 전송되므로 별도의 전송 절차가 필요 없다. 이 방법은 뒤에서 더 상세히 살펴보겠다.

④ 기타 발급 방법

- 전화 ARS 방식(국번 없이 126).
- 세금계산서를 발급할 수 있도록 구현된 현금영수증 단말기 또는 신용카드 단말기를 이용해 전자 세금계산서를 발급하고 국세청에 전송하는 방법.

요약하자면, 세금계산서를 발급하는 방법은 기업에서 전자 세금계산서의 발급이 가능한 ERP를 구축하는 방법, 이미 구축된 전자 세금계산서 발급시스템을 빌려 사용하는 방법, 국세청의 홈택스를 이용하는 방법, 세금계산서 발급이 가능한 신용카드 단말기를 이용하는 방법 등이 있다.

이 중에서 가장 기초적이면서 간편한 것이 국세청 홈택스 홈페이지나 손택스 앱을 사용하는 방법이다. 전자 세금계산서를 발급할 수 있는 전자 세금계산서용 공인인증서나 범용 공인인증서만 있다면 쉽게 발급할 수 있다. 여기서 그 방법을 한번 살펴보자.

1단계: 홈택스 로그인(공인인증서) ▶ 전자(세금)계산서, 현금영수증·신용카드 ▶ 전자(세금)계산서 발급 ▶ 전자(세금)계산서 건별발급

▲ 세금계산서 발급 방법 -1

2단계: 기재사항 작성 ▶ 발급 ▶ 확인 ▶ 공인인증서 클릭 및 인증서 비밀번호 입력

▲ 세금계산서 발급 방법 -2

① '공급자'란은 이미 입력되어 있다.

② '공급받는 자'의 등록번호를 먼저 입력한 후 남은 공란을 채우자.

③ 작성일자는 발급하는 오늘 날짜가 아닌 공급한 날짜를 입력한다.

④ 작성일자(③)와 동일한 날로 작성한다.

⑤ 규격, 수량 및 단가는 굳이 작성하지 않아도 된다. 필요에 따라 작성하자.

⑥ 공급가액에 금액을 입력하면 세액은 자동으로 입력된다.

⑦ ⑥을 작성하면 합계금액까지 자동 입력된다.

⑧ 본인의 상황에 맞게 작성한다. 중요한 사항은 아니다.

⑨ ⑧과 마찬가지로 본인의 상황에 맞게 작성한다.

세금계산서 역발행을 알아보자

사업을 하다 보면 세금계산서를 역발행해주는 기업들이 있다. 세금계산서 역발행이란 판매자가 아닌 자가 판매자를 대신해 세금계산서를 작성하고 판매자가 이를 승인하면 세금계산서가 판매자의 이름으로 발급되는 시스템을 말한다. 매입처에서 제공하는 일종의 서비스라고 생각하면 되는데, 매입처들이 관리를 편하게 하기 위함이다. 역발행이 사용되는 사례는 공급자인 사업자가 세금계산서를 발급하는 방법을 모르거나, 매입자에게 발급해줘야 할 매입금액을 모르는 경우가 대부분이다.

보통 대기업의 오픈마켓들이 역발행 시스템을 갖추고 있는데 이는 거래형태의 문제 때문이다. 예를 들면, 일반적인 거래 형태의 소매업은 재화를 매입해 재고를 쌓아두고 소비자에게 판매한다. 그런데 오픈마켓은 플랫폼을 제공함으로써 판매자들을 대신해서 물품을 팔아주는 중개업이지만, 이런 프로세스와 다르게, 도매업자와 소매업자의 거래 형태와 유사하게 중개업자가 소매업자처럼 거래하는 경우가 있다.

예를 들어 한 달 단위로 중개업자 A가 공급자 B의 판매가 1만 원짜리 물품을 대신해 1만 2,000원에 판매했다고 하자. 이때 B의 매출은 총 1만 2,000원이고 판매에 따른 비용은 중개수수료인 2,000원이 된다. 다시 말하면 A는 수수료 2,000원에 대한 세금계산서를 B에게 발급해야 한다. 그런데 판매한 1만 2,000원을 B에게 정산한 뒤 2,000원의 수수료를 수취하면서 2,000원의 세금계산서를 B에게 발급하는 것이 아니라, B로부터 1만 원만큼의 매입세금계산서를 발급받는 소매업의 형식을 취하는 것이다. 다시 말하면, 중개업자가 판매를 중개하는 형태가 아니라 B로부터 물품을 매입해서 판매하는 소매업의 형태처럼 거래하는 것이다. 이렇게 거래할 때 B는 A가 본인의 물품을 얼마나 팔았는지 모르기 때문에, 본인이 얼마만큼의 매출세금계산서를 발급해야 하는지도 알 수 없다. 그래서 중개자가 역발행이 가능한 시스템을 통해서 1만 원만큼 세금계산서를 작성한 뒤 B에게 전송하고 공급자 B는 금액을 확인한 뒤 승인만 하면 바로 세금계산서 발급이 된다.

정리하자면 다음과 같다.

---

① 중개업의 형태를 띠는 경우
   판매자의 매출 : 12,000원
   판매자의 매입 : 2,000원(판매수수료)
   판매자의 이익 : 10,000원
   – 중개자가 판매자에게 2,000원의 세금계산서 발급
   – 중개자의 매출은 2,000원

---

② 소매업의 형태를 띠는 경우

　판매자의 매출 : 10,000원

　판매자의 매입 : 0원

　판매자의 이익 : 10,000원

　- 중개자는 판매자에게 10,000원의 세금계산서 역발행

　- 중개자의 매출은 12,000원

　대표적으로 쿠팡의 로켓배송이 이 역발행 형태를 취하고 있다.

　우리는 쿠팡을 이용하는 입점사의 입장에서 살펴보았다. 그런데 만약, 내가 소매 방식의 중개업을 한다면 역발행 시스템을 구축해 제공함으로써 이를 어필해 입점사를 확보하는 마케팅의 일환으로 사용할 수도 있다. 이런 사업을 고려하고 있다면 이 방법의 활용을 적극 검토해보는 것도 좋겠다.

수정세금계산서
발급하기

2021년 4월 일 어느 봄날, 부장님의 등쌀에 진저리가 난 김난처 씨는 지긋지긋한 직장 생활 때려치우고 한탕 해보겠노라고 사직서를 제출했다. 하지만 계획한 사업 아이템이 전부 레드오션이었다. 큰소리치고 나왔지만 결국 아이템이 떠오르지 않아 직장에서 배운 기술로 광고대행업을 차리게 된다.

시원한 가을바람이 솔솔 불어오던 8월 어느 날, 4개월째 파리만 날리던 김난처 씨에게 5,000만 원짜리 대형 프로젝트가 들어왔다. 자잘한 거래만 해오던 김난처 씨는 사력을 다해 프로젝트를 이행했고, 성공리에 마친 후 대금을 받으면서 세금계산서를 발급했다. 얼마나 기뻤을까? 부가가치세를 포함해서 5,500만 원이 들어온 통장의 잔고를 가족들에게 한껏 자랑하며 외식도 하고, 친구와 오랜만에 와인도 한잔하면서 행복한 하루를 보냈다. 그리고 다음 날, 뿌듯한 마음으로 홈택스에 접속해서 매출세금계산서를 확인하는데… 아뿔싸!

세금계산서 공급가액에 0을 하나 빼고 500만 원으로 발급해버린 것을 알아차렸다. 얼굴이 빨개지고 귀는 달아오르고 식은땀이 줄줄 난다. 어떻게 해야 할까? 난처한 상황에 놓인 김난처 씨. 그때 공유오피스를 함께 사용하는 사람 중에 세무사가 있다는 것이 기억이 나서 혹시나 하고 물어봤더니 수정세금계산서가 있다는 것을 가르쳐주는데….

사업을 하다 보면 김난처 씨와 같이 세금계산서를 잘못 발급하는 사례도 있지만, 공급했던 제품에 하자가 생겨 할인하거나 반품해야 하는 일이 발생할 수도 있고, 공급한 재화나 용역 전체가 계약 해제로 취소되는 경우도 있다. 이와 같은 일이 발생했을 때 세금계산서를 거래 내용의 변동에 맞춰 교정하지 않으면 실제 매출 또는 매입과 신고된 매출 또는 매입 사이에 괴리가 생기기 때문에 세법에서는 수정세금계산서를 발급함으로써 이 괴리를 수정할 수 있도록 하고 있다.

여기서는 어떤 사유가 발생했을 때 수정세금계산서를 발급할 수 있을지 먼저 알아보고, 수정세금계산서를 발급하는 방법도 살펴보겠다.

수정세금계산서 발급 사유 및 발급 절차

부가가치세법상 세금계산서 발급 사유에는 '처음 공급한 재화가 환입된 경우에는 재화가 환입된 날을 작성일로 적고 비고란에 처음 세금계산서 작성일을 덧붙여 적은 후 붉은색 글씨로 쓰거나 음의 표시를 해 발급'하라는 등 어려운 문구로 규정되어 있다. 하지만 우리는 세법과 관련해 해박한 지식을 겸비하고 있지 않기 때문에 몇 번을 다시 읽어도 직관적으로 알아내기 쉽지 않다. 그러므로 여기서는 국세청 홈택스 사이트에 여섯 가지로 분류된 발급 사유를 기준으로 살펴보면서 최대한 쉽게 풀어보고자 했다.

발급 사유	사유 설명	작성일자의 변경 가능 여부
기재사항 착오 정정 등	단순 착각을 포함해, 세금계산서의 기재사항을 잘못 발급한 경우(전체를 취소하는 세금계산서 한 장에 새로운 한 장까지 총 두 장을 발급)	작성일자가 소급된다
착오에 의한 이중발급 등	① 실수로 같은 내용에 대해 두 번 발급한 경우 ② 면세 등 세금계산서를 발급하지 않아도 되는 거래에 대해 발급한 경우	작성일자가 소급된다
내국신용장 등 사후 개설	당초의 과세 거래(10%)가 내국신용장(수출업자가 해외의 수입업자로부터 받은 신용장을 근거로 국내의 납품 업체나 하청 업체에 발급하는 신용장) 등이 사후 개설되면서 영세율(0%)을 적용할 수 있게 된 경우	작성일자가 소급된다
공급가액 변동	계약의 변경 등으로, 다른 내용은 같지만 공급가액 일부가 변동된 경우	작성일자가 소급되지 않는다 (새로운 작성일자 생성)
계약의 해제	당초에 세금계산서를 발급했던 계약이 해제되어 전부를 취소하는 경우	작성일자가 소급되지 않는다 (새로운 작성일자 생성)
환입	판매한 재화 일부가 환입(반품)되어 그 금액을 반영해야 하는 경우(공급가액 변동과의 차이점은 계약의 변동이 없다는 점이다)	작성일자가 소급되지 않는다 (새로운 작성일자 생성)

홈택스에서 수정세금계산서 발급하기

1단계 : 홈택스 로그인 ▶ 전자(세금)계산서, 현금영수증 · 신용카드 ▶ 전자(세금)계산서 발급 ▶ 전자(세금)계산서 수정발급

▲ 수정세금계산서 발급 방법 -1

2단계: 수정세금계산서 작성 방법 선택

▲ 수정세금계산서 발급 방법 -2

① 승인번호를 모르는 경우: 당초 발급한 전자 세금계산서를 조회해 클릭

② 승인번호를 아는 경우: 당초 발급한 세금계산서의 전자 승인번호 기재

③ 당초 전자 발급분이 없는 경우: 당초 종이 세금계산서를 발급했으나 수
정분은 전자 세금계산서로 발급하고 싶을 때 클릭

3단계: 수정세금계산서 발급 사유 선택

앞서 살펴본 여섯 가지 수정발급 사유 중 해당사항을 선택한다.

▲ 수정세금계산서 발급 방법 -3

4단계: 수정할 내용 작성 ▶ 발급하기 ▶ 확인 클릭

TOP ⚡ TIPS!

수정세금계산서를 발급하면 부가가치세 수정신고 해야 하나요?

수정세금계산서를 발급할 때 이미 신고했던 부가가치세를 다시 신고해야 하는 경우가 있다. 그 이유는 수정세금계산서의 발급 사유에 따라 작성일자를 당초에 발급했던 시기로 소급하는 경우가 있기 때문이다. 개인사업자는 1월부터 6월까지 상반기의 부가가치세 신고를 7월 25일까지 마쳐야 한다. 그런데 6월 30일 착오로 한 건에 대해 두 장의 세금계산서를 발급했는데 이를 8월에 알았다고 하자. 착오에 의한 이중 발급의 사유로 세금계산서를 수정해서 발급할 것이다. 이때 수정세금계산서는 6월 30일로 (-) 금액을 발급하는데 부가가치세 신고 당시에 이중발급된 채로 신고되었기 때문에 이를 반영해서 다시 신고해야 한다. 이처럼 작성일자가 소급될 때, 부가가치세 신고를 이미 마친 상황이라면 수정신고를 해야 한다. 경우에 따라서는 과소신고에 따른 가산세 또한 발생할 수 있으므로 애초에 발급할 때 주의하자!

세금계산서와 관련된 가산세, 무엇이 있을까?

　세금계산서와 관련해 가산세가 발생하는 중요한 사유 10가지를 살펴보겠다. 이 외에도 세금계산서 관련된 가산세가 더 있지만, 여기서는 자주 발생하는 사유만 살펴본다. 또한 가산세 종류는 법에 규정된 내용을 독자들이 이해하기 쉽도록 각색했으니 여기에 주의하기를 바란다.

가산세 종류	적용 대상	가산세액
① 세금계산서 지연발급	세금계산서의 발급 시기(재화·용역 공급의 다음 달 10일까지)가 지난 후의 공급 시기가 속하는 과세기간에 대한 확정신고 기한까지 세금계산서를 발급하는 경우	공급가액×1%
② 세금계산서 지연수령	세금계산서의 발급 시기가 지난 후 재화·용역의 공급 시기가 속하는 과세기간에 대한 확정신고 기한까지 세금계산서를 발급받은 경우	공급가액×0.5%
③ 세금계산서 미발급	세금계산서의 발급 시기가 지난 후 재화·용역의 공급 시기가 속하는 과세기간에 대한 확정신고 기한까지 세금계산서를 발급하지 않은 경우	공급가액×2%

④ 세금계산서 미수령	세금계산서의 발급 시기가 지난 후 재화·용역의 공급 시기가 속하는 과세기간에 대한 확정신고 기한까지 세금계산서를 발급받지 않은 경우	매입세액 불공제
⑤ 종이 세금계산서 발급	전자 세금계산서 발급 의무가 있는 사업자가 전자 세금계산서를 발급하지 않고 종이 세금계산서를 발급한 경우	공급가액×1%
⑥ 사업장 착오 발급	둘 이상의 사업장을 가진 사업자가 재화·용역을 공급한 사업장 명의가 아닌 다른 사업장의 명의로 세금계산서를 발급한 경우	공급가액×1%
⑦ 세금계산서 부실기재	발급한 세금계산서의 필요적 기재사항의 전부 또는 일부가 착오 또는 과실로 적혀 있지 않거나 사실과 다른 경우	공급가액×1%
⑧ 가공 세금계산서의 발급 및 수령	재화 또는 용역을 공급하지 않고 세금계산서 등을 발급하거나 발급받은 경우	세금계산서 등에 기재된 공급가액×3%
⑨ 위장 세금계산서의 발급 및 수령	재화 또는 용역을 실제로 공급하거나 받은 당사자가 아닌 다른 사람의 명의로 세금계산서 등을 발급하거나 발급받은 경우	공급가액×2%
⑩ 매출처별 세금계산서 합계표 불성실	매출처별 세금계산서합계표를 제출하지 않거나 사실과 다르게 적혀 있는 경우	공급가액×0.5%

개인사업자라면 아무래도 발급 시기를 놓치는 경우가 가장 많을 것이다. 간단한 예를 들어 시기별로 어떤 가산세가 발생하는지 다시 한번 점검해보자.

개인사업자 A는 2월 1일에 공급가 1,000원짜리 과세 상품 1만 개를 B업체에 팔았다. 원래대로라면 A는 공급가액 1,000만 원, 부가세 100만 원의 세금계산서를 3월 10일까지 B업체에 발급해야 한다. 하지만 이 시기를 놓치고 상반기 부가세 확정신고기한인 7월 25일 전에 발급(수령)하면 지연발급(지연수령) 사유로 가산세를 내게 된다. 이때 A는 1,000만 원의 1%인 10만 원을, B업체는 0.5%인 5만 원을 가산세로 내야 한다.

이 기한마저 놓쳐서 7월 25일을 지나면 미발급(미수령) 가산세를 내야 하는 상황이 발생한다. 이때 A는 세금을 신고 및 납부하고 여기에 가산세로

1,000만 원의 2%인 20만 원 가산세로 내야 하며, B업체는 매입세액에 대한 공제를 받지 못하는 불이익을 당한다.

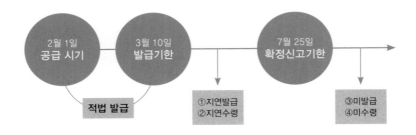

세금계산서 관련 참고 사항 한눈에 보기

① 필요적 기재사항은 가산세 대상이니 틀리지 말자.

② 세금계산서의 발급이 가능한 날은 작성일자를 기준으로 다음 달 10일까지다.

③ 종이 세금계산서를 발급한다면 발급일자를 조금 덜 신경 써도 된다.

④ 부가가치세 신고가 끝난 이후 해당 기한에 대해 세금계산서를 발급하거나 발급받는다면 부가가치세를 수정신고해야 한다.

⑤ 부가가치세 신고가 끝난 이후 해당 기한에 대해 수정세금계산서를 발급하거나 발급받는다면 부가가치세를 수정신고해야 한다(작성일자가 소급되는 사유 한정).

⑥ 전자 세금계산서를 발급받았다면 출력해서 따로 보관하지 않아도 된다.

⑦ 필요적 기재사항 외의 기재사항은 틀려도 가산세 대상이 아니다.

⑧ 수출은 일반적으로 세금계산서를 발급하는 대상이 아니다.

⑨ 면세는 세금계산서가 아닌 계산서라고 부른다.

⑩ 사업자등록 전이라도 주민등록번호로 세금계산서를 발급받을 수 있다.

현금영수증 발급하기

현금영수증은 현금을 받은 날부터 5일 이내에는 발급해야 한다. 현금영수증 발급 방법은 크게 두 가지가 있다. 하나는 카드단말기를 이용해 발급하는 방법이고, 다른 하나는 국세청 홈택스 사이트를 이용해 발급하는 방법이다. 그 외에도 다양한 방법이 있지만, 여기서는 누구나 사용할 수 있는 홈택스를 이용해 현금영수증을 발급하는 방법을 알아보자.

1단계 : 홈택스 로그인 ▶ 전자(세금)계산서, 현금영수증·신용카드 ▶ 현금영수증(가맹점) ▶ 발급 ▶ 현금영수증 건별 발급

▲ 현금영수증 발급 방법 -1

▲ 현금영수증 발급 방법 -2

① 자진 발급 여부

소비자로부터 현금영수증 발행을 요청받으면 '부'에 표기해서 발급한다.

주의할 것은 소비자가 현금영수증 수취를 거부했을 때도 반드시 발급해야 하며, '여' 체크 후 발급한다. 이를 현금영수증 자진발급이라고 한다.

② 용도 구분

현금영수증 용도는 소득 공제와 지출증빙 두 가지가 있는데, 받는 자가 사업자라면 지출증빙으로, 개인소득자 등 사업자 이외의 사람이라면 소득 공제로 구분한다.

③ 발급수단번호

발급수단은 주민등록번호, 사업자등록번호, 휴대전화번호, 13~19자리 카드번호 등을 입력한다. 단 자진발급한 경우는 발급수단번호가 '010-000-1234'로 자동 확정된다.

TOP ⚡ TIPS!

현금영수증 발급과 관련해 주의할 사항

- 현금영수증은 현금 수취할 때마다 발급해야 한다.
- 소비자 상대 업종에 해당하는 사업자는 소비자의 발급 요구에도 불구하고 현금영수증을 발급하지 않으면 미발급 금액의 5%에 해당하는 가산세가 부과된다.
- 소비자 상대 업종 사업자가 명령서(1차 위반 이후 받게 되며 현금영수증 가맹점이 지켜야 할 사항이 고시되어 있음)를 받은 후에도 현금영수증을 발급을 거부하면 미발급·허위기재 발급 금액의 20%에 해당하는 과태료가 추가로 부과된다.
- 현금영수증 의무발행업종 사업자는 현금영수증 발급기한인 5일을 지나서 7일까지 발급하면 미발급 금액의 10%가 가산세로 부과된다.
- 현금영수증 의무발행업종 사업자는 현금영수증을 발급하지 않으면 미발급 금액의 20%가 가산세로 부과된다.
- 현금영수증을 자진발급할 때도 발급기한은 동일하게 현금을 받은 날로부터 5일 이내다.

은행 대출을 받아보자

세금 관련 책에서 은행 대출 방법을 이야기하는 게 뜬금없어 보일 수 있다. 그런데 세금과 대출은 사실 떼려야 뗄 수 없는 관계다.

우리가 사업자대출을 받으려고 은행에 가면, 은행에서는 처음 들어보는 각종 서류를 요구한다. 이것이 그동안 사업을 해보지 않은 초보자들에게는 생소한 단어들이기 때문에 이 서류들을 준비하는 데 애를 먹곤 한다. 대출의 방식에 따라 조금씩 차이는 있을 수 있지만, 기본적으로 필요한 서류를 나열해보면 ①사업자등록증 사본 ②국세 완납 증명서 ③지방세 완납 증명서 ④부가가치세 과세표준 증명원 ⑤소득금액 증명원 ⑥표준재무제표가 있다.

이 어려운 이름의 서류들은 어디서 어떻게 발급받아야 할까? 정답은 국세청 홈택스 사이트에 있다.

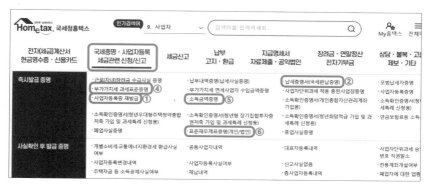

▲ 국세청 홈택스를 통한 필요서류 발급

이 그림처럼 국세청 홈택스 사이트의 민원증명 탭에 들어가면, 웬만한 서류는 전부 발급받을 수 있다. 이 중 사업자등록증은 등록 당시 받은 원본을 보관하는 경우가 많아서 보통 복사하거나 스캔해서 사용하지만, 만약 이를 분실했다면 홈택스에서 사업자등록증을 재발급받아서 사용할 수 있다.

그런데 잘 살펴보면 앞서 언급한 서류 중 국세청에서 받을 수 없는 서류가 하나 있는 것을 발견할 수 있다. 바로 ③지방세 완납 증명서다. 국세청에서 관리하는 국세와 달리 지방세는 지방자치단체가 부과하고 관리하므로, 홈택스에서 볼 수 없다. 지방세 완납 증면서는 정부24 사이트(https://www.gov.kr/portal/main) 또는 위택스(https://www.wetax.go.kr/main/)를 활용하거나 가까운 주민센터를 찾아가 보자.

거래 대상에 따라
준비도 달라야 한다

사업하는 사람에게 B2B와 B2C라는 단어는 기본적으로 알아야 할 단어 중 하나다. 먼저 B2B는 business to business. 다시 말해, 사업자와 사업자 간의 거래를 말하며, 대표적으로 도매업이 여기에 속한다. 한편 B2C는 business to customer의 약자로 기업과 일반소비자 간의 거래를 뜻하는 말이며, 소매업이 여기에 속한다.

B2B와 B2C의 세무 처리

사업자를 주 고객으로 하는 업종이라면, 세금계산서 발급이 주가 될 것이다. 물론 기업이 다른 기업과 거래할 때 현금영수증을 받기도 하고 카드로 결제하기도 하지만, 보통은 계좌이체 등의 현금 거래를 하고 세금계산서를 발급받는다. 그렇기 때문에 주로 사업체와 거래하는 업종을 경영하면 세금계산서의 발급 방법, 수정세금계산서의 발급 방법, 사유, 세금계산서 관련 가산세 등을 필수로 알아야 한다. 그 이유는 세금계산서를 잘못 발급할 경우 발급하는 본인에게만 불이익이 생기는 것이 아니라 발급받는 거래 상대방에게도 피해가 발생하기 때문이다.

그리고 주 고객이 소비자인 업종은 세금계산서보다는 카드 결제나 현금 영수증 발행이 주로 발생할 것이다. 그러므로 창업 직후에 현금영수증 가맹점 가입은 필수이며, 카드 결제 단말기 등이 갖춰져 있어야 한다. 그리고 부가가치세를 신고할 때 매출은 세금계산서 발급분 매출이 아닌 신용카드·현금영수증 발급분 매출로 써넣어야 하니 이 부분도 명심하도록 하자.

알아두면 유리한
간이과세자 관련 법 총정리

앞서 PART 2의 일반과세자와 간이과세자를 설명하는 부분에서 잠깐 언급한 것처럼, 간이과세자는 일반적으로 세금계산서를 발급하지 못한다 (2021년 세법 개정으로 인해 일부 간이과세자는 가능해졌다). 그리고 부가가치세의 매출 신고는 공급가액이 아닌 공급대가, 즉 부가세를 포함한 금액을 기준으로 계산해야 한다. 이처럼 일반과세자가 아닌 간이과세자를 적용받음으로 인해서 달라지는 많은 법률이 있는데, 그 법률을 한눈에 정리하는 시간을 가져보도록 하자.

① 직전 연도의 공급대가(공급가액 + 부가가치세)의 합계액이 8,000만 원 미만인 사업자는 간이과세자 규정을 적용받는다.

② 간이과세자는 매입금액과 관계없이 공급대가의 합계액이 4,800만 원 미만일 경우 부가가치세 납부 의무 면제 규정을 적용받는다. 다만 이는 납부의 면제일 뿐, 신고는 반드시 해야 한다는 점을 명심하자. 또한 일반과세자에서 간이과세자로 전환되었다면, 재고납부세액(일반과

세자 시절 세금공제를 받은 현재의 재고 자산에 대해 조세형평을 위해 추가로 부과하는 세금. 자세한 내용은 PART 7 참조)이 있는 경우는 면제 규정에도 불구하고 해당 세액이 대해서만 납부 의무가 발생한다는 점도 기억하자.

③ 간이과세자와 일반과세자는 부가가치세 신고에만 차이가 있다. 즉 종합소득세 신고는 동일하다.

④ 법인사업자는 간이과세자 규정을 적용받지 못한다.

⑤ ①의 기준에 의해 간이과세자나 일반과세자가 다른 과세유형을 적용받을 경우 적용 일자는 1월 1일이 아닌 7월 1일이다.

> 예시 간이과세자가 2022년 1년간 공급대가가 8,000만 원 이상이면 2023년 7월 1일부터 일반과세자가 된다.

⑥ 처음 간이과세자 제도가 만들어졌을 때 간이과세자의 공급분에 대해서는 세금계산서를 발급하지 못하도록 했다가, 2021년 이후부터 간이과세자도 세금계산서를 의무적으로 발급하도록 하는 규정이 신설되었다. 다만 ① 신규사업 개시자나 ② 직전 연도 공급대가가 4,800만 원 이하인 사업자 ③주로 사업자가 아닌 자에게 재화·용역을 공급하는 소매업, 음식점업, 숙박업 등 업종에 속하는 사업자는 세금계산서 외의 영수증(현금영수증 등)을 발급할 수 있다. 그렇더라도 공급대가가 4,800만 원을 초과하는 소매업, 음식점업, 숙박업 등은 공급받는 측에서 요구하면 세금계산서를 발급해야 한다.

⑦ 간이과세자가 발급한 신용카드매출 전표 등도 매입세액 공제가 가능하다. 다만 세금계산서를 발급하지 못하는 업종이나 간이과세자 중 신규사업자 또는 직전 연도 공급대가 합계액이 4,800만 원 미만인 사업자로부터 발급받은 신용카드매출 전표 등은 제외한다.

⑧ 일반과세를 적용받는 사업장을 소유하고 있다면, 간이과세 규정이 적

용 가능한 사업장을 새롭게 시작해도 간이과세 규정을 적용받지 못한다. 단 사업장을 둘 이상 가지고 있는데 각각 간이과세를 적용할 수 있다면 일반과세자가 되지 않는다.

⑨ 간이과세자도 재화·용역을 공급할 때 부가가치세 10%를 포함한 대금을 수취해야 한다.

⑩ 간이과세자의 부가가치세 매출 신고 기준은 공급가액이 아닌 공급대가다.

⑪ 간이과세자는 7월 25일까지 예정고지에 의한 납부 의무가 있고, 1월부터 12월까지 실적에 대해 1월 25일까지 부가가치세 신고·납부를 진행한다. 즉 상반기는 고지서를 받고 납부하면 되고 신고는 1년에 1회다.

⑫ 부가가치세 예정고지는 직전기 신고·납부분의 절반만큼인데, 이때 납부할 세액이 50만 원 미만이면 예정고지에서 제외된다. 따라서 납부 의무도 사라진다.

⑬ 사업장이 여러 곳이라면 간이과세자 기준 8,000만 원을 사업장별로 별도로 하며, 합산하지 않는다.

세금 신고와 납부가 늦으면
어떤 불이익이 있을까?

제조업을 경영하는 일반과세자 김납세 씨는 2022년 1월부터 6월까지 국내 판매를 통해 6,000만 원의 매출, 수출을 통해 1,000만 원의 매출로 총 7,000만 원의 매출을 발생시켰다. 그에 대한 원재료, 배송비 등 매입금액은 5,000만 원으로 이익이 2,000만 원에 달했다. 애초에 예상했던 수준을 훨씬 넘은 이익에 자극받은 김납세 씨는 하반기에 매출을 더 일으키기 위해 밤낮으로 쉬지 않고 연구를 거듭한 끝에 3배 이상의 실적을 올리게 되었다. 매우 흡족했지만, 그와 동시에 세금에 대한 걱정이 커져 세무대리를 맡기게 되었다. 그러던 어느 날, 세무사에게서 한 통의 비보가 들려왔다.

세무사 : 대표님, 2022년 상반기 부가가치세 신고를 안 하셨네요.

김납세 : 아! 그런가요? 그럼 신고 좀 부탁드립니다.

세무사 : 당연히 하겠습니다만, 무신고에 대한 가산세가 추가로 내시게 될 것입니다.

※ 사례의 금액은 모두 부가가치세 제외 금액

세법과 관련된 법률 중 '국세기본법'이 있다. 이 국세기본법은 종합소득세법, 부가가치세법 등 개별 세법의 뿌리가 되는 세금과 관련된 기본법률의 모음집이라고 볼 수 있다. 그 법률을 자세히 살펴보면, 부가가치세든 종합소득세든 법인세든, 어떤 세금이든 간에 정해진 신고기한보다 신고를 늦게 하거나 납부기한을 지나서 납부하면 공통적으로 일종의 과태료 성격으로 추가 납부해야 하는 가산세에 관한 규정이 있다.

해당 규정을 자세히 살펴보자.

① 신고불성실 가산세

종류	설명	가산세액
무신고 가산세	법정신고기한까지 세법에 따른 국세의 과세표준 신고를 하지 않았을 때	무신고 납부세액 × 20%
과소신고 (초과환급) 가산세	법정신고기한까지 세법에 따른 국세의 과세표준 신고를 정확히 하지 않은 경우로, 신고해야 할 납부세액을 실제보다 적게 신고하거나 신고해야 할 환급세액을 실제보다 많이 신고했을 때	과소신고 (초과환급)한 세액 × 10%
부정행위 가산세	무신고 또는 과소신고(초과환급)한 경우 중에 부정행위에 의해 세금을 탈루한 명백한 자료가 있을 때	무신고 또는 과소신고(초과환급)한 세액 × 40%
영세율 과세표준	영세율 과세표준을 신고하지 않았거나 적게 신고했을 때 ※영세율은 부가세가 0이라고 하더라도 과세표준으로 소득금액을 정확히 신고해야 한다.	무신고 또는 과소신고한 영세율 과세표준 × 0.5%

② 납부지연 가산세

납세의무자가 법정납부기한까지 국세를 납부하지 않거나 납부해야 할 세액보다 적게 납부, 또는 환급받아야 할 세액보다 많이 환급받았을 때는 다음 각각의 금액을 합한 금액을 가산세로 한다.

납부지연 가산세 = ⓐ + ⓑ + ⓒ

ⓐ 납부하지 않은 세액 또는 과소납부한 세액 × 법정납부기한의 다음 날부터 납부일까지의 기간 × 2.2/10,000

ⓑ 초과환급받은 세액 × 환급받은 날의 다음 날부터 납부일까지의 기간 × 2.2/10,000

ⓒ 법정납부기한까지 납부해야 할 세액 중 납부고지서에 따른 납부기한까지 납부하지 않은 세액 또는 과소납부분 세액 × 3/100

여기서 말하는 국세는 중간예납(중간신고 납부, 예정신고 납부 포함)을 포함한다. 중간예납은 통상적으로 고지서를 받아 납부하는 절차로 진행되지만, 직접 신고하고 납부하는 것도 가능하다. 이를 중간신고 납부라고 하며, 예정신고 납부는 부가세 예정기간에 신고하고 납부하는 것을 말한다.

앞의 사례에서 김납세 씨는 2022년 상반기 부가가치세의 신고를 빠뜨렸다. 이런 경우에는 기한후신고를 해야 한다. 기한후신고 시 납부해야 하는 세금은 얼마일까?

우선 본래 납부해야 할 세액은 수출에 대한 매출 부가가치세 0원(1,000만 원×0%)과 국내 판매에 대한 부가가치세 600만 원(6,000만 원×10%)에서 매입 부가가치세 500만 원(5,000만 원×10%)을 차감해 총 100만 원을 납부해야 한다(사례 외의 다른 자료는 없다고 가정한다). 2022년 12월 31일에 신고 및 납부를 완료했다고 하면 추가 납부해야 할 가산세가 얼마일지 계산해보자(단, 세율은 2023년 기준).

- 부가세 신고 안 함: 무신고 가산세 = 신고하지 않은 세액 100만 원×20% = 20만 원
- 부가세 납부 안 함: 납부지연 가산세 = 납부하지 않은 세액 100만 원×2.2/10,000×159(법정신고 납부기한인 2022년 7월 25부터 실제 납부한 12월 31일까지의 날짜) = 3만 4,980원
- 납부해야 할 총세액=100만 원(부가세)+20만 원+3만 4,980원 = 123만 4,980원

만약 신고는 했는데 납부만 하지 않은 경우라면 무신고 가산세는 없어진다. 한편 이 가산세는 모두 납부하는 게 아니다. 국세기본법에는 언제 신고했는지에 따라 가산세 일부를 감면해주는 규정 또한 존재하기 때문이다.

③ 신고불성실 가산세 중 과소신고(초과환급) 가산세의 감면

과세표준신고서를 법정신고기한까지 제출한 사람이 법정신고기한이 지난 후 국세기본법 제45조에 따라 수정신고를 한 경우(국세기본법 제47조의 ③항에 따른 가산세만 해당하며, 과세표준과 세액을 수정할 것을 미리 알고 과세표준수정신고서를 제출한 경우는 제외한다)에는 다음 각 목의 구분에 따른 금액을 감면해준다.

수정신고 시점	감면금액
법정신고기한이 지난 후 1개월 이내	해당 가산세액 × 90%
법정신고기한 1개월(초과)~3개월	해당 가산세액 × 75%
법정신고기한 3개월(초과)~6개월	해당 가산세액 × 50%
법정신고기한 6개월(초과)~1년	해당 가산세액 × 30%
법정신고기한 1년(초과)~1년 6개월	해당 가산세액 × 20%
법정신고기한 1년 6개월(초과)~2년	해당 가산세액 × 10%

④ 신고불성실 가산세 중 무신고 가산세의 감면

과세표준신고서를 법정신고기한까지 제출하지 않은 사업자가 법정신고기한이 지난 후 국세기본법 제45조의 3에 따라 기한 후 신고를 했다면 다음 각 항목의 구분에 따른 금액을 감면해준다.

구분	감면금액
법정신고기한이 지난 후 1개월 이내	해당 가산세액 × 50%
법정신고기한 1개월(초과)~3개월	해당 가산세액 × 30%
법정신고기한 3개월(초과)~6개월	해당 가산세액 × 20%

만약 김납세 씨가 부가가치세 신고를 법정신고기한인 7월 25일로부터 한 달 이내인 8월 23일에 했다면 가산세 중 얼마를 감면받을 수 있었을까?

앞서 살펴봤듯이 김납세 씨의 무신고 가산세는 20만 원이다. 8월 23일이라면 7월 25로부터 1개월 이내에 속하기 때문에 50%를 감면한 10만 원이 최종 납부해야 할 무신고 가산세가 될 것이다.

다만, 감면의 규정은 앞에 언급했던 것처럼 수정신고, 기한후신고 등 신고와 관련된 가산세의 감면 규정만 존재하고 납부와 관련된 감면 규정은 존재하지 않는다.

가산세와 관련된 규정은 종합소득세법, 부가가치세법 개별 세법에도 있다. 하지만 신고 및 납부와 관련된 기본적인 규정은 국세기본법에 존재하며, 어떤 종류의 세금을 신고하든 공통적으로 국세기본법의 가산세 규정을 적용받는다는 사실을 알아두자.

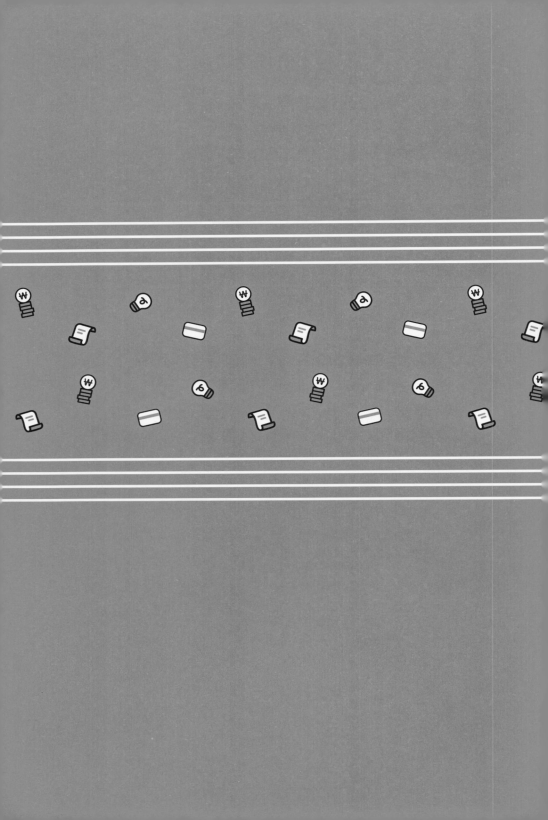

PART 4

부가가치세
완전정복

부가가치세 다시 보기

앞서 부가가치세에 관해 짧게 설명하면서 언급했듯 부가가치세는 나의 세금이 아니다. 하지만 많은 사업자가 재화나 용역을 공급할 때 VAT라고 해서 10%를 추가해 돈을 받으면서 그 돈을 전부 매출이라고 인식하는 경향이 있다. 그렇다 보니 소비자의 세금을 그저 대신 납부하는 것뿐이면서도 부가가치세가 많이 나오면 기분이 썩 좋지 않다. 내가 내는 세금처럼 느껴지기 때문이다.

그런데 성장가도를 달리는 기업들은 부가가치세를 바라보는 관점이 약간 다르다. 그들은 부가가치세가 많이 나오면 뿌듯해한다. 부가가치세는 매출 추이에 관한 하나의 지표라고 볼 수 있는데, 부가세 납부세액이 더 나왔다는 것은 그만큼 매출이 상승했다는 의미이기 때문이다.

물론 매출원가가 비용의 많은 부분을 차지하는 도소매업과 다르게 인건비가 주된 비용인 업종은 타업종 대비 부가가치세 부담이 클 수 있다. 이 인건비는 '부가가치세 구성요소'라는 성격으로 볼 때 면세에 해당하기 때문에 인건비로 지출이 많아도 부가가치세를 신고할 때 비용으로 처리하지 못한다(인건비는 전액 종합소득세 비용으로 처리한다).

그런데 이런 모든 사업적인 문제를 떠나서 부가가치세는 대한민국에 사는 사람이라면 남녀노소를 떠나 누구나 공평하게 내는 세금이라는 점을 잊지 말아야 한다. 일부 면세 제품을 제외하고 소비자라면 누구라도 무언가를 살 때 세금을 낸다. 이 세금을 일일이 납부하는 번거로움을 해결하기 위해 사업자가 대신 걷어서 납부하는 것이다. 즉 타인의 세금이다.

내 돈을 낸다는 억울함을 해결하려면 아예 부가세 납부용 통장을 만들어 매출 중 부가세에 해당하는 금액을 미리 이체해두자. 이렇게 하면 내 수입이라는 인식이 줄어들 뿐만 아니라, 나중에 세금 낼 때 갑자기 목돈을 마련해야 할 부담도 줄어든다.

부가가치세 신고 및 납부 시기

부가가치세는 상반기와 하반기로 나뉘어 보통 1년에 두 번 신고 및 납부하게 된다. 과세기간에 따라 1월부터 6월까지를 1기로, 7월부터 12월까지를 2기로 한다. 그런데 이것이 기본이고 사업자에 따라 1년에 1회 신고하고 2회 납부하는 사업자부터 1년에 4회 신고하고 4회 납부하는 사업자까지 다양하게 나눠진다. 내가 어디에 해당하는지 알아야 제대로 신고할 수 있으니, 잘 살펴보자.

신고와 관련해 우리가 알아야 할 용어는 예정고지, 예정신고, 확정신고 세 가지다. 예정고지(예정신고)는 1분기(1~3월), 3분기(7~9월)에 대해서 각각 4월과 10월에, 확정신고는 1분기와 2분기(1~6월) 및 3분기와 4분기(7~12월)에 대해서 각각 7월과 다음 해 1월에 신고하는 것을 말한다. 간이과세자는 약간 다른데 이는 뒤에서 자세히 설명하겠다. 예정고지는 직접 신고하지 않고 직전 과세기간(예를 들면 1분기에는 전년 7~12월, 3분기에는 당해 1~6월을 말한다)에 납부한 부가가치세 납부세액의 절반에 해당하는 금액을 국세청에서 고지하면, 그 금액을 납부하는 것을 말한다. 1년을 기준으로 일반과세자인가, 간이과세자인가, 법인사업자인가에 따라 그 시기와 방법이 다르다. 각 사업자 형태에 따라 어떻게 다른지 간략하게 정리해보자.

① 일반과세자
- 1기 예정고지 : 1월 1일~3월 31일에 대해 국세청으로부터 고지된 금액을 납부한다.
- 1기 확정신고 : 1월 1일~6월 30일에 대해 7월 25일까지 신고하고 납부한다.
- 2기 예정고지 : 7월 1일~9월 30일에 대해 국세청으로부터 고지된 금액을 납부한다.
- 2기 확정신고 : 7월 1일~12월 31일에 대해 1월 25일까지 신고하고 납부한다.

※ 단, 예정고지세액이 50만 원 미만이면 예정고지 대상에서 제외된다.

② 간이과세자
- 예정고지 : 1월 1일~6월 30일에 대해 국세청으로부터 고지된 금액을 납부한다.
- 확정신고 : 1월 1일~12월 31일에 대해 1월 25일까지 신고하고 납부한다.

※ 단, 예정고지세액이 50만 원 미만이면 예정고지 대상에서 제외된다.

③ 법인사업자
- 1기 예정신고 : 1월 1일~3월 31일에 대해 4월 25일까지 신고하고 납부한다.
- 1기 확정신고 : 4월 1일~6월 30일에 대해 7월 25일까지 신고하고 납부한다.

- 2기 예정신고 : 7월 1일~9월 30일에 대해 10월 25일까지 신고하고 납부한다.
- 2기 확정신고 : 10월 1일~12월 31일에 대해 1월 25일까지 신고하고 납부한다.

※ 단, 직전 과세기간의 수입금액이 1억 5,000만 원 미만인 법인사업자는 예정신고 대신 개인사업자와 마찬가지로 국세청으로부터 예정고지 된다.

TOP ⚡ TIPS!

이번 분기 매출은 적은데 부가가치세 예정고지 세액이 너무 많이 나왔어요.
다음의 경우에는 예정고지 대상자라고 하더라도 예정신고가 가능하니 꼭 활용하자.
- 휴업 또는 사업의 부진 등으로 인해 각 예정신고 기간의 공급가액 또는 납부세액이 직전 과세기간의 공급가액 또는 납부세액의 3분의 1에 미달하는 사업자
- 각 예정신고 기간분에 대해 조기환급을 받으려는 사업자

면세사업자는 언제 부가가치세 신고를 하나요?
면세사업자는 부가가치세법에 따른 과세 대상 사업자가 아니기 때문에 일반적인 부가가치세 신고기간의 적용을 받지 않는다. 그 대신 1년 동안의 실적에 대해 다음 해 2월에 '면세사업장 현황 신고'를 한다.

부가가치세 신고서 뜯어보기: 매출세액

세무에 웬만큼 익숙하지 않은 사업자들은 부가가치세를 직접 신고하는 것을 어려워한다. 물론 사업구조에 따라 부가가치세 신고가 어려워질 수도 있는 것이 사실이다. 그러나 종합소득세 신고에 비하면 계산이 간단한 편이다. 그리고 우리는 지금 갓 창업한 스타트업이지 않은가? 사업이 성장할수록 해석해서 적용해야 할 세법이 많아지면서 결국 세무대리인의 조력이 필요해지겠지만, 그전까지는 우리가 직접 신고할 수 있다. 물론 충분한 공부가 필요하긴 하다.

여기서는 그 기본이 될 만한 정보와 순서들을 제공하고자 한다. 147쪽 그림이 부가가치세 신고서인데, 그 구조를 간단하게 살펴보면 다음과 같다.

① 매출세액의 합계를 낸다.
② 매입세액의 합계를 낸다.
③ 세액 공제·감면에 해당하는 금액의 합계를 낸다.
④ 그 외 항목에 해당하는 내용이 있는지 점검한다.

일반과세자 부가가치세 [ ]예정 [ ]확정 [ ]기한후과세표준 [ ]영세율 등 조기환급 신고서

※ 뒤쪽의 작성방법을 읽고 작성하시기 바랍니다.　　　　　　　　　　　　　　　　　(4쪽 중 제1쪽)

| 관리번호 | | | | | | 처리기간 | 즉시 |

신고기간	년 제 기 (월 일 ~ 월 일)			
사업자	상 호 (법인명)		성 명 (대표자명)		사업자등록번호	- -
	생년월일		전화번호	사업장	주소지	휴대전화
	사업장 주소			전자우편 주소		

① 신 고 내 용

		구　　　　분		금 액	세율	세 액
① 과세 표준 및 매출 세액	과세	세금계산서 발급분	(1)		10 / 100	
		매입자발행 세금계산서	(2)		10 / 100	
		신용카드·현금영수증 발행분	(3)		10 / 100	
		기타(정규영수증 외 매출분)	(4)		10 / 100	
	영세율	세금계산서 발급분	(5)		0 / 100	
		기　　　　타	(6)		0 / 100	
	예 정 신 고 누 락 분		(7)			
	대 손 세 액 가 감		(8)			
	합　　　　계		(9)		㉮	
② 매입 세액	세금계산서 수 취 분	일 반 매 입	(10)			
		수출기업 수입분 납부유예	(10-1)			
		고정자산 매입	(11)			
	예 정 신 고 누 락 분		(12)			
	매입자발행 세금계산서		(13)			
	그 밖의 공제매입세액		(14)			
	합 계 (10)-(10-1)+(11)+(12)+(13)+(14)		(15)			
	공제받지 못할 매입세액		(16)			
	차　감　계　(15)-(16)		(17)		㉯	
	납부(환급)세액 (매출세액㉮ - 매입세액㉯)				㉰	
③ 경감· 공제 세액	그 밖의 경감·공제세액		(18)			
	신용카드매출전표등 발행공제 등		(19)			
	합　　　　계		(20)		㉱	
④	소규모 개인사업자 부가가치세 감면세액		(20-1)		㉲	
	예 정 신 고 미 환 급 세 액		(21)		㉳	
	예 정 고 지 세 액		(22)		㉴	
	사업양수자가 대리납부한 세액		(23)		㉵	
	매입자 납부특례에 따라 납부한 세액		(24)		㉶	
	신용카드업자가 대리납부한 세액		(25)		㉷	
	가 산 세 액 계		(26)		㉸	
	차감·가감하여 납부할 세액(환급받을 세액)(㉰-㉱-㉲-㉳-㉴-㉵-㉶-㉷+㉸)		(27)			
	총괄 납부 사업자가 납부할 세액(환급받을 세액)					

② 국세환급금 계좌신고 (환급세액이 5천만원 미만인 경우)	거래은행	은행	지점	계좌번호	

③ 폐 업 신 고	폐업일		폐업 사유	

④ 영세율 상호주의	여[ ] 부[ ]	적용구분		업종	해당 국가

⑤ 과세표준 명세					「부가가치세법」 제48조·제49조 또는 제59조와 「국세기본법」 제45조의3에 따라 위의 내용을 신고하며, 위 내용을 충분히 검토하였고 신고인이 알고 있는 사실 그대로를 정확하게 적었음을 확인합니다.
업 태	종목	생산요소	업종 코드	금 액	년 월 일
(28)					신고인: (서명 또는 인)
(29)					세무대리인은 조세전문자격자로서 위 신고서를 성실하고 공정하게 작성하였음을 확인합니다.
(30)					세무대리인: (서명 또는 인)
(31) 수입금액 제외					세무서장 귀하
(32) 합 계					첨부서류 뒤쪽 참조

세무대리인	성 명		사업자등록번호		전화번호	

210mm × 297mm[백상지 (80g/㎡) 또는 중질지(80g/㎡)]

▲ 부가가치세 신고서

⑤ ① - ② - ③ - ④ = 납부세액을 계산한다.

계산해서 나온 금액을 신고하고 납부하면 된다. 즉 매출에서 비용을 뺀 게 부가가치세 계산의 거의 전부다. 매우 간단하지 않은가?

덧셈 뺄셈은 알겠지만, 용어가 어려워서 감이 잡히지 않는 이들을 위해 다시 한번 자세히 설명해보겠다.

부가가치세 매출을 집계하는 법

부가가치세를 신고하는 첫 번째 순서는 매출의 집계다. 부가가치세 매출에는 크게 세금계산서매출, 카드매출, 현금영수증매출, 기타매출이 있다. 이들 매출을 구분해서 각각의 매출금액을 넣어줘야 하는데, 내가 매출을 일으키는 방식이 어떤 것이냐에 따라 매출 집계가 쉬울 수도, 어려울 수도 있다.

① 세금계산서 발급분

세금계산서는 전자 세금계산서가 있고 종이 세금계산서가 있다. 전자 세금계산서는 국세청 홈택스 사이트에서 목록조회를 통해 전체를 확인할 수 있다. 여기에 종이 세금계산서로 발급한 것을 잊지 말고 합산해줘야 한다. 그렇게 합산해서 집계한 매출의 합계는 꼭 국세청 홈택스 사이트의 다음 경로에서 집계된 세금계산서 합계표와 비교해서 누락 없도록 신고하자.

전자(세금)계산서, 현금영수증·신용카드 ▶ 전자(세금)계산서 조회 ▶ 합계표 통계 조회 ▶ 전자(세금)계산서 합계표 조회 ▶ 분기별 조회

② 매입자 발행 세금계산서

공급자가 발급하지 않은 세금계산서에 대해 공급받는 자가 국세청의 확인을 통해 대신 발급하는 것을 매입자 발행 세금계산서라고 말한다. 예를 들어 A가 100원어치의 상품을 B에게 판매하고 세금계산서를 끊어주지 않는다면 일정 요건이 충족할 경우 B가 A 대신 국세청에 "100원어치를 A로부터 구매했으니 A를 공급자로 세금계산서를 끊어주시오"라고 말하고 발급받을 수 있다.

이 매입자 발행 세금계산서는 A에게도 통보되기 때문에 A가 매출 신고를 할 때 이를 반영해야 한다. 그러나 실무적으로 이용할 일은 거의 없으니 '이런 것도 있구나' 하고 개념 정도만 잡고 넘어가면 좋을 것 같다.

③ 신용카드 발급분

먼저 신용카드 발급분의 매출 집계법을 알아보자. 흔히 소비자를 대상으로 하는 오프라인 거래업종은 대부분 신용카드 단말기를 비치하고 또 온라인 거래업종은 PG사를 통한다. 이렇게 단말기나 PG사를 통해서 카드 결제를 받으면 신용카드매출로 신고해야 한다. 참고로 이 신용카드매출에는 직불카드, 선불카드, 전자지급결제(핸드폰 결제 등) PG나 VAN사를 이용한 결제대행 등 모두 포함한다. 내 카드매출의 합계액은 해당 카드단말기 회사 앱이나 프로그램을 통해서 확인하거나 카드사에 직접 연락해서 집계 내역을 받을 수도 있다. 다만, 카드매출은 실무적으로 카드를 긁었다고 무조건 내 카드매출로 신고하는 것이 아니라, 국세청에 해당 카드매출이 보고된 경우만 우선 신고한다. 예를 들어 카드결제대행업체에서 보내 준 나의 3분기 매출이 총 3,000만 원인데 홈택스에서는 카드매출이 2,000만 원만 조회된다면 카드매출을 2,000만 원만 신고하고 나머지 1,000만 원은 기타매출로 신고해야 한다. 차이가 생기는 원인은 여러 가지가 있지만, 대부분은 해당 카드결제대행업체가 여신금융업법에 등록하지 않았기 때문이다. 하지만 만약 여신금융업법에 따라 등록한 카드결제대행업체임에도 국세청에서 조회되지 않는다면 신용카드매출 전표 등 발행 공제를 받기 위해 카드매출로 신고해야 한다.

신용카드매출 이렇게 집계하자

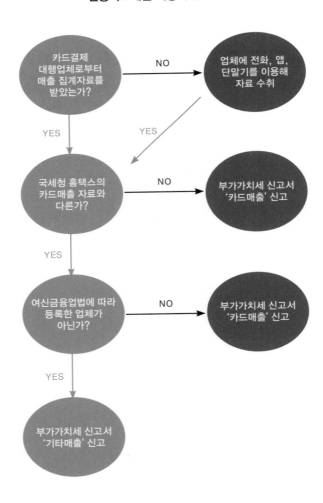

홈택스 로그인 ▶ 전자(세금)계산서, 현금영수증·신용카드 ▶ 신용카드 매출 ▶ 신용카드·판매(결제)대행 매출자료 조회

금융민원센터(https://www.fcsc.kr) 접속 ▶ 등록·신고 ▶ 전자금융업등록현황 ▶ 최근 현황 엑셀 다운로드 후 검색

TOP ⚡ TIPS!

카드결제대행업체 여러 곳을 사용하는데, 매출을 한 번에 쉽게 보는 방법 없을까요?

둘 이상의 단말기를 사용할 수도 있고, 온라인 자사몰 등과 오프라인 단말기를 사용하는 등 여러 가지 상황에 의해 카드결제대행업체를 한 군데 이상 사용할 때가 있다. 이럴 때는 여신금융협회에 가입하면 '기타 서비스 ▶ 실적조회/부가세신고서 출력'에서 모든 카드매출을 통합해 조회할 수 있다. 다만 카드결제대행업체가 여신금융업법에 따라 등록되지 않았다면 조회되지 않으니 주의하자.

여신금융협회 카드매출 조회 사이트는 https://www.cardsales.or.kr/ 이다.

온라인 쇼핑몰을 운영하는데 자사몰은 없고, 오픈마켓만 이용합니다. 그런데 홈택스에 카드매출 조회가 안 됩니다.

고객이 신용카드로 물품을 구매하는 것을 카드매출이라고 한다. 여신금융업법에 따라 등록한 대부분의 카드결제대행업체는 이 매출 자료를 국세청으로 전송하지만, 일부 PG사나 오픈마켓의 경우 국세청에 자료를 전송하지 않아, 판매자의 매출 자료를 확인할 수 없다. 이 경우에는 오픈마켓 판매자 사이트에서 카드매출을 확인 및 집계해 신고해야 한다.

④ 현금영수증 발급분

현금영수증을 발급하는 방법은 크게 홈택스를 이용하는 방법과 카드결제대행업체를 이용하는 방법이 있다. 모든 현금영수증을 홈택스를 통해서 발급했다면, 홈택스의 자료만으로 부가가치세를 신고서를 작성하면 된다. 하지만 카드결제대행업체, 즉 온라인 매출이나 단말기를 통해서 발급했다면 카드매출과 마찬가지로 자료를 따로 수집하고 홈택스에 신고한 금액과 비교한 다음, 카드매출과 마찬가지로 국세청 자료와 비교한 후 국세청에 집계된 금액만 현금영수증 매출로 신고해야 한다.

현금영수증 매출 이렇게 집계하자

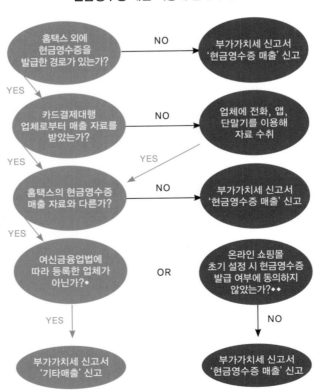

⑤ 기타(정규영수증 외 매출분)

 온라인 자체 쇼핑몰을 운영하는 지마켄 씨는 어떤 카드결제 대행업체를 이용할까 하고 검색하다 보니 '카드결제수수료가 1년 무료'라는 광고가 있어 이를 보고 후니훈페이먼츠를 사용하기로 마음먹었다.

유명 아이돌을 친한 친구로 둔 덕분에 친구를 모델로 기용했다. 그러자 의류가 불티나게 팔렸다. 매출 규모가 너무 커져서 겁이 난 지마켄 씨는 본인이 직접 부가가치세를 신고하겠다는 당초의 계획을 바꿔 세무사에게 부가가치세 신고를 의뢰하기로 했다. 그리고 부가가치세 신고를 진행하던 세무사로부터 다음과 같은 말을 듣게 된다.

"지마켄 님이 사용하시는 카드결제대행업체인 후니훈페이먼츠가 여신금융업법에 따른 카드결제대행업체로 등록이 되지 않아서 이 매출들은 고객들이 현금영수증을 요청하거나 카드로 긁어도 모두 기타매출로 신고해야 하고요…. 1%의 세액 공제를 받을 수 있는 신용카드매출 전표 등 발행 공제도 전액 못 받게 되었습니다."

기타매출은 적격증빙, 다시 말하면 세금계산서·신용카드·현금영수증 매출이 아닌 그 외 모든 것을 의미한다. 대표적으로 현금매출이 있다. 현금영수증을 의무로 발급해야 하는 건수가 아니라면 현금만 받고 재화 및 용역을 판매해도 되는데, 이때 '기타매출'로 신고해야 한다.

그 외에도 여러 가지 사유에 의해 기타매출로 신고해야 하는 경우가 있다. 설명한 지마켄 씨의 사례가 그러한데, 여신금융업법에 등록되지 않은 카드결제대행업체를 이용하고 있다면 설사 고객이 카드로 결제했든 현금영수증을 발행했든 상관없이 기타매출로 신고해야 한다. 그래서 해당 매출은 신용카드매출 전표 등 발행 공제도 받지 못한다는 것에 주의하자.

그리고 마지막으로 자가공급, 사업상 증여, 개인적 공급, 폐업 시 잔존 재화를 아우르는 간주공급과 부동산을 임대했을 때 발생하는 간주임대료 또한 기타매출에 속한다(실무자가 아니라면 경영 과정에서 온전히 이해하고 접목하기에는 무리가 있으므로 여기서는 개념 정도만 알고 넘어가자).

여기서 간주공급이란 실제로 재화나 용역을 공급하지는 않았지만 공급한 것으로 여길 때를 말한다. 이 규정의 취지는 당초 매입하거나 제조하는 과정에서 매입세액 공제는 받았지만 실제로는 공급하지 않았기에 매출세액을 내지 않는 사업자들과, 실제로 공급하고 매출세액을 납부하는 다른 사업자들과의 과세형평을 맞추기 위함이다.

예를 들면, A 사업자와 B 사업자가 같은 1만 1,000원의 원단을 구매했다고 하자. 아마 A와 B 모두 부가가치세를 신고할 때 1,000원의 매입세액 공제를 받았을 것이다. 그리고 원단으로 옷을 만들어 A는 이를 2만 2,000의 가격에 판매했고 부가가치세를 신고하는 기간이 되자 2,000원의 매출세액을 냈다. 따라서 총 부담세액은 매출세액 2,000원에 매입세액 1,000을 차감한 1,000원이 된다. B는 같은 2만 2,000원에 해당하는 옷을 본인이 입었다. 본인이 사용한 경우를 간주공급 중 '개인적 공급'이라고 하는데, B는 의류를 판매하지 않았기 때문에 1,000원을 환급받기만 했다. 고로 전체 기간의 부담세액은 매출세액 0원에 매입세액 1,000을 차감한 −1,000원으로 결국 A와 B의 과세형평이 맞지 않는다. 이를 좀 더 구체적으로 설명하자면, A와 B 모두 같은 재화를 사서 매입세액 공제를 받았으나 A는 판매를 통해서 소비했고, B는 판매를 통하지 않고 소비했기 때문에 똑같이 소비는 했음에도 불구하고 A만 부가세를 납부하게 되는 차이가 발생한다. 이 부가세 부담 세액의 차이를 조정하기 위해서 구매한 재화를 판매하지 않고 본인이 사용했을 때 세법은 이를 판매한 것으로 간주해 B에게도 매출세액 2,000

원을 내도록 규정하고 있다. 그래서 간주공급은 '매입세액을 공제받은 재화를 판매했을 때만 적용한다'라는 조건이 붙는다. 다시 말하면, 당초에 구매한 재화에 대해서 매입세액 공제를 받지 않았다면 간주공급으로 과세도 하지 않겠다는 것이다.

그 외에 자가공급이란 본인의 재화를 본인의 다른 사업장의 재료로 사용하기 위해서 넘기는 등 본인의 사업에 직접 사용하는 것을 말하고, 사업상 증여란 일종의 기부나 접대를 생각하면 쉽다. 마지막으로 폐업 시 잔존재화는 폐업하면 재고를 더는 판매하지 못하기 때문에 폐업 당시 모든 재고를 판매했다고 가정하고 부가가치세를 납부하도록 한다.

이 간주공급은 실질적으로 세금계산서를 발급하기 어렵기 때문에 기타매출로 분류해 신고하는데, 간주공급으로 볼 수 있는 상황이 생각보다 많지만, 실질적으로 일반 사업자가 이를 실무에 적용하기란 쉽지 않다. 따라서 이런 이슈가 발생하면 전문가에게 맡기는 편이 문제의 소지가 적어진다.

결론을 말하자면, 다음 셋은 '기타매출'에 포함된다는 점을 명심하자.

- 간주공급과 간주임대료 등 실질적으로 대금을 받지는 않았지만 부가가치세를 납부해야 하는 경우.
- 적격증빙을 발급하지 못한 현금매출.
- 국세청에서 카드매출이나 현금영수증매출로 인정하지 않는 온라인 매출.

⑥ 영세율

개업 이전 5년 동안 무역회사에 재직했던 경험을 살려 베트남에 청바지를 수출하는 회사를 차린 무역왕 씨는 분기별 부가가치세를 신고할 때마다 납부할 세액이 없다는 사실이 매우 만족스럽다.

주력 상품인 청바지의 수출이 바로 0%의 부가가치세율을 적용받는 데 비해 같은 청바지를 국내에 파는 다른 사업자들은 부가가치세를 납부해야 하기 때문이다.

영세율을 적용받는 사업자라도 부가세는 신고해야 하며, 이때 매출을 집계해야 한다. 부가가치세의 영세율은 재화 또는 용역을 공급할 때 세율을 0%로 적용받는 것을 말한다. 공급하는 재화나 용역 자체는 부가가치세 적용 대상이라 부가가치세 신고는 해야 하지만, 그 대신 세율은 0%로 해서 수출을 제외한 다른 매출 경로가 없다면 세금을 면제해주겠다는 의미이기 때문이다.

이러한 영세율을 적용해주는 데는 여러 가지 이유가 있는데, 사업자 측면에서 보면 세금을 면제해줌으로써 수출 산업의 발전을 도모해 외화 획득을 장려한다는 취지다. 영세율에 관해서는 다음 장에서 자세히 설명하도록 하겠다.

부가가치세 신고서 뜯어보기: 영세율

영세율로 부가가치세를 신고하는 유형에는 크게 두 가지가 있다. 영세율이지만 세금계산서를 발급하는 것과 세금계산서를 발급하지 않는 것이 있다. 영세율을 적용받는 거래는 직수출(중개를 거치지 않고 수입자에게 직접 수출하는 것), 중계무역 방식 수출, 위탁판매 수출, 주한미군에 판매하는 재화 등 여러 가지가 있는데 어떤 방식이냐에 따라 세금계산서를 발급하는 경우와 발급하지 않는 경우로 나뉜다. 일반적으로 세금계산서를 발급하는 경우는 ①내국신용장 또는 구매확인서에 의해서 영세율을 적용받을 때 ②한국국제협력단 등에 재화를 공급할 때 등이 있지만, 여기서는 세금계산서를 발급하지 않는 직수출을 했을 때 부가가치세를 어떻게 신고하는지를 살펴볼 것이다.

앞장의 사례에 등장했던 무역왕 씨가 6월 5일 미화 379.9달러만큼의 청바지를 수출했다고 하자. 7월 25일이 신고기한인 상반기 부가가치세를 신고할 때 해당 거래를 반영해야 한다.

다음의 4단계를 기억해두자.

1단계: 부가가치세 신고 서류 준비

영세율을 적용받는 각각의 거래유형마다 필요한 서류는 달라질 수 있다. 그중 기본적인 직수출이라면 다음의 서류가 필요하다.

- 선하증권bill of landing, B/L: 해상 운송에서, 화물의 인도 청구권을 표시한 유가 증권이나 인보이스invoice, 송장: 수출일 확인용
- 수출신고필증: 수출 물품 및 가격 확인용

2단계: 부가가치세법상 적용해야 할 수출일과 원화로 환산한 수출금액 산정

수출일을 알아내기 위해서 수출신고필증이나 선하증권 또는 인보이스를 보면 수출신고일자, 수출신고수리일자, 접수일자 등 다양한 날짜가 나온다. 하지만 직수출의 부가가치세법상 수출일은 '선적일date of shipment'이다. 선적일이란 물품을 수출하기 위해 배에 실은 날을 말하는데, 이는 선하증권 작성 단계가 되어야 비로소 알 수 있다. 선하증권을 통해서 수출일을 확인했다면 이제는 수출신고필증을 통해서 수출금액을 산정해보자.

다음 그림에서 보는 것과 같이 빨간 박스 안에 적힌 '결제금액'이 부가가치세 및 종합소득세 신고 시 수출대금으로 작성되는 금액이다. 379.9달러는 외화이기 때문에 우리는 다음 단계로 환율을 알아내어 원화로 환산해야 한다. 이때 적용되는 환율은 기준환율인데, 서울외국환중개소 사이트(http://www.smbs.biz/)에서 검색할 수 있다. 선적일 날짜로 찾아보자.

> 서울외국환중개소 사이트 ▶ 환율 조회 ▶ 오늘의 환율 ▶ 날짜 선택(선적일)

수출신고필증(적재전, 갑지)

※ 처리기간 : 즉시

① 신고자 관세법인		⑤ 신고번호 4		④ 세관.과		⑦ 신고일자 -03		⑧ 신고구분 H 일반P/L신고		⑨ C/3구분

②수출대행자 (통관고유부호)					⑩ 거래구분 11		⑮ 종류 A		⑯ 결제방법 TT 단순송금방식
수 출 화 주 (통관고유부호)		수출자구분 A			⑪ 목적국		⑫ 적재항 ICN 서울/인천		⑬ 선박회사 (항공사)
(주소)					⑭ 선박명(항공편명)		⑮ 출항예정일자		적재예정보세구역
(대표자)		(소재지)			⑰ 운송형태	ETC		⑱ 검사희망일	
(사업자등록번호)					⑲ 물품소재지			/	
제 조 자 (통관고유부호)	회사				⑳ L/C번호			물품상태 N	
제조장소					사전임시개청통보여부 N			반송 사유	
구 매 자 (구매자부호)					환급신청인 (1:수출대행자/수출화주, 2:제조자) 자동간이정액환급				

●품명·규격 (란번호/총란수: 001/001)

㉑ 품 명							
㉒ 거래품명				㉓ 상표명			
㉔ 모델·규격		㉕ 성분		㉖ 수량(단위)		㉗ 단가(USD)	㉘ 금액(USD)

1 란 을지 계속

㉙ 세번부호		㉚ 순중량		㉛ 수량	0	0	㉜ 신고가격(FOB)	
㉝ 송품장부호		㉞ 수입신고번호				㉟ 원산지 KR---Y		㊱ 포장갯수(종류) 2(GT)
㊲ 수출요건확인 (발급서류명)								

㊳ 총중량		㊴ 총포장갯수				㊵ 총신고가격 (FOB)	$850 W 389,064
㊶ 운임(W)		㊷ 보험료(W)				㊸ 결제금액	CIF-USD-379.90
㊹ 수입화물 관리번호						㊺ 컨테이너번호	N

※신고인기재란

⑯ 세관기재란
귀사는 관세환급대상 수출실적이 ... 정하지 않은 업체
로 추정됩니다. 통관세관 또는 ... 관세환급 가능여부 구체적으로
확인하여 보시기 바랍니다. ...
... 관대행 ... 관세환급제
도를 이용할 수 있도록 이 ... 안내 ...
'20.7.1일부터 중소기업의 컨테이너 수출화물에 ...세관 관세환급 지원
하고 있으니, 지원 대상 여부를 확인하시고 ... 바랍니다.
(unipass.customs.go.kr)

㊻ 운송(신고)인							2021/06/03
㊼ 기간	부터	까지	적재의무기한	2021/07/05	담당자		

발 행 번 호 : 2021118646270(2021.06.03)　　　　　　　　　　　　　　　　　　Page : 1/2

① 수출신고수리일로부터 30일내에 적재하지 아니한 때에는 수출신고수리가 취소됨과 아울러 과태료가 부과될 수 있으므로 적재사실을 확인하시기 바랍니다.
(관세법 제251조, 제277조) 또한 휴대탁송 반출시에는 반드시 출국심사(부두,공항) 세관공무원에게 제시하여 확인을 받으시기 바랍니다.
② 수출신고필증의 진위여부는 수출입통관정보시스템에 조회하여 확인하시기 바랍니다.(http://unipass.customs.go.kr)

* 본 신고필증은 전자문서(PDF파일)로 발급된 신고필증입니다.
* 출력된 신고필증의 진본여부 확인은 전자문서의 '시점확인필' 스탬프로 출력하여 확인할 수 있습니다.

이제 신고서 작성에 필요한 모든 정보를 알아냈으니, 신고서를 작성하러
가보자.

선적일을 확인할 선하증권이 없거나 수출대금을 확인할 수출신고필증이 없으면 어떻게 해야 하나요?

가끔 선하증권이 없어져 선적일을 모르거나, 관세사로부터 받은 수출신고필증을 잃어버리는 경우가 있다. 그럴 때는 당황하지 말고 다음의 방법으로 필요한 정보를 알아내자.

- 관세청 전자통관시스템(unipass.customs.go.kr) 접속
- 수출신고필증이 있다면 수출신고번호를 그림의 빨간 박스에 입력하면 수출일을 조회할 수 있다.
- 수출신고필증도 없다면 '사이트맵 ▶ 수출신고필증'에서 기간으로 검색하면 수출신고필증을 인쇄하거나 선적일을 확인할 수 있다.

▲ 수출신고필증 조회

영세율을 적용받는 수출 거래유형에 따른 수출 시기(공급 시기) 예시

- 직수출 : 선적일
- 중계무역 방식 수출: 수출재화 선적일
- 위탁판매 수출: 수출재화의 공급가액이 확정되는 때
- 외국 인도 수출: 외국에서 해당 재화가 판매되는 때
- 위탁가공무역 방식의 수출: 외국에서 해당 재화가 인도되는 때

3단계: 부가가치세 신고 시 제출할 서류 작성

영세율을 포함해 부가가치세를 신고할 때는 신고서 외에도 영세율 적용 방식에 따라 작성해서 제출해야 하는 다양한 서류들이 있다. 예를 들면,

홈택스(www.hometax.go.kr)에서도
신청할 수 있습니다.

수출실적명세서(갑)

2021 년 제 2 기 (07 월 01 일 ~ 12 월 31 일)

※ 아래의 작성방법을 읽고 작성하시기 바랍니다.

제출자 인적사항	① 사업자등록번호 XXX-XX-XXXXX		② 상호(법인명) 택스니어파트너스	
	③ 성명(대표자)　　　XXX		④ 사업장 소재지	
	⑤ 업태　　제조업		⑥ 종목	

⑦ 거래기간 　　2021 년　07 월　01 일 -　12 월 31 일	⑧ 작성일자　　　2021년 7월 25일

구분	건수	외화금액	원화금액	비고
⑨ 합계				
⑩ 수출재화(=⑫합계)				
⑪ 기타 영세율적용				

⑫ 일련번호	⑬ 수출신고번호	⑭ 선(기)적일자	⑮ 통화코드	⑯ 환율	금액	
					⑰ 외화	⑱ 원화
	합계					
1	000-00-00000X	2021,06,05	USD	1,111.8	379.90	422,372

작 성 방 법

이 명세서는 외국으로 재화를 직접 반출(수출)하여 영세율을 적용받는 사업자가 작성하며 아래의 작성요령에 따라 한글, 아라비아숫자, 영문자로 정확하고 선명하게 적어야 합니다.

①~⑥: 제출자(수출자)의 사업자등록증에 적힌 사업자등록번호・상호(법인명)・성명(대표자)・사업장 소재지・업태・종목을 적습니다.
⑦: 신고대상기간을 적습니다(예시 : 2010년 1월 1일-3월 31일).
⑧: 수출실적명세서 작성일자를 적습니다.
⑨: 부가가치세 영세율이 적용되는 재화 또는 용역의 공급으로 세금계산서 발급대상이 아닌 영세율 적용분에 대한 총건수, 외화금액 합계, 원화금액 합계[부가가치세 신고서 2쪽 영세율 기타분(④항) 과세표준]를 적습니다.
⑩: 관세청에 수출신고 후 외국으로 직접 반출(수출)하는 재화의 총건수, 외화금액 합계, 원화금액 합계를 적으며, ⑫란의 1번부터 마지막 번호까지를 모두 합계한 건수, 외화금액과 원화금액과 일치하여야 합니다.
⑪: 관세청에 수출신고 후 외국으로 직접 반출(수출)하는 재화 이외의 영세율적용분(국외제공용역 등)으로 세금계산서를 발급하지 아니하는 분의 총건수, 외화금액 합계, 원화금액 합계를 적습니다(※ 영세율 첨부서류는 별도제출).
⑫: 수출 건별로 1번부터 부여하여 마지막 번호까지 순서대로 적습니다.
⑬: 수출신고서의 (7)번 신고번호를 적습니다.
⑭: 수출재화(물품)를 실질적으로 선(기)적한 일자를 적습니다.
⑮: 수출대금을 결제받기로 한 외국통화의 코드를 영문자 3자로 적습니다(수출신고서 (34)번 항목의 중간에 표시되며, 미국 달러로 결제받는 경우 USD라 적습니다).
⑯: 수출재화의 선(기)적 일자에 해당하는 외국환거래법에 의한 기준환율 또는 재정환율을 적습니다.
⑰: 수출물품의 인도조건에 따라 지급받기로 한 전체 수출금액으로 수출신고서의 (33)번 항목의 금액이며 소수점 미만 2자리까지 적습니다.
⑱: ⑰란의 금액을 ⑯란의 환율로 곱한 환산금액 또는 선(기)적일 전에 수출대금(수출선수금, 사전송금방식수출 등)을 원화로 환가한 경우에는 그 금액을 원단위 미만은 절사하고 적습니다.

※ 『수출실적명세서(갑)』 서식을 초과하는 수출실적분에 대해서는 『수출실적명세서(을)』 [별지 제40호서식(2)]에 작성합니다.

210㎜×297㎜[백상지 80g/㎡(재활용품)]

▲ 수출실적명세서

직수출의 경우 수출실적 명세서, 배송업체를 통하지 않고 직접 들고 가는 핸드캐리는 수령확인증이 필요하다. 중계무역 방식의 경우는 수출계약서 사본과 외화입금증명서 등을 제출해야 한다. 영세율을 적용받는 수출을 하는 사업자라면 자신의 사업을 잘 파악해서 방식에 따라 어떤 서류를 같이 제출해야 하는지 숙지하도록 하자.

　여기서 우리는 직수출을 가정했으므로 수출실적 명세서를 작성해보겠다. 수출실적 명세서를 작성하기 위해서는 2단계에서 알아냈던 수출일, 즉 ①선적일과 ②수출신고번호 ③외화금액 ④선적일의 기준환율 ⑤외화금액에 기준환율로 환산한 원화금액이 있다면 별 무리 없이 명세서를 작성할 수 있다. 159쪽의 수출신고필증에 표기된 내용으로 작성하면 된다.

4단계: 부가가치세 신고서에 금액 입력

　3단계에서 작성한 수출실적 명세서 외의 다른 수출 자료가 없다면, 부가가치세 신고서에 영세율 '기타'란에 금액을 기재하고 부가가치세 신고 시 수출실적 명세서와 함께 제출하면 된다.

구 분			금 액	세율	세 액
과세표준 및 매출세액	과세	세금계산서 발급분 (1)		10 / 100	
		매입자발행 세금계산서 (2)		10 / 100	
		신용카드·현금영수증 발행분 (3)		10 / 100	
		기타(정규영수증 외 매출분) (4)		10 / 100	
	영세율	세금계산서 발급분 (5)		0 / 100	
		기 타 (6)		0 / 100	
	예 정 신 고 누 락 분 (7)				
	대 손 세 액 가 감 (8)				
	합 계 (9)			㉮	

▲ 부가가치세 신고서 - 영세율

부가가치세 신고서 뜯어보기: 매입세액

부가가치세 신고를 위한 두 번째 단계로 매입세액을 계산할 때 가장 먼저 염두에 두어야 하는 점이 있다. 부가가치세를 신고할 때 비용으로 처리한 부분은 종합소득세를 신고할 때 비용으로 처리하지 못한다는 것이다. 예를 들면 공급가액 1만 원에 부가가치세 1,000원인 총 1만 1,000원의 상품을 매입했다고 하자. 부가가치세 신고 시 매입세액으로 반영하는 것은 이 중 1,000원이다. 그리고 종합소득세 신고 시에 매출원가로 들어가는 금액은 1만 1,000원이 아닌 공급가액 1만 원이다. 이는 매출의 경우도 동일하다.

그런데 간혹 부가가치세를 신고할 때 특정 비용의 부가세를 매입세액으로 계산했다면 종합소득세를 신고할 때는 이 비용 전부를 비용으로 처리하지 못한다고 오해하거나, 종합소득세를 신고할 때도 똑같이 1만 1,000원의 비용을 전부 인정받을 수 있다고 오해하는 경우가 있다. 이들 모두 사실과 다르다는 것을 알고 있어야 한다.

매입세액	세금계산서 수 취 분	일 반 매 입	(10)			
		수출기업 수입분 납부유예	(10-1)			
		고정자산 매입	(11)			
	예 정 신 고 누 락 분		(12)			
	매입자발행 세금계산서		(13)			
	그 밖의 공제매입세액		(14)			
	합 계 (10)-(10-1)+(11)+(12)+(13)+(14)		(15)			
	공제받지 못할 매입세액		(16)			
	차 감 계 (15)-(16)		(17)		④	

▲ 부가가치세 신고서 중 매입세액

먼저 매입을 집계해보자

① 세금계산서 수취분

세금계산서 수취분에는 일반 매입, 수출기업 수입분 납부유예, 그리고 고정자산 매입이 있다(수출기업 수입분 납부유예는 여기서는 생략하기로 한다).

- 일반 매입 : 매입 세금계산서 중 고정자산 매입분 이외의 매입분을 기재한다. 이때 '공제받지 못할 매입세액'도 포함한다. 별도로 작성해서 함께 제출해야 할 서류로는 '매입처별 세금계산서 합계표'가 있다.
- 고정자산 매입 : 매입 세금계산서 중 고정자산 매입분을 기재한다. 이때 '공제받지 못할 매입세액'도 포함한다. 별도로 작성해서 함께 제출해야 할 서류로는 '건물 등 감가상각자산 취득 명세서'가 있다.

② 매입자 발행 세금계산서

매입자가 관할 세무서장으로부터 거래사실 확인 통지로 발행한 매입자 발행 세금계산서의 금액과 세액을 기재한다.

③ 그 밖의 공제 매입세액

먼저 신용카드매출 전표 등 수령 명세서 제출분은 사업과 관련한 재화나 용역을 공급받고 신용카드 등을 사용했을 때 기재하는 것이다. 여기에는 신용카드뿐만 아니라 직불카드, 선불카드, 전자지급결제(핸드폰 결제 등), 현금영수증을 모두 포함한다. 마찬가지로 일반 매입과 고정자산 매입으로 나누어 기재하며, '신용카드매출 전표 등 수령 명세서'를 별도로 작성해 제출해야 한다.

한편 의제매입세액 공제는 뒤(191쪽)에서 상세히 설명한다.

구 분			금 액	세 율	세 액
(14) 그 밖 의 공 제 매 입 세 액 명 세	신용카드매출전표등 수 령명세서 제출분	일 반 매 입 (41)			
		고정자산매입 (42)			
	의 제 매 입 세 액 (43)			뒤쪽 참조	
	재 활 용 폐 자 원 등 매 입 세 액 (44)			뒤쪽 참조	
	과 세 사 업 전 환 매 입 세 액 (45)				
	재 고 매 입 세 액 (46)				
	변 제 대 손 세 액 (47)				
	외국인 관광객에 대한 환급세액 (48)				
	합 계 (49)				

▲ 부가가치세신고서 중 그 밖의 공제 매입세액

TOP ⚡ TIPS!

수입한 물품은 어떻게 반영하나요?
물품을 수입하면 기본적으로 관세청으로부터 '수입(전자) 세금계산서'가 발급된다.
신고서의 세금계산서 수취분에 합해서 작성한다.

공제받지 못할 매입세액

부가가치세법에 따라 매입세액으로 받지 못하도록 규정된 금액이 있다. 이 건에 대해 세금계산서를 발급받았다면 부가가치세 신고서 '공제받지 못할 매입세액' 항목에 별도 작성해야 하며, 신용카드매출 전표·현금영수증 등을 발급받았다면 '그 밖의 공제 매입세액'에서 제외한다. 그리고 '공제받지 못할 세액 명세서'는 별도 작성해 신고서와 함께 제출해야 한다는 점도 잊지 말자. 공제받지 못할 매입세액은 다음과 같다.

① 토지 관련 매입세액

토지의 조성 등을 위해 지출한 세액으로, 다음 중 어느 하나에 해당하는 매입세액은 공제하지 않는다. 그 이유는 토지 자체가 면세재화이기 때문에 그에 관련된 매입세액도 공제하지 않는 것이다.

- 토지의 취득 및 형질 변경, 공장부지 및 택지의 조성 등을 위해 지출한 비용의 부가세.
- 건축물이 있는 토지를 취득해 그 건축물을 철거하고 토지만 사용하는 경우, 철거 비용의 부가세.
- 토지의 가치를 현실적으로 증가시키기 위해 지출한 비용의 부가세.

② 사업과 무관한 지출에 대한 매입세액

사업과 직접 관련이 없는 지출로, 다음의 지출에 대한 매입세액은 공제하지 않는다. 그 이유는 과세사업용으로 사용하지 않는 지출이기 때문이다.

- 업무와 무관한 자산을 취득·관리하면서 발생하는 비용·유지비·수선비 및 그와 관련된 비용.
- 업무와 관련 없는 지출.
- 공동경비 중 공동사업자가 분담 비율을 초과해 지출하는 경비.

③ 세금계산서 미수령·부실기재분

세금계산서를 발급받지 않은 경우, 발급받은 세금계산서의 필요적 기재사항의 전부 또는 일부가 적히지 않거나 사실과 다르게 기재된 경우에 해당 매입세액은 공제에서 제외된다.

④ 비영업용으로 사용되는 개별소비세 과세 대상 자동차의 구매·임차·유지에 지출한 세액

영업용으로 사용되는 자동차, 개별소비세 과세 대상이 아닌 자동차를 제외하고는 차량의 구매·임차·유지에 지출한 세액은 모두 공제하지 않는다.

- 개별소비세 과세 대상이 아닌 자동차: 화물차, 경차, 정원 9인 이상 차량 등.
- 영업용으로 사용되는 업종: 운수업, 자동차판매업, 자동차임대업, 운전학원업 등.

⑤ 사업자등록 전 매입세액

사업자등록을 신청하기 전의 매입세액은 공제하지 않는다. 그 이유는 사업자등록을 간접적으로 강제하기 위함이다. 다만 공급 시기가 속한 과세기간이 끝난 후 20일 이내에 등록 신청을 했다면, 해당 매입세액은 공제해 준다.

⑥ 면세사업 등에 관련된 매입세액

면세사업을 위해 지출한 비용과 관련된 매입세액은 공제하지 않는다.

(예시) 면세사업인 출판업자가 구매한 복사기는 매입세액을 공제하지 않는다.

⑦ 접대비 및 이와 유사한 비용에 관련된 매입세액

접대의 특성상 과세사업과 관련 여부의 판단이 곤란하다고 보기 때문에 접대비 등의 매입세액은 공제하지 않는다.

이상 일곱 가지 사례 외에도 인건비로 지출한 금액이나, 세금계산서를 발급하지 못하는 업종인 목욕·미용·이발업, 교통비 그리고 보험료 등도 매입세액을 공제받지 못하니 주의하자.

홈택스로 부가가치세를
직접 신고해보자

부가세 등을 직접 신고하는 사업자를 위해 국세청에서는 유튜브 채널 (https://www.youtube.com/channel/UCVTdK_EozBDQ7ICMPJdbpzQ)에서 업종 별로 상세히 설명하는 동영상을 제공하고 있다. 우리 책을 비롯해 인터넷 이나 유튜브에 세금 신고 동영상이 많이 있지만, 정확하지 않을 수 있고 또 세법이 개정되면서 바뀌는 부분을 놓칠 수도 있으니, 직접 신고할 때는 국 세청 유튜브도 한번 확인할 것을 권한다.

여기서 중요한 것은 본인이 온라인으로 직접 부가가치세를 신고하면 전 자신고 세액 공제로 1만 원을 공제받을 수 있다는 점이다. 그럼 오픈마켓에 서 쇼핑몰을 운영하는 김부각 씨가 홈택스에서 부가세를 어떻게 신고하는 지 그 과정을 함께 따라가 보자.

기본사항

이름 : 김부각

사업자등록번호 : 123-45-67891

과세유형 : 일반과세자

상호 : 김부각몰

업종 : 도소매업 / 전자상거래(업종코드 525101)

자료 2 **매출 내역: 오픈마켓 입점 매출**

신용카드 결제금액: 550만 원(공급가액 500만 원 부가가치세 50만 원)

현금영수증 발급분: 330만 원(공급가액 300만 원 부가가치세 30만 원)

기타결제분: 110만 원(공급가액 100만 원 부가가치세 10만 원)

자료 3 **매입 내역**

① 세금계산서 수취 내역

상호	공급가액	세액	비고
이쁜의류	100만 원	10만 원	전자 세금계산서
멋진상사	150만 원	15만 원	종이 세금계산서

② 사업용 신용카드 및 현금영수증 사용 내역

상호	공급가액	세액	비고
잘생긴옷	20만 원	2만 원	사업용 신용카드
예쁜신발	40만 원	4만 원	현금영수증

1단계: 기본사항 입력하기

홈택스 로그인 ▶ 세금신고 ▶ 부가가치세 신고 ▶ 일반과세자 신고 ▶ 정기신고(확정/예정) ▶ 기본사항 입력 작성되어 있는 사업자 정보를 확인한 뒤 확인 버튼을 누르면, 사업자 세부사항이 나온다. 작성되지 않은 칸이 있다면 작성해주고 '저장 후 다음 이동'을 클릭한다.

▲ 부가가치세 일반과세자 신고 1

2단계: 입력 서식 선택

기본적으로 업종에 맞는 메뉴가 자동으로 선택되지만, 필요에 따라 추가로 체크해야 한다. 오른쪽 그림을 보면 상당히 많은 메뉴가 있는데, 꼭 전부 알아야 할 필요는 없다. 사업에서 필수적으로 알아야 할 메뉴 위주로 간단하게 살펴보고 넘어가도록 하자.

* 입력할 서식을 선택 하신 후, 신고서 제출까지 내용을 입력하십시오.
* 체크 표시를 하면 왼쪽에 입력할 서식이 메뉴로 나타납니다.
* 주업종코드에 해당하는 서식은 아래와 같이 기본적으로 선택됩니다.

입력서식 도움말

※ "경감·공제내역/가산세/예정고지(신고)"에 해당되는 사항은 반드시 화면하단의 선택사항을 체크하셔야 신고서 입력이 가능합니다.

과세표준 및 매출세액	매입세액/경감·공제세액	기타제출서류(영세율 제외)	기타제출서류 (영세율)
☐ 매출처별세금계산서 합계표	☑ 매입처별세금계산서 합계표	☐ 동물진료용역 매출명세서	☐ 영세율 매출명세서
☐ 부동산임대공급가액 명세서	☐ 매입처별 세금계산서합계표 (수출기업 수입 납부유예)	☐ 건물관리명세서	☐ 수출실적명세서
☑ 신용카드매출전표등 발행금액 집계표	☐ 건물 등 감가상각자산 취득명세서 (고정자산매입이 있는 경우)	☐ 사업장현황명세서	☐ 내국신용장·구매확인서 전자발급명세서
☐ 전자화폐결제 명세서	☐ 매입자발행 세금계산서 합계표	☐ 사업양도신고서	☐ 영세율 첨부서류 제출명세서
☐ 현금매출 명세서	☑ 신용카드매출전표등 수령명세서	☐ 간이과세 전환시의 재고품등 신고서	☐ 관세환급금 등 명세서
☐ 대손세액 공제신고서	☐ 의제매입세액 공제신고서	☐ 매출처별 계산서 합계표	☐ 선박에 의한 운송용역 공급가액 일람표
☑ 기타매출분	☐ 평창동계올림픽 관련 사업자에 대한 의제매입세액 공제신고서	☐ 매입처별 계산서 합계표	☐ 공급가액 확정명세서
☐ 예정신고누락분	☐ 2019 광주 세계수영 선수권대회 의제매입세액 공제신고서	☐ 사업장별 과세표준 및 납부세액 신고명세서	☐ 외항 선박 등에 제공한 재화용역 일람표
☑ 과세표준명세	☐ 재활용폐자원 및 중고 자동차 매입세액 공제신고서	☐ 사업자단위과세 과세표준 및 납부세액 신고명세서	☐ 재화용역 공급기록표
☐ 면세수입금액	☐ 과세사업전환 감가상각 자산 신고서		☐ 외국인 물품판매, 외교관 면세판매 기록표
	☐ 대손세액 변제신고서		☐ 외화획득명세서
	☐ 공제받지못할 매입세액 명세서		☐ 월별 판매액 합계표
	☐ 전자세금계산서 발급세액 공제신고서		☐ 외국인관광객 면세물품 판매 및 환급실적명세서
	☐ 예정신고누락분		☐ 외국인관광객 즉시환급 물품 판매 실적명세서
	☐ 기타공제매입세액		☐ 입국경로에 설치된 보세판매장 공급실적명세서
	☐ 공제받지 못할 매입세액 (대손처분 받은 세액)		☐ 외국인관광객 미용성형 의료용역 환급실적명세서
	☐ 그 밖의 경감·공제세액		☐ 외국인관광객 숙박용역 환급실적명세서
	☑ 신용카드 매출전표 등 발행공제 등		
	☐ 스크랩등 매입세액 공제신고서		
	☐ 외국인 관광객에 대한 환급 세액		
	☐ 소규모 개인사업자 부가가치세 감면 신청서		

경감·공제세액	예정고지·예정신고 미환급세액	기납부세액	가산세
☐ 택시운송사업자경감세액	☐ 예정고지세액	☐ 사업양수자가 대리납부한 세액	☐ 가산세
☐ 현금영수증사업자세액공제	☐ 예정신고미환급세액	☐ 매입자 납부특례에 따라 납부한 세액	
☑ 전자신고공제세액		☐ 신용카드업자가 대리납부한 납부세액	

이전　저장 후 다음이동

◀ 부가가치세 일반과세자 신고 2

매출처별 세금계산서 합계표	매출로 인해 발급한 종이 또는 전자 세금계산서가 있는 경우
부동산임대공급가액 명세서	임대료를 받는 경우
신용카드매출 전표 등 발행금액 집계표	매출로 인해 신용카드나 전자지급수단을 통해서 결제받거나 현금영수증을 발급한 경우
현금매출 명세서	부동산 관련 업종이나 전문자격 사업 등은 현금매출 명세서를 필수로 작성해야 함
기타매출분	매출로 인해 적격증빙 없이 현금을 받은 경우(그 외 간주공급, 간주임대료 등이 있지만, 세무 전문가가 아니라면 고려하기 힘들다)
면세수입금액	면세 매출이 발생한 경우
매입처별 세금계산서 합계표	매입으로 인해 발급받은 종이 또는 전자세금계산서가 있는 경우
건물 등 감가상각자산 취득 명세서	고정자산을 매입하며 발급받은 세금계산서, 현금영수증이 있거나 이를 신용카드로 결제한 경우
의제매입세액 공제 신고서	음식점 등 면세 매입한 물품으로 과세 제품을 제조·생산해 판매하는 업종의 경우 면세 매입한 물품에 대해 일정 비율로 공제받기 위해 작성
신용카드매출 전표 등 수령 명세서	매입으로 인해 신용카드 또는 전자지급수단으로 결제하거나 현금영수증을 발급받은 경우(공제받지 못할 매입은 제외)
공제받지 못할 매입세액 명세서	매입으로 인해 발급받은 종이 또는 전자세금계산서 중 공제받지 못할 세액이 있는 경우
전자 세금계산서 발급 세액 공제 신고서	직전 연도의 공급가액이 3억 원 미만인 개인사업자가 발급한 전자 세금계산서 발급세액 공제를 받을 경우(전자 세금계산서 발급 건당 200원)
신용카드매출 전표 등 발행 공제 등	신용카드매출 전표 등 발행 공제를 적용받을 경우(신용카드 등 결제받은 금액 × 1%, 단 2023년 12월 31일까지는 1.3%)
사업장 현황 명세서	음식점, 숙박업, 미용업 등 사업장 현황 명세서 작성 대상 사업자인 경우
매출처별 계산서 합계표	매출로 인해 종이 또는 전자 계산서를 발급한 경우
매입처별 계산서 합계표	매입으로 인해 종이 또는 전자 계산서를 발급받은 경우
영세율 매출 명세서	수출 포함 영세율 적용이 가능한 매출이 발생한 경우
수출실적 명세서	수출로 인해 영세율이 매출거래가 발생한 경우
내국신용장·구매확인서 전자 발급 명세서	내국신용장·구매확인서를 발급받고 영세율 매출거래가 발생한 경우
외화 획득 명세서	용역의 수출 등 영세율거래로 인해 외화를 송금받았으나, 수출신고필증 등 법적 증명서류를 발급받지 못해 외국환 송금 증명서 등을 부가 첨부서류로 해 외화획득을 입증해야 하는 경우
전자신고 공제 세액	납세자가 부가가치세를 직접 신고해 1만 원의 전자신고 세액 공제를 받고자 하는 경우
예정고지세액	부가가치세 예정기간(1월~3월 또는 7월~9월)에 대해 국세청으로 예정고지세액을 고지받아 납부한 경우
가산세	부가가치세법의 가산세 규정에 따라 납부할 가산세가 있는 경우

3단계 : 과세표준 및 매출세액 입력

과세표준 및 매출세액 (단위:원)

항목		금액		세율	세액
과세 세금계산서 발급분	(1)	0	작성하기	10 / 100	0
과세 매입자발행 세금계산서	(2)	0		10 / 100	0
과세 신용카드·현금영수증 발행분	(3)	0	작성하기	10 / 100	0
과세 기타(정규영수증 외 매출분)	(4)	0	작성하기	10 / 100	0
영세율 세금계산서 발급분	(5)	0	작성하기	0 / 100	
영세율 기타	(6)	0	작성하기	0 / 100	
예정신고 누락분	(7)	0	작성하기		
대손세액 가감	(8)		작성하기		0
합계	(9)			㉑	

과세표준명세 (단위:원)

금액		
0	작성하기	※ 과세표준금액을 업종별로 구분하여 작성합니다.

※ "과세표준 및 매출세액"을 작성하신 분은 "매입세액" 작성전 반드시 먼저 작성하시기 바랍니다.

▲ 부가가치세 일반과세자 신고 3

　처음 신고 서식에 진입하면 맨 위에 '과세표준 및 매출세액' 입력란이 보인다. 각자 증빙에 맞게 매출을 입력하자. 김부각 씨의 경우 과세 '과세 신용카드·현금영수증 발급분'에 신용카드 결제분과 현금영수증 발급분을 기재하고 '과세 기타(정규영수증 외 매출분)'에 기타매출을 입력해야 한다.

　다음의 순서대로 클릭해보자.

'과세 신용카드·현금영수증 발행분' 작성하기 ▶ '신용카드매출금액 등 발행금액집계표' 작성하기

부동산임대공급가액 명세서	작성하기	금액	
현금매출명세서	작성하기	금액	

부동산임대공급가액명세서에서 작성한 보증금이자 합계 [　0] 원을
기타(정규영수증 외 매출분) 금액에 포함하여 입력하시기 바랍니다.

● 과세분 (단위:원)

※ 예정신고 누락분 금액은 제외하고 입력하시기 바랍니다.

(3)신용카드 · 현금영수증 발행분 금액	8,000,000	세액(10/100)	800,000
(4)기타(정규영수증 외 매출분) 금액	1,000,000	세액(10/100)	100,000

※ 아래 [신용카드매출전표등 발행금액집계표, 전자화폐결제명세서]를 작성하시면 신용카드·현금영수증 발행분 금액, 세액이 자동으로 입력됩니다. (단위:원)

신용카드매출금액등 발행금액집계표	작성하기	금액	8,800,000
전자화폐결제명세서	작성하기	금액	

● 영세율분 (단위:원)

※ 신용카드나 현금영수증 발행분 금액 또는 기타(정규영수증 외 매출분) 금액 중 영세율 매출이 있는 경우 기재하시기 바랍니다.
예정신고 누락분 금액은 제외하고 기재하시기 바랍니다.

(6)영세율 기타 매출분 금액	0	세액(0/100)	

[이전] [입력완료]

▲ 부가가치세 일반과세자 신고 4

신용카드 결제분과 현금영수증 발행분에 대해서 발행 내역 조회가 가능한 탭을 눌러 다음의 그림과 같이 조회한다.

(단위:원)

구분	신용 · 직불 · 기명식 선 불카드	현금영수증	직불 · 기명식 선불전자지급수단	합계
합계	5,500,000	3,300,000		8,800,000
과세매출분	5,500,000	3,300,000		8,800,000
면세매출분	0	0	0	0
봉사료	0	0	0	0

※ 「발행내역조회」 버튼을 클릭하시면 신고기간에 해당하는 신용·직불·기명식선불카드 발행내역을 조회할 수 있습니다.

신용 · 직불 · 기명식선불 카드 매출총액	[발행내역조회]	현금영수증 매출총액	[발행내역조회]

● 신용카드매출전표 등 발행금액 중 세금계산서(계산서) 발급내역

※ 신용카드나 현금영수증 매출분 중 세금계산서(계산서)를 교부한 경우 아래의 항목에 입력하시기 바랍니다. (단위:원)

세금계산서 발급금액	계산서 발급금액
0	0

[이전] [입력완료]

▲ 부가가치세 일반과세자 신고 5

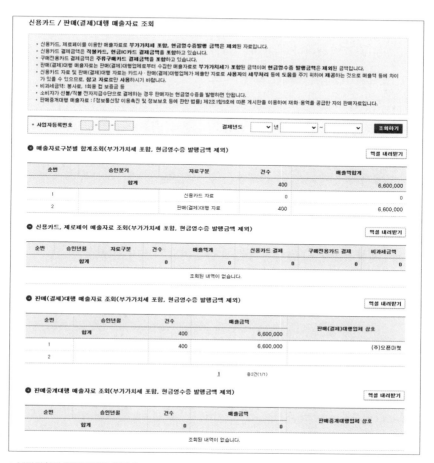

신용카드 / 판매(결제)대행 매출자료 조회

- 신용카드, 제로페이를 이용한 매출자료로 부가가치세 포함, 현금영수증발행 금액은 제외된 자료입니다.
- 신용카드 결제금액은 직불카드, 현금IC카드 결제금액을 포함하고 있습니다.
- 구매전용카드 결제금액은 주류구매카드 결제금액을 포함하고 있습니다.
- 판매(결제)대행 매출자료는 판매(결제)대행업체로부터 수집한 매출자료로 부가가치세가 포함된 금액이며 현금영수증 발행금액은 제외된 금액입니다.
- 신용카드 자료 및 판매(결제) 자료는 카드사·판매(결제)대행업체가 제출한 자료로 사용자의 세무처리 등에 도움을 주기 위하여 제공하는 것으로 매출액 등에 차이가 있을 수 있으므로, 참고 자료로만 사용하시기 바랍니다.
- 비과세금액: 봉사료, 1회용 컵 보증금 등
- 소비자가 선불/직불 전자지급수단으로 결제하는 경우 판매자는 현금영수증을 발행하면 안됩니다.
- 판매중개대행 매출자료 : 「정보통신망 이용촉진 및 정보보호 등에 관한 법률」 제2조1항9호에 따른 게시판을 이용하여 재화·용역을 공급한 자의 판매자료입니다.

▲ 부가가치세 일반과세자 신고 6

그러면 매월 신용카드 결제분과 판매대행업체(오픈마켓 등), 결제대행업체(PG 등)를 통해 사용된 신용카드 결제분 및 기타매출분이 조회된다. 해당 조회 내역을 참조해 과세기간의 매출 합계를 작성하면 된다. 여기서 주의할 점은 판매대행업체 및 결제대행업체의 결제 내역에 포함된 기타매출분은 작성할 서식이 다르므로, 사업자가 직접 판매대행업체 및 결제대행업체의 어드민 페이지(관리자 페이지)를 통해 부가세 신고 내역을 조회해 신용카드결제분과 기타결제분을 분리해야 한다. 이를 위해 사업자 본인이 입점하고 있는 오픈마켓이나 사용하는 PG사의 어드민 페이지에서 매출을 조회하는 방법을 알아둘 필요가 있다.

현금영수증도 마찬가지로 발행 내역을 조회해 집계된 금액을 작성한다. 마지막으로 사업장에서 봉사료를 받고 해당 금액을 포함해 신용카드를 결제받거나 현금영수증을 발행했다면 해당 금액을 작성하면 된다.

세법에서는 신용카드로 결제받은 금액에 대해 세금계산서나 계산서를 발급하지 못하도록 규정하고 있다. 그런데도 세금계산서나 계산서를 발급했다면 그 금액은 꼭 174쪽 그림 하단의 '신용카드매출 전표 등 발행금액 중 세금계산서(계산서) 발급내역'란에 작성하도록 하자.

과세표준 및 매출세액 (단위:원)

항목		금액		세율	세액
과세 세금계산서 발급분	(1)	0	작성하기	10 / 100	0
과세 매입자발행 세금계산서	(2)	0		10 / 100	0
과세 신용카드 · 현금영수증 발행분	(3)	8,000,000	작성하기	10 / 100	800,000
과세 기타(정규영수증 외 매출분)	(4)	1,000,000	작성하기	10 / 100	100,000
영세율 세금계산서 발급분	(5)	0	작성하기	0 / 100	
영세율 기타	(6)	0	작성하기	0 / 100	
예정신고 누락분	(7)	0	작성하기		0
대손세액 가감	(8)		작성하기		0
합계	(9)	9,000,000		㉮	900,000

과세표준명세 (단위:원)

금액		
0	작성하기	※ 과세표준금액을 업종별로 구분하여 작성합니다.

※ "과세표준 및 매출세액"을 작성하신 분은 "매입세액" 작성전 반드시 먼저 작성하시기 바랍니다.

▲ 부가가치세 일반과세자 신고 7

다음으로 '과세 기타(정규영수증 외 매출분)' 또는 '과세 신용카드·현금영수증 발행분'의 작성하기를 눌러('과세 신용카드·현금영수증 발행분'의 작성하기를 눌러도 기타매출 입력란이 나오므로 어느 것을 클릭해도 무방하다) 적격증빙이 없는 현금매출을 포함한 기타매출을 '(4)기타(정규영수증 외 매출분)금액'란에 직접 입력하자. 그리고 밑의 합계금액이 정확히 집계되었는지 확인한 후 과세표준 명세의 작성하기를 클릭한다.

▲ 부가가치세 일반과세자 신고 8

과세표준 명세 페이지 하단에 업종코드에 맞는 매출 합계금액을 입력한다. 만약, 다른 업종의 매출이 있다면 업종코드를 추가로 입력하고 매출 합계금액을 입력하자. 과세표준 명세와 과세표준 및 매출세액의 합계금액이 다르다면 신고 오류가 발생하니 유의할 필요가 있다.

4단계 : 매입세액_세금계산서 입력

매입세액 (단위:원)

항목		금액		세율	세액
세금계산서수취분 일반매입	(10)		작성하기		
세금계산서수취분 수출기업 수입 납부유예	(10-1)		작성하기		0
세금계산서수취분 고정자산 매입	(11)	0	작성하기		0
예정신고 누락분	(12)	0	작성하기		0
매입자발행 세금계산서	(13)	0	작성하기		0
그 밖의 공제매입세액 (신용카드 매입, 의제매입세액공제 등)	(14)		작성하기		
합계 (10)-(10-1)+(11)+(12)+(13)+(14)	(15)				
공제받지 못할 매입세액	(16)	0	작성하기		0
차감계 (15) - (16)	(17)			㉰	
납부(환급)세액 (매출세액 ㉮ - 매입세액 ㉰)				㉴	

▲ 부가가치세 일반과세자 신고 9

우선, 세금계산서를 받은 매입세액을 입력하기 위해 '세금계산서 수취분 일반매입' 작성하기를 클릭한다. 만약 세금계산서를 받은 매입 내역 중 고정자산이 있다면 해당 내역은 '세금계산서수취분 고정자산 매입'에 따로 입력하고, 추가 서류로 '건물 등 감가상각자산 취득 명세서'를 작성해야 한다.

'세금계산서 수취분 일반 매입'을 클릭해 매입처별 세금계산서합계표 작성 메뉴로 진입했다면 전자세금계산서 불러오기를 통해 자동으로 입력할 수 있다.

과세기간 종료일 다음달 11일까지 전송된 전자세금계산서 발급분 [전자세금계산서 불러오기] [전자세금계산서 자료 조회]

구분	매입처수	매수	과세구분	공급가액(원)	세액(원)
사업자등록번호 발급분	1	1	과세분	1,000,000	100,000
			영세율분	0	
주민등록번호 발급분	0	0	과세분	0	0
			영세율분	0	
소계	1	1	과세분	1,000,000	100,000
			영세율분		

▲ 부가가치세 일반과세자 신고 10

◉ 종이세금계산서와 전송기간 마감일이 지난 전자세금계산서 발급분 등

구분	매입처수	매수	과세구분	공급가액(원)	세액(원)
사업자등록번호 발급분	0	0	과세분	0	0
			영세율분	0	
주민등록번호 발급분			과세분		
			영세율분		
소계	0	0	과세분	0	0
			영세율분	0	

◉ 종이세금계산서와 전송기간 마감일이 지난 전자세금계산서 발급분 등 매입처별 명세 작성

- 예정신고 누락분은 확정신고시에 포함해서 입력하시기 바랍니다.
- 매입처가 동일한 세금계산서를 여러건 입력한 경우 입력 건별 합계표로 저장됩니다.
- **전송기간마감일: 과세기간 종료일 다음달 11일**
- 사업자등록번호는 거래처(공급자)의 사업자 등록번호를 입력하시기 바랍니다.

과세구분	◉ 과세분 ○ 영세율분			
* 사업자등록번호	XXX-XX-XXXXX [확인]	상호(법인명)	멋진 상사	
* 매수	1 건	* 공급가액	1,500,000 원	
세액	150,000 원			

※ 세금계산서 내역(매수,공급가액 등) 입력 후, 오른쪽 「입력내용추가」 버튼을 누르십시오.　　[입력내용추가]

☐	일련번호	사업자등록번호	상호(법인명)	매수	공급가액(원)	세액(원)

1　　총0건(1/1)

※ 세금계산서 내역을 삭제하려면, 위의 목록에서 해당내역을 선택한 후 「선택내용 삭제」 버튼을 누르십시오.　　[선택내용 삭제]

◉ 매입처별 세금계산서 합계

구분	매입처수	매수	공급가액	세액
합 계	0	0	0 원	0 원

[이전]　[입력완료]

▲ 부가가치세 일반과세자 신고 11

　종이 세금계산서 수취분의 경우 발급받은 종이 세금계산서를 확인해 '종이 세금계산서와 전송기간 마감일이 지난 전자세금계산서 발급분 등 매입처별 명세 작성'란에 그대로 입력해 작성한다. 작성이 끝나면 '입력내용 추가' 버튼을 누른다. 마지막으로 합계금액이 정확히 작성되어 있는지 확인하고 입력 완료를 클릭한다.

5단계 : 매입세액_사업용 신용카드 및 현금영수증 수취분 입력

항목		금액		세율	세액
세금계산서수취분 일반매입	(10)	2,500,000	작성하기		250,000
세금계산서수취분 수출기업 수입 납부유예	(10-1)		작성하기		0
세금계산서수취분 고정자산 매입	(11)	0	작성하기		0
예정신고 누락분	(12)	0	작성하기		0
매입자발행 세금계산서	(13)	0	작성하기		0
그 밖의 공제매입세액 (신용카드 매입, 의제매입세액공제 등)	(14)		작성하기		
합계 (10)-(10-1)+(11)+(12)+(13)+(14)	(15)	0			0
공제받지 못할 매입세액	(16)	0	작성하기		0
차감계 (15) - (16)	(17)	0		ⓓ	0
납부(환급)세액 (매출세액 ㉮ - 매입세액 ㉰)				㉱	0

▲ 부가가치세 일반과세자 신고 12

그다음은 사업용 신용카드를 통해 사업용으로 사용한 결제금액과 현금영수증을 발행받은 내용을 입력하면 된다. '그 밖의 공제매입세액'에 작성하기를 클릭하자.

구분		금액	세액
신용카드매출전표등 수령명세서 제출분 일반매입	작성하기	600,000	60,000
신용카드매출전표등 수령명세서 제출분 고정자산매입	작성하기	0	0
의제매입세액	작성하기	0	0
재활용폐자원등 매입세액	작성하기	0	0
과세사업전환 매입세액	작성하기		0
재고매입세액			0
변제대손세액	작성하기		0
외국인 관광객에 대한 환급세액	작성하기(숙박) 작성하기(미용)		0
합계		600,000	60,000

※ 간이과세자료서 당기에 일반과세자로 변경된 사업자가 그 변경되는 날 현재의 재고품 및 감가상각자산에 대하여 매입세액을 공제받고자 하는 경우에 재고매입세액을 "재고매입세액" 항목에 입력합니다.
※ 예정신고누락분 재고매입세액은 포함하지 말고 입력해야 합니다.

이전 **입력완료**

▲ 부가가치세 일반과세자 신고 13

여기서 '신용카드매출 전표 등 수령 명세서 제출분 일반매입'란에 사업용으로 사용한 신용카드 결제분과 수취한 현금영수증 내역을 입력할 수 있다.

작성하기를 클릭해 들어가서, 우선 조회하기 버튼을 누르자. 사업용 신용카드 매입 내역 누계를 확인할 수 있다.

여기서 주의할 점이 있다. 이 매입액은 국세청이 임의로 분류한 참고자료이기 때문에 신용카드 사용 내역이나 현금영수증 내역을 보고 공제가 가능한 것과 불가능한 것을 직접 분류해 집계해야 한다. 그런데 정확한 세법의 지식이 없는 초보자의 입장에서는 무엇이 공제 가능하고 무엇이 불가능한지 알기 힘들다. 그러니 공제할 수 없는 다음의 몇 가지 정도만이라도 기억하도록 하자.

① 직원이 없는 1인 사업자의 식사대
② 개인 용도로 사용한 내역
③ 교통비
④ 업무용 차량의 주유비
⑤ 면세 재화 또는 용역을 구매한 내역
⑥ 간이과세자로부터 재화 또는 용역을 구매한 내역
⑦ 접대비

제출여부 ▸▸▸▸ 작성중입니다.　　●부가세 신고 챗봇　■ 미리보기

● 신용카드 매출전표등 수령명세서
도움말

- 전산매체 제출용으로 생성한 신용카드매출전표등 수령명세서를 불러오기로 신고할 경우
「변환페이지 이동」 버튼을 클릭하면 됩니다.

변환페이지 이동

- 예정신고 누락분은 확정신고시에만 포함해서 입력하시기 바랍니다.
- 현금영수증, 화물운전자 복지카드, 사업용 신용카드 매입자료는 화면하단의 현금영수증, 화물전자 복지카드,
사업용자카드 합계란에만 입력하여야 합니다.
- 법인카드는 사업용신용카드이므로, 사업용신용카드란에 거래건수, 공급가액, 세액만 작성하시면 됩니다.
(명세 제출 불필요)
- 미리보기는 500건만 제공됩니다.
- 정기신고분 재제출, 수정신고, 경정청구시 가맹점(공급자)과의 거래내역이 2,000건을 초과하는 경우에는(파일 제출건은 200건 미만)
이미 제출된 내역을 제공할 수 없으므로 화면에서 작성 또는 파일로 제출하여야 합니다.

● 가맹점 정보

● 카드회원번호		※ *,- 없이 입력하십시오.	
● 공급자(가맹점)사업자등록번호		● 거래건수	건
● 공급가액	원	● 세액	원

※ 거래내역을 추가하려면, 위 항목을 입력한 후 오른쪽「입력내용추가」버튼을 누르시기 바랍니다.　입력내용추가

● 가맹점(공급자)과의 거래내역
(단위:원)

□	일련번호	카드회원번호	공급자(가맹점)사업자등록번호	거래건수	공급가액	세액

1　총0건(1/1)

※ 거래사항기재내용을 삭제하려면, 위의 목록에서 해당내역을 선택한 후 오른쪽「선택내용삭제」버튼을 누르시기 바랍니다.　선택내용삭제

● 합계
(단위:원)

구분		거래건수	공급가액	세액
합계				
현금영수증	조회하기		400,000	40,000
화물운전자복지카드	조회하기			
사업용신용카드	조회하기		200,000	20,000
그 밖의 신용카드 등				

※ 위 합계 금액중 면세분매입금액, 면세사용금액이 있는 경우 아래 입력란에 입력하시기바랍니다.
(단위:원)

구분	공급가액	세액
면세분 일반매입		
면세분 고정자산매입		
공통매입세액 중 면세사용금액 일반매입		
공통매입세액 중 면세사용금액 고정자산매입		

이전　입력완료

▲ 부가가치세 일반과세자 신고 14

매입세액				(단위:원)
항목		금액	세율	세액
세금계산서수취분 일반매입	(10)	2,500,000 작성하기		250,000
세금계산서수취분 수출기업 수입 납부유예	(10-1)	작성하기		0
세금계산서수취분 고정자산 매입	(11)	0 작성하기		0
예정신고 누락분	(12)	0 작성하기		0
매입자발행 세금계산서	(13)	0 작성하기		0
그 밖의 공제매입세액 (신용카드 매입, 의제매입세액공제 등)	(14)	600,000 작성하기		60,000
합계 (10)-(10-1)+(11)+(12)+(13)+(14)	(15)	3,100,000		310,000
공제받지 못할 매입세액	(16)	0 작성하기		0
차감계 (15) - (16)	(17)	0	ⓐ	
납부(환급)세액 (매출세액 ㉮ - 매입세액 ⓐ)			㉰	590,000

▲ 부가가치세 일반과세자 신고 15

매입 내역을 전부 입력했으면, '납부세액'란에 정확하게 계산된 금액을 볼 수 있을 것이다. 그래도 본인이 계산한 금액과 맞는지 다시 한번 확인한 후 다음 단계로 넘어가자.

TOP ⚡ TIPS!

사업용 신용카드로 등록하지 않은 카드를 사업용으로 사용했어요
홈택스에 사업용 신용카드로 등록하지 않은 사업자 본인 명의의 카드나 생계를 같이 하는 가족 명의의 카드, 직원의 카드 등으로 사업비를 썼을 때, 이 또한 등록 가능하다. '가맹점 정보' 탭에 카드번호, 공급자(판매자)의 사업자등록번호, 거래 건수, 공급가액, 세액을 입력하고 입력내용 추가 버튼을 클릭하면 '그 밖의 신용카드 등'에 금액이 입력되어 비용으로 인정받을 수 있다.

6단계 : 공제세액 입력 및 신고서 제출

납세자가 홈택스를 통해 부가가치세를 직접 신고하면, 1만 원의 전자신고 세액 공제를 적용받을 수 있다. '그 밖의 경감·공제세액' 작성하기를 들어가서 전자신고 세액 공제가 적용되어 있는지 확인한 후 입력 완료 버튼을 누르도록 하자.

▲ 부가가치세 일반과세자 신고 16

▲ 부가가치세 일반과세자 신고 17

소매업을 하는 김부각 씨와 같이 '신용카드매출 전표 등 발행 공제'를 적용받을 수 있는 업종을 운영하면서 신용카드, 전자지급수단을 통해서 결제받거나 현금영수증을 발급한 경우, 그 금액의 1.3%만큼 세액 공제를 받을 수 있다. '신용카드매출 전표 등 발행 공제' 작성하기로 들어가면 세액 공제 금액을 자동으로 계산할 수 있는 팝업이 뜨고 확인을 누르면 세액 공제 금액이 자동 적용된다. 이 내용은 다음 장에서 자세히 설명하겠다.

▲ 부가가치세 일반과세자 신고 18

모든 작업이 끝이 났다면 이제 하단에 있는 신고서 입력 완료 버튼을 클릭해 신고를 마친다.

항목		금액	세율	세액
예정신고 미환급 세액	(21)		㉕	0
예정고지세액	(22)		㉖	0
사업양수자가 대리납부한 세액	(23)	도움말	㉗	0
매입자 납부특례에 따라 납부한 세액	(24)	도움말	㉘	0
신용카드업자가 대리납부한 납부세액	(25)	조회하기	㉙	0
가산세액계	(26)	뒷쪽으로	㉚	0
차감·가감하여 납부할 세액 (환급받을 세액) (㉕-㉖-㉗-㉘-㉙-㉚-㉛-㉜+㉝)			(27)	456,600
총괄납부사업자가 납부할 세액 (환급받을 세액)				0

(단위:원)

최종 납부(환급) 세액

※ 신고대상기간 중에 예정고지를 받은 사실이 있는 경우 예정고지세액이 보여지고 예정신고시 일반환급이 발생하여 예정신고미환급세액이 있는 경우 그 금액을 보여줍니다.
※ 예정고지세액과 예정신고 미환급세액은 동시에 입력할 수 없습니다.

국세환급금 계좌신고(환급세액이 5천만원 미만인 경우) (단위:원)

| 거래은행 | -선택- | 계좌번호 | | ('-' 는 제외하고 입력하십시오) |

영세율 상호주의 (단위:원)

| 영세율 상호주의 | 부 | 작성하기 | 적용 구분 | 업종 | 해당 국가 |

면세사업 수입금액 (단위:원)

| 금액 | 0 | 작성하기 | ※ 면세매출액을 업종별로 구분하여 작성합니다. |

계산서 발급 및 수취 명세 월별 조기환급 신고시 발생한 계산서는 정기신고시 반영하시기 바랍니다. (단위:원)

항목		금액
계산서 발급금액	(82)	0 작성하기
계산서 수취금액	(83)	0 작성하기

이전　신고서 입력완료

▲ 부가가치세 일반과세자 신고 19

카드매출 높으면:
신용카드매출 전표 등 발행 공제

소비자를 주 고객으로 업종을 경영하는 소매업, 음식점 등은 카드 결제 매출의 비율이 높다. 세법에서는 이처럼 카드나 현금영수증(온라인 결제 포함)을 통해서 매출이 발생하면 해당 매출의 일정 비율만큼 부가가치세 신고 시 세액 공제를 해준다. 다른 매입 자료가 없을 때 얼마 되지 않은 부가가치세의 절세효과를 볼 수 있는 항목이므로 정확히 알고 적용받도록 하자.

'신용카드매출 전표 등 발행 공제'란

신용카드매출 전표 등 발행 공제란 적용 대상 사업자(법인사업자 및 직전 연도 과세공급가액이 10억 원을 초과하는 개인사업자 제외)가 부가가치세가 과세되는 재화 및 용역을 공급하고 신용카드, 기타 전자지급수단으로 결제받거나 현금영수증을 발급하는 경우에 부가가치세를 신고할 때 일정 금액을 공제해주는 제도다.

적용 대상 사업자는 부가가치세법 시행령 제73조 1항에 따른 영수증 발급 대상 사업자로, 다음을 말한다.

1. 소매업
2. 음식점업(다과점업 포함)
3. 숙박업
4. 미용, 욕탕 및 유사 서비스업
5. 여객운송업
6. 입장권을 발행해 경영하는 사업
7. 변호사업, 심판변론인업, 변리사업, 법무사업, 공인회계사업, 세무사업, 경영지도사업, 기술지도사업, 감정평가사업, 통관업, 기술사업, 건축사업, 도선사업, 측량사업 및 행정사업(사업자 공급분 제외)
8. 우정사업조직의 소포우편물 배달 용역을 공급하는 사업
9. 부가가치세 과세 대상인 성형외과 등의 진료 용역
10. 부가가치세 과세 대상인 수의사가 제공하는 동물의 진료 용역
11. 무도학원, 자동차운전학원
12. 공인인증기관이 공인인증서를 발급하는 용역
13. 간편사업자◆ 등록을 한 사업자가 국내에 전자적 용역을 공급하는 사업

◆ 전자적 용역을 공급하는 국외사업자의 사업자등록(부가가치세법 53조의 2 ①항 및②항 참조)

14. 주로 사업자가 아닌 소비자에게 재화 또는 용역을 공급하는 사업으로서 기획재정부령으로 정하는 사업

- 도정업과 떡류 제조업 중 떡방앗간
- 양복점업, 양장점업 및 양화점업
- 주거용 건물공급업(주거용 건물을 직접 건설하는 경우 포함)

- 운수업과 주차장 운영업
- 부동산중개업
- 사회서비스업과 개인서비스업
- 가사서비스업
- 도로 및 관련 시설 운영업
- 자동차 제조업 및 자동차판매업
- 주거용 건물 수리 · 보수 및 개량업

여기 언급한 적용 대상은 대표적인 것들이며, 이외에도 많으니 상세한 내용은 부가가치세법 시행령을 참고하도록 하자.

다음으로 계산 방법을 살펴보겠다.

신용카드매출 전표 등 발행 공제금액 = ①과 ② 중에서 작은 것
① 발행금액(현금) 또는 결제금액(신용카드)(모두 부가가치세 포함 금액) × 공제율◆
② 연간 500만 원◆◆

◆ 1%(2023년 12월 31일까지는 1.3%)
◆◆ 2023년 12월 31일까지는 연간 한도금액이 1,000만 원이다.

다만 이 공제를 받기 위해서는 가장 중요한 조건이 있다. 현금영수증이라면 고객에게 발급하는 것과 자진발급 간에 공제의 차이가 없지만, 카드 결제분을 공제받기 위해서는 사업자가 이용하는 카드결제대행업체가 여신금융업법에 등록되어 있어야 한다. 다시 말해 여신금융업법에 등록되어 있지 않다면, 세액 공제를 적용받지 못한다. 그렇기 때문에 사업을 시작할 때는 카드단말기, PG사와 계약하기 전에 먼저 여신금융업법에 등록되어 있

는지 꼭 확인하고 계약하도록 하자.

등록 여부의 확인은 금융민원센터(www.fcsc.kr) ▶ 등록·신고 ▶ 전자금융업등록현황에서 할 수 있다.

음식점은 여기 주목:
의제매입세액 공제

 내 이름은 돈양궁. 어릴 때 태국 여행을 갔다가 현지 음식 맛
을 잊지 못해 태국음식만을 연구한 지 어언 10년, 큰 뜻을 품
고 이국 식당의 메카 이태원에 태국음식점을 차렸다. 나의 집념이 끌어낸
결과였을까, 딱히 광고도 하지 않았는데 입소문을 타고 많은 사람이 몰려
와서 쉴 시간조차 없다.

시작부터 대박 난 것은 좋지만… 너무 버겁다. 이러다 내일 쓰러져도 이상
할 것 하나 없겠지? 그런데 문제는 이것뿐만이 아니다. 당장 내일까지 부가
가치세 신고를 마무리해야 한다는데, 음식점 운영만으로도 버거워서 세
금 준비를 거의 못 했다. 옷가게의 김 사장님이 비용 쓸 것이 있으면 지금
준비하라고 6월에 미리 조언을 주었는데, 뒤늦게 비용으로 넣을 것을 찾
아보니 집기, 그릇, 수저를 구매한 세금계산서 몇 장과 나머지는 전부 식재
료를 구매한 계산서밖에 없다. 식재료는 면세항목이라서 부가가치세 신고
때 비용으로 못 넣는다던데….

버는 족족 부모님께 드리는 바람에 부가가치세 낼 돈도 없는데 어떡하지?

의제매입세액 공제를 이해하려면 먼저 의제擬制라는 단어를 잘 파악해야한다. 사전에서 찾아보면 '본질은 같지 않지만, 법률에서 다룰 때는 동일한 것으로 처리하여 동일한 효과를 주는 일'을 의제라고 표현한다. 이를 적용해보면 의제매입세액 공제는 실제 매입세액은 없지만, 부가세 신고를 할 때는 매입세액이 있는 것처럼 처리하는 것이라 해석해볼 수 있다.

좀 더 구체적으로 살펴보면, 간이과세자를 제외한 사업자가 부가가치세를 면제받아 공급받거나 수입한 농산물·수산물·임산물 등 면세 농산물을 원재료로 해 제조·가공한 재화 또는 창출된 용역에 부가가치세가 과세되는 경우, 비록 사업자가 면세 농산물을 구매할 때 납부한 세액은 없지만, 그 구매가액의 일부를 매입세액으로 공제받을 수 있도록 한 것이 의제매입세액 공제다.

사례의 돈양궁 씨 또한 음식 용역을 공급하기 위해 면세 농산물을 구매해 이를 원재료로 사용했기 때문에 해당 규정을 적용받을 수 있다.

의제매입세액 공제는 얼마나 받을 수 있을까?

의제매입세액 공제는 과세로 공급할 날을 기준으로 과거에 매입했던 면세 농산물 등에 대해 공제를 받는 것이 아니라 매입한 날이 속하는 과세기간에 미리 공제를 받는다. 이때 준비해야 할 것이 (면세)계산서, 신용카드매출 전표, 현금영수증 등의 적격증빙이다. 다만 제조업을 경영하는 사업자가 농어민으로부터 직접 공급받을 때는 적격증빙이 없어도 가능하다. 다만 이때도 매입증 등 일반영수증은 꼭 받아두자.

① 공제 시기

매입한 날이 속하는 과세기간

② 공제액

면세 농산물 등의 매입가액 × 공제율◆ = 의제매입세액

◆공제율(개인사업자의 경우로 한정)

업종	대상	공제율
음식점업	과세유흥장소	2/102
	과세유흥장소 외의 음식점	8/108◆◆
제조업	과자점업·도정업·제분업 및 떡류 제조업 중 방앗간	6/106
	위 외의 제조업	4/104
그 외		2/102

◆◆ 과세기간의 부가가치세 매출 과세표준이 2억 원 이하는 2023년 12월 31일까지 109분의 9를 적용한다.

③ 한도

의제매입세액은 다음의 금액을 한도로 공제한다.

사업자가 매입한 면세 농산물 등을 제조·가공해 공급한 과세표준×공제율×한도율◆◆◆

◆◆◆한도율(개인사업자의 경우로 한정)

업종	대상	한도율	한도율(2023년 12월 31일까지)
과세표준 1억 원 이하	음식점업	50%	75%
	그 외 업종	50%	65%
과세표준 2억 원 이하	음식점업	50%	70%
	그 외 업종	50%	65%
과세표준 2억 원 초과	음식점업	40%	60%
	그 외 업종	40%	55%

의제매입세액 공제신고서 작성하기

돈양궁 씨는 2021년 2월 1일 주식회사 달찬들로부터 5,000만 원치의 원재료를 사고 계산서를 받은 후 이를 가공해 21년 6월 30일까지 총 1억 5,000만 원어치의 매출을 발생시켰다.

Q1. 의제매입세액 공제를 계산하시오.

A1) 5,000만 원(면세 매입가액)×9/109(공제율)=412만 8,440원(의제매입세액 공제금액)

한도액 = 1억 5,000만 원(과세표준)×9/109(공제율)×70%(한도율)

     = 866만 9,724원

결론: 의제매입세액 공제금액이 한도액을 초과하지 않으므로, 412만 8,440원으로 확정

Q2. 의제매입세액 공제신고서를 작성하시오.　**A2) 195쪽 표 참조**

의제매입세액으로 공제받은 세액을 추징당하는 경우

의제매입세액 공제는 매입 이후 해당 재화를 판매할 때 적용받는 것이 아니라, 매입 당시에 적용을 받도록 규정되어 있는 특성 때문에 나중에 도로 토해내야 하는 일이 생기기도 한다. 공제받은 뒤에 이를 과세 제품으로 가공·제조하지 않고 면세 재화 그대로 양도 또는 인도하거나, 부가가치세가 면제되는 사업(면세사업)으로 공급하는 경우가 여기에 해당한다. 이때는 공제받았던 세금을 공급이 속한 과세기간의 부가가치세를 신고할 때 납부세액에 더해서 내야 한다.

이는 의제매입세액 공제의 취지가 과세 재화를 판매할 때는 매출세액을 납부해야 하지만, 해당 과세 재화의 원재료를 구매할 때는 매입세액을 공제받지 못하는 불합리함을 해소하기 위한 것이기 때문이다. 즉 판매할 때 과세로 판매할 여지가 없게 되었기 때문에 다시 가져가는 것이다.

[별지 제15호서식] <개정 2020. 3. 13.>

홈택스(www.hometax.go.kr)에서도 신청할 수 있습니다.

의제매입세액 공제신고서

※ 뒤쪽의 작성방법을 읽고 작성하시기 바랍니다. (앞쪽)

| 접수번호 | | 접수월 | | 처리기간 | 즉시 |

1. 신고인 인적사항

| ① 상호(법인명) | 돈양궁만세 | ② 사업자등록번호 | XXX-XX-XXXX |
| ③ 업태 | 음식점업 | ④ 종목 | 기타 외국식 음식점업 |

2. 면세농산물등 매입가액 합계

구 분		⑤ 매입처 수	⑥ 건 수	⑦ 매입가액	⑧ 공제율	⑨ 의제매입세액
⑩ 합 계		1	1	50,000,000	9/109	4,128,440
사업자로부터의 매입분	⑪ 계 산 서	1	1	50,000,000	9/109	4,128,440
	⑫ 신용카드 등					
⑬ 농어민 등으로부터의 매입분						

3. 면세농산물등 의제매입세액 관련 신고내용

가. 과세기간 과세표준 및 공제 가능한 금액 등

과세표준			대상액 한도계산		⑲ 당기 매입액	⑳ 공제대상금액 (=⑱과 ⑲의 금액 중 적은 금액)
⑭ 합계	⑮ 예정분	⑯ 확정분	⑰ 한도율	⑱ 한도액		
150,000,000		150,000,000	70%	105,000,000	50,000,000	50,000,000

나. 과세기간 공제할 세액

공제대상세액		이미 공제받은 세액			㉕ 공제(납부)할 세액 (=㉒-㉓)
㉑ 공제율	㉒ 공제대상세액	㉓ 합계	㉔ 예정 신고분	월별 조기분	
9/109	4,128,440				4,128,440

4. 매입시기 집중 제조업 면세농산물등 의제매입세액 관련 신고내용

가. 1역년 과세표준 및 제2기 과세기간 공제 가능한 금액 등

과세표준			대상액 한도계산		1역년 매입액			㉟ 공제대상금액 (=⑪과 ㉞의 금액 중 적은 금액)
㉗ 합계	㉘ 제1기	㉙ 제2기	㉚ 한도율	㉛ 한도액	㉜ 합계	㉝ 제1기	㉞ 제2기	

나. 제2기 과세기간 공제할 세액

공제대상세액		이미 공제받은 세액				㊽ 공제(납부)할 세액 (=㊱-㊲)
㊳ 공제율	㊴ 공제대상세액	㊵ 총 합계	㊶ 제1기	제2기		
				㊷ 합계	㊸ 예정 신고분	㊹ 월별 조기분

5. 농어민 등으로부터의 매입분에 대한 명세(합계금액으로 작성함)

일련 번호	㊺ 면세농산물등을 공급한 농어민 등		㊻ 건수	㊼ 품명	㊽ 수량	㊾ 매입가액
	성명	주민등록번호				
	합계					
1						
2						
3						

「부가가치세법 시행령」 제84조제5항 및 제113조제4항에 따라 의제매입세액을 공제받기 위해 위와 같이 신고합니다.

년   월   일

신고인

(서명 또는 인)

세 무 서 장 귀하

| 첨부서류 | 1. 제조업을 경영하는 사업자가 농어민으로부터 면세농산물등을 직접 공급받는 경우: 첨부서류 없음 2. 그 밖의 경우: 매입처별 계산서합계표 또는 신용카드매출전표 수령명세서 | 수수료 없음 |

210mm×297mm[백상지(80g/㎡) 또는 중질지(80g/㎡)]

▲ 의제매입세액 공제신고서 작성

과세 제품도 팔고 면세 제품도 판다: 겸영 사업자

앞서 의제매입세액 공제에서 면세 원재료로 과세사업을 하는 경우의 부가세 신고에 관한 정보를 설명했다. 그 시점에서 "과세와 면세 제품을 모두 다루는 사업자는 어떻게 해야 하나?" 하는 궁금증이 생긴 독자들도 있을 것 같다. 이를 과·면세 겸영 사업자라고 한다. 과세 재화·용역과 면세 재화·용역을 함께 공급하는 사업자를 뜻한다.

여기서 우리는 꽃집의 예를 살펴보겠다. 꽃집에서 판매하는 생화나 드라이플라워는 면세 항목이지만, 프리저브드 플라워생화를 약품 처리해서 반영구적으로 가공하는 것와 비누꽃 등은 과세 항목에 속한다. 이렇게 과세와 면세를 함께 공급할 경우 매입세액에 관한 문제가 발생한다. 앞서 살펴본 대로, 면세사업에 사용하는 재화·용역에 지출한 비용의 매입세액은 공제되지 않는다. 그런데 겸영 사업자인 꽃집의 경우 매장의 인테리어나 책상 등의 비품 및 여러 가지 지출이 과세사업과 면세사업에 함께 사용된다.

이러한 지출에 대한 매입세액을 공통매입세액이라고 하는데, 세법에서는 공통매입세액에 대해서 면세사업에 사용한 부분은 공제를 받지 못하도록 규정하고 있다.

겸영 사업자만 적용받는 '공통매입세액 불공제'

공통매입세액 불공제의 계산식은 간단하다. 해당 과세기간의 면세사업 공급가액에 총공급가액을 나눈 금액, 즉 면세매출 비율을 공통매입세액에 곱하는 것이다. 이 금액을 반영하는 순서는 다음과 같다.

먼저 적격증빙을 수취한 매입세액 중 공제가 가능한 전부를 신고서에 반영한다. 다음으로 공통매입세액 불공제액을 계산해 '공제받지 못할 매입세액 명세서'의 '공통매입세액 안분 계산 명세'에 반영한다. 이후 부가가치세 신고서의 '공제받지 못할 매입세액'에 추가하면 된다.

결국 사업을 시작하기 전에 자신이 공급하고자 하는 재화·용역이 과세에 해당하는지 면세에 해당하는지 정확히 파악하는 것으로 세금폭탄을 맞을 수도, 절세할 수도 있는 것이다. 여러분이 겸영 사업자에 해당한다면, 매번 부가가치세 신고 시에 공통매입세액 불공제 부분이 발생한다는 것을 염두에 두자.

사례를 통해 다시 한번 살펴보자.

CASE 홍삼과 수삼을 판매하는 겸영 사업자 송홍삼 씨는 2022년 제 1기(1월 1일~6월 30일) 부가가치세 과세기간 동안 홍삼을 제조해 판매한 매출(과세) 4,000만 원과 수삼을 판매한 매출(면세) 1,000만 원, 총 5,000만 원의 매출을 발생시켰다. 한편 매입으로는 과세물품만을 위해 매입한 홍삼 포장지의 금액 2,000만 원 그리고 과세와 면세 매출을 위해서 공통으로 매입한 사무용품의 금액이 500만 원이다. 이 금액은 모두 부가가치세가 제외된 공급가액이며, 모두 세금계산서를 발급 및 수취한 것으로 가정한다. 송홍삼 씨는 얼마나 공제받을 수 있을까?

Q1. '공통매입세액 불공제액'을 계산하시오.

> A) 공통매입세액 불공제액 = 면세사업 공급가액 / 총공급가액(면세매출 비율) ×
> 공통매입세액
> ① 면세매출 비율 = 1,000만 원 ÷ (1,000만 원 + 4,000만 원) = 20%
> ② 공통매입세액 = 500만 원 × 10%(부가가치세율) = 50만 원
> ③ 공통매입세액 불공제 = 50만 원 × 20% = 10만 원

Q2. 계산된 공통매입세액 불공제액을 바탕으로 '공제받지 못할 매입세액 명세서'를 작성하시오.

> A) 공제받지 못할 매입세액 명세서를 작성할 때 겸영 사업자의 공통매입세액 불공제는 세 번째인 '공통매입세액 안분 계산 명세'에 기재한다.

공제받지 못할 매입세액 명세서

2022년 제1기 (1월 1일 ~ 6월 30일)

※ 뒤쪽의 작성방법을 읽고 작성하시기 바랍니다.

(앞쪽)

1. 제출자 인적사항

상호(법인명) 송홍삼	성명(대표자) 송홍삼	사업자등록번호

2. 공제받지 못할 매입세액 명세

매입세액 불공제 사유	세금계산서			비고
	매수	공급가액	매입세액	
① 필요적 기재사항 누락 등				
② 사업과 직접 관련 없는 지출				
③ 비영업용 소형승용자동차 구입·유지 및 임차				
④ 접대비 및 이와 유사한 비용 관련				
⑤ 면세사업등 관련				
⑥ 토지의 자본적 지출 관련				
⑦ 사업자등록 전 매입세액				
⑧ 금·구리 스크랩 거래계좌 미사용 관련 매입세액				
⑨ 합계				

3. 공통매입세액 안분 계산 명세

일련번호	과세·면세사업등 공통매입		⑫ 총공급가액 등	⑬ 면세공급가액 등	⑭ 불공제 매입세액 [⑪×(⑬÷⑫)]
	⑩ 공급가액	⑪ 세액			
1	5,000,000	500,000	50,000,000	10,000,000	100,000
2					
3					
4					
5					
합계					

4. 공통매입세액의 정산 명세

일련번호	⑮ 총공통매입세액	⑯ 면세사업등 확정비율	⑰ 불공제 매입세액 총액(⑮×⑯)	⑱ 기 불공제 매입세액	⑲ 가산 또는 공제되는 매입세액(⑰-⑱)
1					
2					
합계					

5. 납부세액 또는 환급세액 재계산 명세

일련번호	⑳ 해당 재화의 매입세액	㉑ 경감률[1-(5/100 또는 25/100×경과된 과세기간의 수)]	㉒ 증가 또는 감소된 면세 공급가액(사용 면적) 비율	㉓ 가산 또는 공제되는 매입세액 (⑳×㉑×㉒)
1				
2				
합계				

210㎜×297㎜[백상지 80g/㎡(재활용품)]

▲ 공제받지 못할 매입세액 명세서

Q3. 작성된 공제받지 못할 매입세액 명세서를 '부가가치세 신고서'에 적용하시오.

> 최종 계산된 공통매입세액 불공제액은 매입세액 중 '공제받지 못할 매입세액'에 기재하고, 종이 서식 기준 3쪽 (16) 공제받지 못할 매입세액 명세 중 '공통매입세액 중 면세사업 등 해당 세액'에 기재한다.

■ 부가가치세법 시행규칙 [별지 제21호서식] <개정 2021. 3. 16.>　　　　　　홈택스(www.hometax.go.kr)에서도 신청할 수 있습니다.

일반과세자 부가가치세 [ ]예정 [√]확정 [ ]기한후과세표준 [ ]영세율 등 조기환급 신고서

※ 뒤쪽의 작성방법을 읽고 작성하시기 바랍니다.　　　　　　(4쪽 중 제1쪽)

관리번호						처리기간	즉시	

신고기간　2022년 제 1기 (1월 1일 ~ 6월 30일)

사업자	상 호 (법인명)	송홍삼	성 명 (대표자명)	송홍삼	사업자등록번호			
	생년월일		전화번호		사업장	주소지		휴대전화
	사업장 주소				전자우편 주소			

① 신 고 내 용

구 분			금 액	세율	세 액
과세 표준 및 매출 세액	과세	세금계산서 발급분 (1)	40,000,000	10 / 100	4,000,000
		매입자발행 세금계산서 (2)		10 / 100	
		신용카드 · 현금영수증 발행분 (3)		10 / 100	
		기타(정규영수증 외 매출분) (4)		10 / 100	
	영세율	세금계산서 발급분 (5)		0 / 100	
		기 타 (6)		0 / 100	
	예 정 신 고 누 락 분 (7)				
	대 손 세 액 가 감 (8)				
	합 계 (9)		40,000,000	㉮	4,000,000
매입 세액	세금계산서 수취분	일 반 매 입 (10)	25,000,000		2,500,000
		수출기업 수입분 납부유예 (10-1)			
		고정자산 매입 (11)			
	예 정 신 고 누 락 분 (12)				
	매입자발행 세금계산서 (13)				
	그 밖의 공제매입세액 (14)				
	합 계 (10)-(10-1)+(11)+(12)+(13)+(14) (15)				
	공제받지 못할 매입세액 (16)		1,000,000		100,000
	차 감 계 (15)-(16) (17)		24,000,000	㉯	2,400,000
납부(환급)세액 (매출세액 ㉮ - 매입세액 ㉯)				㉰	
경감 공제 세액	그 밖의 경감 · 공제세액 (18)				
	신용카드매출전표등 발행공제 등 (19)				
	합 계 (20)			㉱	
소규모 개인사업자 부가가치세 감면세액 (20-1)				㉲	
예 정 신 고 미 환 급 세 액 (21)				㉳	
예 정 고 지 세 액 (22)				㉴	
사업양수자가 대리납부한 세액 (23)				㉵	
매입자 납부특례에 따라 납부한 세액 (24)				㉶	
신용카드업자가 대리납부한 세액 (25)				㉷	
가 산 세 액 계 (26)				㉸	
차감·가감하여 납부할 세액(환급받을 세액)(㉰-㉱-㉲-㉳-㉴-㉵-㉶-㉷+㉸) (27)					1,600,000
총괄 납부 사업자가 납부할 세액(환급받을 세액)					

② 국세환급금 계좌신고 (환급세액이 5천만원 미만인 경우) | 거래은행 | 은행 | 지점 | 계좌번호

③ 폐 업 신 고 | 폐업일 | | 폐업 사유

④ 영 세 율 상 호 주 의 | 여[ ] 부[ ] | 적용구분 | | 업종 | | 해당 국가

⑤ 과 세 표 준 명 세

업 태	종목	생산요소	업종 코드	금 액
(28)				40,000,000
(29)				
(30)				
(31) 수입금액 제외				
(32) 합 계				

『부가가치세법』 제48조 · 제49조 또는 제59조와 『국세기본법』 제45조의3에 따라 위의 내용을 신고하며, 위 내용을 충분히 검토하였고 신고인이 알고 있는 사실 그대로를 정확하게 적었음을 확인합니다.
　　　　　　　　　　　　　　　년 월 일
　　　　　　　　　　신고인:　　　　　(서명 또는 인)
세무대리인은 조세전문자격자로서 위 신고서를 성실하고 공정하게 작성하였음을 확인합니다.
　　　　　　　　세무대리인:　　　　　(서명 또는 인)

세무서장 귀하

첨부서류　뒤쪽 참조

| 세무대리인 | 성 명 | | 사업자등록번호 | | 전화번호 | |

210㎜ × 297㎜[백상지 (80g/㎡) 또는 중질지(80g/㎡)]

◀ 공통매입세액 불공제 사례 적용 부가가치세 신고서(1)

※ 이 쪽은 해당 사항이 있는 사업자만 사용합니다.
※ 뒤쪽의 작성방법을 읽고 작성하시기 바랍니다.

사업자등록번호 ☐☐☐-☐☐-☐☐☐☐☐   *사업자등록번호는 반드시 적으시기 바랍니다.

구 분				금 액	세율	세 액
예정신고 누락분 명 세	(7)매출	과세	세 금 계 산 서 (33)		10 / 100	
			기 타 (34)		10 / 100	
		영세율	세 금 계 산 서 (35)		0 / 100	
			기 타 (36)		0 / 100	
		합 계 (37)				
	(12)매입	세 금 계 산 서 (38)				
		그 밖의 공제매입세액 (39)				
		합 계 (40)				

구 분			금 액	세율	세 액
(14) 그 밖의 공제 매입세액 명 세	신용카드매출전표등 수 령명세서 제출분	일 반 매 입 (41)			
		고정자산매입 (42)			
	의 제 매 입 세 액 (43)		뒤쪽 참조		
	재 활 용 폐 자 원 등 매 입 세 액 (44)		뒤쪽 참조		
	과 세 사 업 전 환 매 입 세 액 (45)				
	재 고 매 입 세 액 (46)				
	변 제 대 손 세 액 (47)				
	외국인 관광객에 대한 환급세액 (48)				
	합 계 (49)				

구 분		금 액	세율	세 액
(16) 공제받지 못할 매입세액 명세	공제받지 못할 매입세액 (50)			
	공통매입세액 중 면세사업등 해당 세액 (51)	1,000,000		100,000
	대 손 처 분 받 은 세 액 (52)			
	합 계 (53)			

구 분		금 액	세율	세 액
(18) 그 밖의 경감·공제 세액 명세	전 자 신 고 세 액 공 제 (54)			
	전자세금계산서 발급세액 공제 (55)			
	택시운송사업자 경감세액 (56)			
	대리납부 세액공제 (57)			
	현금영수증사업자 세액공제 (58)			
	기 타 (59)			
	합 계 (60)			

구 분			금 액	세 율	세 액
(26) 가산세액 명세	사 업 자 미 등 록 등 (61)			1 / 100	
	세 금 계 산 서	지연발급 등 (62)		1 / 100	
		지연수취 (63)		5 / 1,000	
		미발급 등 (64)		뒤쪽 참조	
	전자세금계산서 발급명세 전송	지연전송 (65)		3 / 1,000	
		미전송 (66)		5 / 1,000	
	세금계산서 합계표	제 출 불 성 실 (67)		5 / 1,000	
		지 연 제 출 (68)		3 / 1,000	
	신 고 불 성 실	무신고(일반) (69)		뒤쪽참조	
		무신고(부당) (70)		뒤쪽참조	
		과소·초과환급신고(일반) (71)		뒤쪽참조	
		과소·초과환급신고(부당) (72)		뒤쪽참조	
	납 부 지 연 (73)			뒤쪽참조	
	영세율 과세표준신고 불성실 (74)			5 / 1,000	
	현금매출명세서 불성실 (75)			1 / 100	
	부동산임대공급가액명세서 불성실 (76)			1 / 100	
	매입자 납부특례	거래계좌 미사용 (77)		뒤쪽참조	
		거래계좌 지연입금 (78)		뒤쪽참조	
	합 계 (79)				

면세사업 수입금액	업 태	종 목	코 드 번 호	금 액
	(80)			10,000,000
	(81)			
	(82) 수입금액 제외			
			(83)합 계	

계산서 발급 및 수취 명세	(84) 계산서 발급금액	
	(85) 계산서 수취금액	

210mm×297mm[백상지 (80g/㎡) 또는 중질지 (80g/㎡)]

▲ 공통매입세액 불공제 사례 적용 부가가치세 신고서(2)

인테리어에 돈 좀 썼어요: 조기환급신고

부가가치세의 과세기간은 1기인 1월 1일부터 6월 30일까지, 2기인 7월 1일부터 12월 31일까지로 정해져 있다. 이 기간은 임의로 조정할 수 없지만, 조기환급신고가 가능한 사유가 발생했다면 규정에도 불구하고 미리 신고할 수 있다. 조기환급신고의 사유는 다음과 같다.

- 사업자가 영세율을 적용받는 경우
- 사업자가 사업 설비를 신설·취득·확장 또는 증축하는 경우

조기환급신고는 수출을 지원하거나 일시에 많은 지출이 발생한 사업자의 자금 압박 문제를 해결하는 데 그 취지가 있다. 그러므로 조기환급을 받으려는 사업자는 신고기간 전이라도 매월 또는 매 2월분을 신고하거나 예정신고가 가능하다.

예를 들어 1월 1일에 사업자등록을 했다고 하자. 그런데 1월에 인테리어 공사로 인해 조기환급 사유가 발생한다면 1월분의 매출과 매입을 집계해

2월 25일까지 조기환급 신고를 할 수도 있다. 또 2월에 동일한 사유가 발생한다면 1월과 2월분에 대해서, 3월에도 발생한다면 1월분부터 3월분까지의 매출과 매입을 집계해 각각 3월 25일과 4월 25일까지 신고하면 된다.

이후 정기신고기한(7월 25일까지)에는 조기환급으로 신고했던 기간분에 대한 매출과 매입은 제외하고 그 외의 기간을 집계해 신고하면 된다.

이 조기환급신고는 빨리 환급받기 위해서 빨리 신고하는 것일 뿐, 작성하는 신고서는 정기신고와 다르지 않다.

환급받는 시기와 방법

환급은 사업용 계좌를 통해서 받게 되는데, 신고서를 작성할 때 환급받을 계좌를 입력하는 난이 있다. 입력된 계좌로 환급금이 입금되는데, 정기신고 때 환급이 발생해서 받는 경우는 정기신고의 신고기한(예를 들어 1월에서 6월까지의 1기 부가가치세 확정신고를 한다면 7월 25일)으로부터 한 달 이내에 환급이 이뤄진다. 조기환급신고의 경우 조기환급 신고기한(예를 들어 1월과 2월분을 신고한다면 3월 25일) 이후 15일 이내에 신고서를 수령한 세무서가 환급을 결정하고 입금한다. 정확한 환급 날짜는 알 수 없지만, 정기환급은 통상적으로 3주에서 한 달 정도 걸린다고 보면 되고 조기환급은 15일 이내 이뤄진다고 보면 된다.

현금매출 신고해야 하나요?

　세무대리 활동을 하다 보면, 많은 사업자가 현금매출을 일부러 누락하는 모습을 보게 된다. 세무사가 아닌 일반인이 블로그 등에서 심심치 않게 현금매출 누락을 권장하는 모습도 가끔 보인다. 심지어 적극적으로 누락하기 위해 계좌에도 입금하지 않고, 일부러 금고에 보관하는 사례도 있다. 물론 국세청이 현금매출 누락을 바로 알 수 있는 것은 아니다. 특히 그 금액이 크지 않다면 말이다. 그러나 국세청이 이를 적극적으로 알아내고자 하면 방법이 다 있다.

　그 첫 번째는 매출총이익률이다. 매출총이익률이란 매출에 매출원가를 차감한 금액을 매출액으로 나눈 비율을 말하는데, 현금매출의 누락이 많은 사업자의 경우는 매출총이익률이 매우 들쑥날쑥하다. 국세청이 의심할 여지는 충분할 것이다.

　두 번째는 부동산 매입이다. 최근에는 웬만한 부동산의 구매에는 '자금조달계획서'라는 것을 작성해 제출하도록 규정하고 있다. 이 '자금조달계획서'는 이름 그대로 내가 이 부동산을 구매하기 위해 자금을 어디서 어떻게 마련했는지를 작성하는 것이다. 현금매출을 누락해 차곡차곡 모아서 부동산 매입자금에 보탤 경우 '매출 신고하지 않은 금액'이라고 적을 수 없지 않은가? 결국 출처를 밝히지 못하는 금액이 발생할 것이다.

마지막으로 신용카드매출이 많은 음식점 등은 카드단말기를 비치하고 있는데 대부분 이 단말기에 현금매출을 기록하고 있을 것이다. 여기서 간과하는 것 중 하나는 이 자료가 국세청에 신고되기 때문에 고스란히 남아 있을 수 있다는 것이다.

세무조사를 겪다 보면 정말 감탄사가 나올 정도로 탈세를 귀신같이 찾아내는 모습을 자주 본다. '나는 소상공인이라서 세무조사 안 나오겠지?' 하고 생각하면 오산이다. 탈세의 명백한 자료가 확보되면, 누구든 조사를 피할 수 없다.

현금매출을 누락하는 것은 본인의 선택이다. 그리고 나중에 발각되었을 때 책임 또한 본인이 져야 한다. 책임질 수 있는 능력과 담력이 없다면 남들이 한다고 해서 군중심리에 휩쓸려 하는 일은 피하자.

부가가치세 신고 후 납부를 깜빡했어요

부가가치세 신고는 제때 했는데 깜빡하고 납부를 제때 하지 않았다면 어떻게 해야 할까?

부가가치세의 납부기한이 지났다면 신고 당시에 발급받은 납부서로는 더이상 납부할 수 없다. 그 대신 홈택스의 자진납부 메뉴를 이용해서 새로운 납부서를 발급받을 수 있는데, 그 방법에 대해서 자세히 알아보자.

1단계 : 홈택스 로그인 ▶ 납부, 고지·환급 ▶ 세금납부 ▶ 자진납부

Hometax. 국세청홈택스	인기검색어	1. 연말정산	∨	검색어를 입력하세요.	Q
전자(세금)계산서 현금영수증·신용카드	국세증명·사업자등록 세금관련 신청/신고	세금신고	**납부 고지·환급**	지급명세서 자료제출·공익법인	장려금·연말정산 전자기부금
세금납부	·납부할 세액 조회/납부 ·원천세 관련 지방소득세 납부	·자진납부		·타인세금 납부	
납부내역/세액계산	·납부내역 조회	·타인세금 납부결과 조회		·일자별 납부할 세액 계산	
국세환급	·국세 환급금찾기	·환급금 상세조회		·환급계좌개설 신고/변경 신고	

▲ 국세청 홈택스 - 자진납부1

2단계: 납부서 작성

▲ 국세청 홈택스 - 자진납부2

- 납부구분은 확정분자납으로 선택한다.
- 세목은 부가가치세로 선택한다.
- 세무서명에 사업장주소 관할 세무서 입력한다.
- 납부기한은 실제 납부하려는 날로 지정하면 된다.
- 부가가치세액은 원래 납부해야 하는 세액에 납부지연 가산세를 더해서 입력해야 한다.
- 납부지연 가산세는 '납부해야 할 세액 × 2.2/10,000 × 납부기한의 다음 날부터 납부일까지'다. 계산이 힘들다면 홈택스 화면 하단의 납부지연 가산세 계산기를 이용하자.

3단계: 납부서 출력

입력이 모두 끝났다면, 납부서를 출력해 출력된 용지에 나오는 가상계좌로 입금하면 된다. 여기서 잊지 말아야 할 것이 납부서를 출력한 당일에 반드시 납부해야 한다는 점이다. 납부지연 가산세는 매일 추가되기 때문에 하루가 지나면 가산세가 달라져 해당 가상계좌 역시 사라진다. 그러면 2단계로 돌아가서 납부서를 다시 작성해야 하며, 가산세도 더 많아진다. 돈도 시간도 더는 낭비하고 싶지 않다면 꼭 출력 당일에 이체하도록 하자.

TOP ⚡ TIPS!

부가가치세 납부할 돈이 없다면?

부가가치세를 신고하고 기한 내 납부하지 않은 사례 중에는 돈이 없어서 못하는 경우도 있을 것이다. 사업이 어려울 때 굳이 대출을 받아서 납부했다가 나중에 그 돈을 못 갚는 등 오히려 후폭풍이 올 수도 있다. 이런 경우에는 여력이 생길 때 조금씩 납부해도 괜찮다.

다만 납부기한을 지나서 납부한다면 그에 따른 납부지연 가산세는 부담해야 한다. 납부지연 가산세는 납부세액에 2.2/10,000을 곱한 금액에 납부기한의 다음 날부터 납부하는 날까지의 일수를 곱한 것이다. 그렇더라도 이 가산세가 대출받아 납부할 경우 나갈 이자비용보다 적다면 경제적으로는 이득이 될 수 있을 것이다.

일반과세자에서 간이과세자로 변경, 환급 포기해야 하나?

우리는 앞서 일반과세자와 간이과세자의 차이점에 대해 알아보았다. 사업의 특성상 일반과세자로 사업자등록을 했는데, 매출이 적으면 다음 해 7월에 간이과세자로 변경된다는 안내를 받게 된다. 2021년 개정된 법은 전년도 공급대가가 8,000만 원 미만이면 간이과세자로 변경되도록 했다. 다만 그중에서 공급대가 4,800만 원 이상의 사업자는 간이과세자라도 세금계산서를 발행할 수 있고 부가세를 신고해 환급을 받는 등 차이가 생겼다. 그런데 사업의 특성 때문에 매출이 적더라도 일반과세자를 유지하고 싶을 때는 어떻게 해야 할까? 이럴 때를 대비해 세법에서는 간이과세를 포기할 수 있도록 하고 있다.

'간이과세의 포기'란 간이과세자로 과세유형이 변경될 일반과세자가 간이과세를 포기하고 일반과세자 적용을 계속 받게 되는 것을 말한다. 보통 부가세 환급의 혜택이 커서 일반과세자로 존속하면서 계속 환급을 받으려는 사업자나, 간이과세자가 되면 세금계산서 발행을 못 하는 등 사업에 치명적인 문제가 생기는 사업자가 간이과세를 포기한다.

간이과세를 포기하는 방법은 간단하다. '간이과세 포기 신고서'를 관할 세무서에 제출하면 된다. 세무서에 가서 직접 작성할 수도 있고 홈택스로도 가능하다. 다만 일단 간이과세자로 적용된 뒤라면, 포기 신고서를 제출한 날이 속한 달의 다음 달부터 일반과세자로 적용받는다. 따라서 다음 해 7월을 기점으로 간이과세자로 변경된다는 안내를 받았을 때 6월 말 포기 신고를 하든가, 아니면 부가세 신고를 할 때 공급대가를 살펴보고 미리 준비해두자.

한 가지 더 주의할 점이 있다. 일단 간이과세 포기 신고를 하면 신고한 다음 날부터 3년이 되는 날이 속하는 과세기간까지는 간이과세자에 관한 규정을 적용받지 못하니 신중하게 결정하자.

경기에 따라
부가가치세 조절하는 법

세금에 적용되는 가장 단순한 규칙은 "많이 번 만큼 많이 낸다"는 것이다. 이를 돌려서 말하면 "많이 쓰면 많이 돌려받는다"가 될 수 있겠다. 그만큼 부가가치세는 직관적이다. 그렇다고 부가가치세를 덜 내겠다고 비용을 많이 쓰는 것이 어리석은 행동이라는 것을 사업하는 사람이라면 당연히 알 것이다. 그런데 이렇게 생각해보면 어떨까?

업종에 따라 다르지만, 업종별로 비수기와 성수기가 있다. 예를 들면 세무사는 상반기가 성수기다. 워터파크는 여름이 성수기고 스키장은 겨울이 성수기다. 이렇게 매출이 급증하는 성수기가 있고 상대적으로 매출이 감소하는 비수기가 있는데 이 시기를 활용해 세금을 조절하는 것이다. 아직도 이해가 잘 안 된다면 다음의 예를 들어 살펴보자.

 선글라스 브랜드를 운영하는 깜깜해 씨는 우연히 드라마에 유명 여배우에게 협찬할 기회를 얻었다. 유명 여배우의 영향력은 상상 이상이었다. 깜깜해 씨의 브랜드 선글라스를 끼고 휴가를 즐기는 장면이 드라마에 나오자마자 안 그래도 가까워진 여름 휴가철을 대비하려는 손님들이 몰려들면서 선글라스가 불티나게 팔렸다. 전례 없는 큰 수익을 얻은 깜깜해 씨는 무척 행복한 한편, 곧 다가올 부가가치세 신고가 두려워졌다. 혹시 부가가치세가 너무 많이 나와서 지금 주머니 사정으로 감당할 수 없으면 어떡하지? 그 순간 친한 친구의 남자친구가 세무사라는 사실이 떠올랐다. 친구에게 부탁해 세무사와 상담하던 중 7월 이후에 대규모 내부 수리 공사계획을 이야기하자 세무사가 공사를 6월로 앞당기는 게 어떠냐는 조언을 했다.

깜깜해 씨의 경우 상반기 매출이 많이 나와 부가가치세를 많이 납부해야 할 것이다. 그리고 하반기 매출을 정확히 알 수는 없지만, 하반기가 상반기에 비해 비수기이므로 매출이 높지는 않을 것이라는 예측은 가능하다. 그래서 원래 하반기에 예정되어 있던 큰 지출을 일부러 상반기로 당겨서 상반기의 부가가치세 납부액을 어느 정도 절감하는 계획이다.

전체를 보면 결국 조삼모사인 격으로, 1년간 납부하는 부가가치세는 같을 것이다. 결국 상반기에 매입세액 공제를 받아서 납부세액을 줄인 만큼, 하반기에는 공제받을 매입세액이 적어진다. 그러나 다시 한번 생각해보자. 원숭이들이 먹이를 아침에 세 개, 저녁에 네 개를 먹나 아침에 네 개, 저녁에 세 개를 먹나 전체 먹이량은 변함없다. 하지만 활동량이 많은 낮을 대비해 아침에 네 개를 먹고 식사 후 잠을 자서 에너지 소비량이 없는 저녁에 세 개를 먹는 것은 상당히 합리적인 방법일 수 있다. 마찬가지로 세금을 납부할 때도 상반기로 지출을 당겨서 절감한 세액을 은행에 예금하는 것만으로도 우리는 이자만큼의 이윤이 남는다는 것을 알 수 있다(반대로 상반기로 지출을 당기지 않아서 세금을 내기 위해 대출을 받았을 경우 발생하는 이자비용이 있을 수 있다). 절세라고 말하기에는 애매하지만, 과세 시기를 조절함으로써 부가적인 이익을 남길 수 있다는 말이다.

정리하자면, 부가가치세 과세기간 마지막 1개월 전에 미리 나의 부가가치세를 예상하고 남은 한 달 동안 매출과 지출의 시기를 적절히 조절하는 습관을 길러야 부가가치세 부담을 줄일 수 있다.

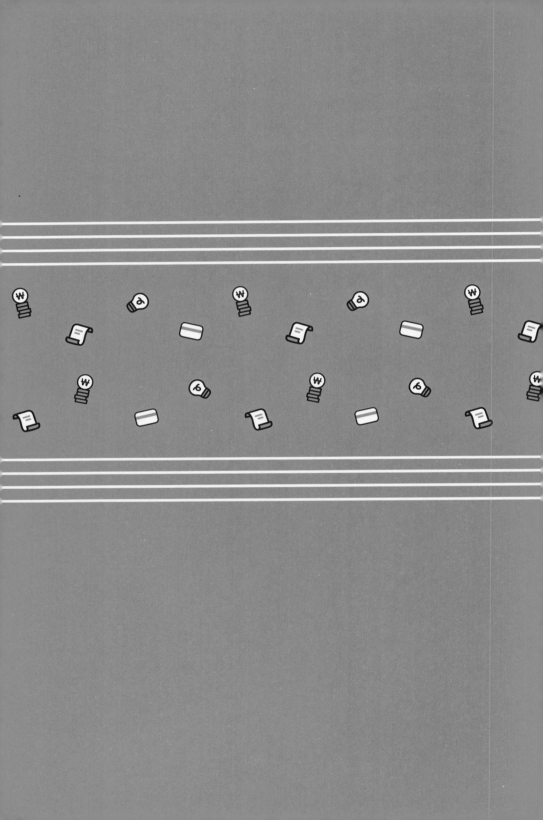

PART 5

종합소득세
완전정복

종합소득세의 개념 이해하기

　흔히들 종합소득세는 사업자가 사업을 하고 벌어들인 소득이 있을 때 신고하고 납부하는 세금이라고 생각한다. 그렇다면 '종합'이라고 명명되지 않았을 것이다. 사업에서 벌어들인 소득은 사업소득이라고 부르고, 기업의 근로자로 월급을 받으면 근로소득, 은행 예금을 통해서 받은 이자는 이자소득이다. 각각의 명칭에 따른 모든 소득을 개인별로 모두 종합해 계산하는 세금이 종합소득세다.

　개인의 소득에는 이자소득, 배당소득, 사업소득, 근로소득, 연금소득, 기타소득, 양도소득, 퇴직소득 총 여덟 가지가 있는데 이 중 양도소득과 퇴직소득은 분류과세 소득이라고 부르고, 그 외 여섯 가지 소득을 종합과세 소득이라고 부른다. 분류과세 소득이란 다른 소득과 합산하지 않고 오직 해당 원천소득에 대해서만 별도로 세금을 매기는 소득을 말한다. 그래서 분류과세 소득 외의 어떠한 소득이 발생하든 그 모든 소득의 합계를 기준으로 신고 및 납부하는 세금이 종합소득세다.

　이 종합소득세는 전년도에 소득이 있는 사람이라면 모두 5월 1일부터 5

월 31일(성실신고 대상자의 경우 6월 1일부터 6월 30일)까지 의무적으로 신고하고 납부해야 한다. 예를 들어 내가 2022년에 여섯 가지 종합소득 중 하나라도 있었다면 2023년 5월에 종합소득세 신고ㆍ납부 의무가 발생한다. 전해의 소득에 대해 신고하는 것이기 때문에 2023년 5월에 하는 종합소득세 신고는 2023년 1월부터 4월까지의 소득 유무와는 전혀 상관이 없다는 말과도 같다. 만약 신고기한 내에 신고 및 납부가 이루어지지 않는다면, 앞서 가산세 부분에서 설명한 국세기본법상의 무신고 가산세 및 납부지연 가산세가 추가된다. 그러므로 종합소득세를 신고할 의무가 있는지 매년 5월이 되기 전에 꼭 검토하자.

종합소득세 계산 구조 간단히 살펴보기

우리는 앞서 부가가치세의 계산 구조를 살펴보았다. 일반과세자 기준 부가가치세는 크게 매출세액 - 매입세액 - 경감세액 + 가산세 순으로 계산된다. 그렇다면 종합소득세는 어떨까? 종합소득세 계산은 부가가치세보다 더욱 복잡한 구조로 되어 있다. 이를 간단하게 살펴보면 다음과 같다.

우선 종합소득세를 계산하기 전에 종합과세가 되는 종합소득금액이 얼마인지 알아야 한다. 여기서 종합소득금액이란 종합소득에 해당하는 여섯 가지 소득 중에 발생한 게 있다면 이를 모두 합한 금액에서 비용을 뺀 금액을 말한다. 구체적으로 살펴보면 이자, 배당, 사업, 근로, 연금, 기타소득 중 수익이 있다면 각 발생한 수익에 이 수익을 내기 위해 사용된 비용을 차감한 것이 소득금액이다. 소득별 명칭은 이자소득금액, 배당소득금액, 사업소득금액, 근로소득금액, 연금소득금액, 기타소득금액이라고 하며 이들의 합을 종합소득금액이라고 부른다. 특성별로 나눠서 살펴보면 이자와 배당은 비용이란 것을 산출하기 어려우므로 차감되는 비용이 없다. 그리고 사업소득과 기타소득의 경우 소득과 연관되어 발생한 모든 비용을 말하며, 근로소득과 연금소득은 근로소득 공제, 연금소득 공제라고 해서 비용으로 간주해주는 금액이 세법에 열거되어 있다.

사업자인 우리는 이 중 사업소득을 기준으로 알아볼 것이다. 사업을 통해서 벌어들인 금액 중 부가가치세는 부가세 신고를 통해서 이미 납부했을 것이고, 부가세를 제외한 금액인 매출과 그 외에 사업과 관련된 정부보조금 등과 같이 매출은 아니나 종합소득세법상 수익으로 보는 것의 합계액을 사업소득의 수익이라 한다. 이 수익에서 사업과 관련한 모든 비용을 차감한 것이 바로 사업소득금액이 된다.

예를 들어 살펴보자. 2022년에 사업을 통해서 매출이 3,000만 원 발생했고, 종합소득세법상 수익으로 보는 정부보조금 1,000만 원과 사업 활동으로 발생한 비용이 1,500만 원이라고 하면, 사업소득의 수익 총 4,000만 원에서 비용 1,500만 원을 차감한 2,500만 원이 내 사업소득금액인 것이다.

이렇게 모든 소득금액의 합인 종합소득금액이 산출되면 다음의 계산 구조에 따라 종합소득세를 계산한다.

1단계: 종합소득금액 − 종합소득 공제 = 과세표준
2단계: 과세표준 × 세율 = 산출세액
3단계: 산출세액 − 세액 공제 − 세액 감면 = 결정세액
옵션: 종합소득세법 규정 위반
결정세액 + 가산세 = 총결정세액
4단계: (총)결정세액−기납부세액
종합소득세: 자진납부세액 또는 환급액

이 계산 구조에서 볼 수 있듯이, 종합소득금액에서 세법에 따라 규정된 종합소득 공제 중 해당하는 공제의 합계액을 차감하면 과세표준이 된다. 이 과세표준의 금액을 기준으로 종합소득세율을 적용한다. 매출금액이 세율 적용 기준이 아님을 명심하자.

가장 먼저 과세표준을 산출한다. 그러면 자신이 속한 과세표준의 세율을 알 수 있다. 이 세율을 곱하고 나서 과세표준 구간에 따른 누진 공제금액을 제한다. 이렇게 하면 산출세율이 나온다. 공식에 따라 종합소득세를 산출하고 나면 해당 금액에 세법에 규정하는 세액 공제 및 세액 감면을 차감한다. 또 종합소득세법의 규정을 위반해 납부해야 할 가산세가 있다면 직접 계산해서 소득세에 더하고 나서 중간예납세액인 기납부세액을 차감하면 비로소 납부해야 할 종합소득세가 산출된다.

과세표준	종합소득세율	누진 공제◆
1,400만 원 이하	6%	–
1,400만 원 초과 5,000만 원 이하	15%	126만 원
5,000만 원 초과 8,800만 원 이하	24%	576만 원
8,800만 원 초과 1억 5,000만 원 이하	35%	1,544만 원
1억 5,000만 원 초과 3억 원 이하	38%	1,994만 원
3억 원 초과 5억 원 이하	40%	2,594만 원
5억 원 초과 10억 원 이하	42%	3,594만 원
10억 원 초과	45%	6,594만 원

◆ 구간별로 다른 세율을 적용해 계산해야 하는 번거로움을 줄이기 위해 과세표준에 해당 구간 세율을 적용해 일괄 계산한 뒤 해당 구간 누진 공제를 제하면 최종금액이 바로 나오도록 미리 계산해놓은 금액

(예시) 과세표준 3,000만 원
본래 계산법 = (1,200만 원 × 6%) + (1,800만 원 × 15%) = 342만 원
누진공제 적용법 = 3,000만 원 × 15% − 108만 원 = 342만 원

TOP ⚡ TIPS!

투잡 뛰는 근로자의 종합소득세 신고

일반적으로 근로자의 경우 근로소득에 대해 회사에서 2월에 행하는 연말정산으로 종합소득세 신고를 갈음한다. 그러나 해당 근로자가 사업도 하고 있다면 사업소득이 발생하기 때문에 5월에 종합소득세 신고를 별도로 해야 한다.

이 경우 종합소득세를 계산할 때 비록 연말정산으로 종합소득세 신고를 마무리했다고 할지라도 사업소득금액과 더불어 근로소득금액까지 합산해 종합소득금액을 산출해 세액을 계산해야 한다. 이때 산출된 세금 중 근로소득금액에 해당하는 세금의 이중 납부(2월에 한 번 냈기 때문에)를 방지하기 위해 근로소득 원천징수 영수증상 결정세액을 기납부세액으로 차감해준다.

장부 작성 여부에 따른 종합소득세 신고 유형

앞서 우리는 부가가치세 편에서 개인사업자가 부가세 신고를 할 때 일반 과세자인지 간이과세자인지에 따라 적용받는 규정과 신고 방식에 차이가 있다는 점을 살펴보았다. 그런데 종합소득세도 신고하는 유형이 구분된다. 이를 구분하는 기준이 기장의무 여부이며, 이 기장의무는 ① 간편장부 대상자 ② 복식부기 의무자 ③ 성실신고 확인 대상 사업자(이하 성실신고 대상자)다.

소득이 발생하면 처음에는 모두 간편장부 대상자를 적용받는다. 그러다 매출이 종합소득세법에서 정한 일정 기준을 넘어가면 점차 복식부기 의무자, 성실신고 대상자를 적용받게 될 것이다. 예외적으로 사업 첫해 월등히 높은 매출을 창출하면 그해에 바로 성실신고 대상자가 될 수도 있다. 복식부기는 직전 연도 수입금액을 기준으로 하는 반면, 성실신고 대상자는 해당연도 수입금액이 기준이기 때문이다.

기장은 단계가 올라갈수록 신고 방법이 까다로워지고 챙겨야 할 것이 많아진다. 먼저 간편장부는 1년간의 실적에 따른 장부의 작성이 가계부 작성과 비슷하게 간편하다. 그에 비해 복식부기는 장부를 회계의 원칙에 따라 전문적으로 작성하는 것을 말한다. 그래서 각 유형에 따라 신고 서식과 필수 첨부서류가 조금씩 차이가 있지만, 결국은 유형에 따라 종합소득세 신고가 아닌 종합소득금액을 계산하는 방식에 차이가 있음을 염두에 두자.

간편장부 대상자와 복식부기 의무자는 다음 표의 기준금액에 따라 나누어진다.

업종	직전 연도 수입금액◆
농업·임업 및 어업, 광업, 도매 및 소매업(상품중개업을 제외한다), 부동산매매업, 그 밖에 나목 및 다목에 해당하지 않는 사업	3억 원
제조업, 숙박 및 음식점업, 전기·가스·증기 및 공기조절 공급업, 수도·하수·폐기물처리·원료재생업, 건설업(비주거용 건물 건설업은 제외하고, 주거용 건물 개발 및 공급업을 포함한다), 운수업 및 창고업, 정보통신업, 금융 및 보험업, 상품중개업	1억 5,000만 원
부동산임대업, 부동산업(부동산매매업은 제외한다), 전문·과학 및 기술서비스업, 사업시설관리·사업지원 및 임대서비스업, 교육서비스업, 보건업 및 사회복지서비스업, 예술·스포츠 및 여가 관련 서비스업, 협회 및 단체, 수리 및 기타 개인서비스업, 가구 내 고용 활동	7,500만 원

◆ 기준금액 이상이면 복식부기 의무자 적용

표에서 보는 것과 같이 직전 연도의 수입금액이 해당 기준금액 이상이면 복식부기 의무자를 적용받는다. 즉 해당 연도에 사업을 신규로 시작했다면 직전 연도의 수입금액이 없기 때문에 복식부기 의무자를 적용받지 않게 된다.

그리고 복식부기 의무자에서 일정 기준금액을 넘어서게 되면 성실신고 대상자가 된다. 성실신고 대상자는 회계 원칙에 따라 장부를 전문적으로 작성하는 복식부기 의무자가 추가로 성실함을 증명하기 위한 서류를 세무서에 제출해야 하는 것을 말한다. 바꿔 말하면, 복식부기 의무자보다 조금 더 까다로운 규정을 적용받는 유형이 되는 것이다.

성실신고 대상자의 기준금액은 다음과 같다.

업종	적용기준 수입금액
농업·임업 및 어업, 광업, 도매 및 소매업(상품중개업을 제외한다), 부동산매매업, 그 밖에 나목 및 다목에 해당하지 아니하는 사업	15억 원 이상
제조업, 숙박 및 음식점업, 전기·가스·증기 및 공기조절 공급업, 수도·하수·폐기물처리·원료재생업, 건설업(비주거용 건물 건설업은 제외하고, 주거용 건물 개발 및 공급업을 포함한다), 운수업 및 창고업, 정보통신업, 금융 및 보험업, 상품중개업	7억 5,000만 원 이상
부동산 임대업, 부동산업(부동산매매업은 제외한다), 전문·과학 및 기술서비스업, 사업시설관리·사업지원 및 임대서비스업, 교육서비스업, 보건업 및 사회복지서비스업, 예술·스포츠 및 여가 관련 서비스업, 협회 및 단체, 수리 및 기타 개인서비스업, 가구 내 고용 활동	5억 원 이상

그런데 여기서 복식부기 의무자 판단과는 조금 차이가 있다. 직전 연도 수입금액을 기준으로 하는 복식부기 의무자와는 다르게 성실신고 대상자가 되는 기준은 해당연도의 수입금액이다. 따라서 신규사업자도 해당연도 수입금액이 기준이상이라면 성실신고 대상자에 해당하게 된다.

TOP ⚡ TIPS!

성실신고 대상자에 해당하기 전에 법인으로 전환하자

성실신고 대상자에 해당할 정도의 매출이라면 순이익 또한 높은 세율을 적용받을 만큼 발생했을 것이다. 그래서 보통 개인사업자로 사업해온 사람이라면, 이 매출 구간을 적용받을 즈음에 법인으로 전환하는 경우가 많다. 법인으로 전환하면 세율이 9~24%여서 개인사업자보다 소득세(법인소득세)가 낮아지기 때문이다.

그런데 성실신고 대상자가 되고 나서 법인사업자로 전환하는 것은 추천하지 않는다. 법인세법상 성실신고 대상자가 법인으로 전환하는 경우 법인 또한 3년 동안 성실신고 대상자 적용을 받게 되어서, 일반 법인보다 세금 신고가 훨씬 까다롭기 때문이다.

종합소득세 안내문 유형에 따른 구분

국세청에서는 신고 유형을 좀 더 세분화해서, 각 유형에 따라 명칭을 구분해 '종합소득세 신고안내문'을 우편 또는 전자우편 등으로 통지한다. 이를 통해 납세자들은 좀 더 편하게 자신이 어디에 속하는지 알고 종합소득세를 신고할 수 있다. 이 통지문은 4월 중순이나 말일, 길게는 5월 초에 받아 볼 수 있는데, 이 안내문에는 다음과 같이 유형이 구분되어 있다.

유형		기장의무
사업자	성실신고 확인 대상자	복식부기
	외부 조정 대상자	
	자기 조정 대상자	
	복식부기 의무자(전년도 추계 신고)	
	간편장부 대상자	간편장부
	단순경비율 대상자(모두채움 이외)	
	모두채움(납부)	
	모두채움(환급)	
	모두채움(분리과세 주택임대)	
종교인	모두채움(납부)	
	모두채움(환급)	
비사업자	비사업소득	

TOP ⚡ TIPS!

우편이나 메일로 받지 않더라도 종합소득세 신고안내문을 볼 수 있는 방법은 없을까?

홈택스 ▶ 세금신고 ▶ 종합소득세 신고 ▶ 신고도움서비스

여기서 안내문에 준하는 내용을 확인할 수 있다.

여기서 외부 조정 대상자란, 다음의 기준에 해당할 때 반드시 세무대리인을 통해서 세금을 신고해야 하는 사업자를 말한다. 만약 세무대리인을 통하지 않는다면 무신고로 처리된다.

업종	적용기준 수입금액♦
농업·임업 및 어업, 광업, 도매 및 소매업(상품중개업을 제외한다), 부동산매매업, 그 밖에 나목 및 다목에 해당하지 아니하는 사업	6억 원 이상
제조업, 숙박 및 음식점업, 전기·가스·증기 및 공기조절 공급업, 수도·하수·폐기물처리·원료재생업, 건설업(비주거용 건물 건설업은 제외하고, 주거용 건물 개발 및 공급업을 포함한다), 운수업 및 창고업, 정보통신업, 금융 및 보험업, 상품중개업	3억 원 이상
부동산 임대업, 부동산업(부동산매매업은 제외한다), 전문·과학 및 기술서비스업, 사업시설관리·사업지원 및 임대서비스업, 교육서비스업, 보건업 및 사회복지서비스업, 예술·스포츠 및 여가 관련 서비스업, 협회 및 단체, 수리 및 기타 개인서비스업, 가구내 고용 활동	1억 5,000만 원 이상

♦ 기준 금액 이상이면 외부 조정 대상자

종합소득세 신고, 사업자가 직접 할 수 있을까?

　이 책은 사업자가 세금 신고에 대한 기본적인 부분은 알고 사업을 시작하는 것을 목표로 하고 있다. 하지만 종합소득세 신고는 비전문가가 하기에는 솔직히 쉽지 않다. 사업장의 수입과 비용, 그리고 수입과 비용으로 볼 수 없는 것을 회계적으로 정확하게 구분하고, 나아가 세법적으로도 구분할 수 있는 능력이 필요하기 때문이다. 이를 위해서는 회계 및 세법과 관련 지식 전반을 숙지해야 하는데, 현실적으로 일반인이 하기에는 불가능하다고 볼 수 있다.

　물론 실적이 얼마 되지 않아서 직접 신고하는 사업자도 많다. 그런데 나중에 사업이 커져서 세무사와 일하게 될 때 세무사가 확인해보면 가산세 사유에 해당하는 경우가 많다. 또 복식부기 의무자의 경우에는 매년 장부가 이어지기 때문에(작년 말의 재무제표는 올해 초의 재무제표가 된다) 한 번의 실수가 수년 치의 종합소득세를 전부 수정해야 하는 사태를 만드는 일도 있다. 게다가 제대로 신고했더라도, 미처 알지 못해 놓친 세액 공제나 세액 감면 등이 있을 수 있어 세무사가 대리해 신고한 경우보다 많은 세금을 내는 일도 생긴다. 그렇기에 종합소득세 신고만큼은 수수료를 지급하더라도 세무사에게 맡기는 것이 더 바람직하다고 볼 수 있다.

다만, 그 와중에도 별다른 지식 없이 직접 신고가 가능한 유형 또한 존재한다. 과연 어떤 유형이 세무사에게 신고 대리를 부탁하고 어떤 유형은 직접 신고하는 편이 좋을까? 이 부분을 간단하게 정리해보자.

① 무조건 세무대리를 통해 신고해야 하는 유형

(세무사의 신고가 의무화되어 있다)

– 성실신고 확인 대상 사업자

– 외부 조정 대상 복식부기 의무자

② 세무대리를 맡기는 편이 좋은 유형

(직접 신고가 가능하지만, 전문적인 지식이 없다면 세무대리를 맡기는 것이 좋다)

– 복식부기 의무자(외부 조정 대상자 제외)

– 기준경비율을 적용받는 간편장부 대상자(세무사를 이용해서 절세하는 경우가 많다)

– 사업소득 외에 다른 소득이 있는 단순경비율 적용 간편장부 대상자

③ 종합소득세를 직접 신고하는 데 무리가 없는 유형

– 모두채움(납부)을 적용받는 단순경비율 대상자(납부세액 ○)

– 모두채움(환급)을 적용받는 단순경비율 대상자(납부세액 ×)

(모두채움(환급)의 경우 납부세액이 없으므로 국세청에서 종합소득세 신고안내문에 직접 작성해준 [모두채움신고서]에 사인해서 팩스로 보내거나 홈택스 또는 전화로 신고만 완료하면 된다)

11월에 종합소득세 내기: 중간예납

　개인사업자의 부가가치세는 상반기와 하반기에 신고할 의무가 있다. 그리고 각각의 반기의 중간인 1분기와 3분기에 국세청으로부터 예정고지를 받아 납부한다. 종합소득세는 1년간의 실적을 다음 해 5월에 신고한다. 다만 종합소득세도 부가세처럼 1월부터 6월까지의 실적에 대해 11월에 국세청으로부터 고지를 받아 납부해야 한다. 이렇게 중간예납을 고지제로 운영하는 이유는 개인 자영업자가 신고하는 데 드는 품과 비용 등을 줄여주는데 그 취지가 있다.

　이 중간예납세액의 계산 구조는 매우 복잡하지만, 한마디로 설명하자면 작년 1년 동안의 실적을 기준으로 산출된 종합소득세액(5월에 계산해 납부한 세액에 작년 11월에 종합소득세 중간예납으로 납부한 세액의 합)의 절반이다. 이렇게 납부한 중간예납세액은 신고해야 할 종합소득세 금액의 일부를 미리 납부한 것으로, 실제 종합소득세를 신고하고 납부할 때 기납부세액으로 차감하게 된다.

　그런데 많은 사업자가 중간예납을 해야 한다는 사실을 잊는 바람에 납부지연 가산세까지 추가해서 납부하는 경우가 많다. 11월 초에 우편이나 카카오톡 등을 통해 중간예납세액을 국세청에서 고지하고 있으니, 잊지 말고 납부하도록 하자.

간편장부 대상자 종합소득세 신고하는 법

사업하면서 수입과 지출에 관련된 장부를 작성하는 것은 당연한 일이다. 우리가 창업하는 이유 가운데 중요한 것이 돈을 버는 것인데, 버는 돈과 쓰는 돈을 수시로 꼼꼼히 살피지 않는다는 것은 말이 안 되지 않는가? 적자를 일으키는 항목은 없는지, 돈이 새는 곳은 없는지 파악하기 위해서 장부 작성은 꼭 필요한 일이다.

그런데 사업 초반에는 그것까지 신경 쓸 여력이 없을 것이다. 전문적인 지식이 있는 경리를 고용하기에는 자금이 받쳐주지 않고, 그렇다고 대표인 내가 하기에는 당장 사업을 일으키는 데도 시간이 모자라 경리 부분까지 신경 쓸 여유가 없다. 결국 사업 초기에는 장부 작성은커녕 매입의 증빙서류를 갖추는 일조차 쉽지 않다. 그러다 보면 매입에 비해 매출만 커져서 종합소득세 부담 또한 커질 것이다. 이처럼 장부를 작성하지 못했을 때 소득세를 줄이는 방법은 없을까?

사업 첫해에 가볍고 쉽게 신고하자

직관적으로 살펴보면, 간편장부 대상자는 일반적으로 각 가정에서 사용하는 가계부 정도의 수준을 생각하면 된다. 그리고 복식부기 의무자는 장부에 회계적인 요소가 들어가며, 성실신고 대상자는 법인사업자와 동일한 수준이 된다.

그런데 실상은 아직 모든 것에 서툴러서 가계부 수준의 간편장부도 작성하지 못하는 경우가 많다. 세법에서는 그런 대표들을 위한 제도도 마련해두고 있다.

바로 '추계신고'라는 것이다. 추계신고란 매출금액만 있고 장부가 없어 비용을 추정해서 신고해야 하는 경우를 가리키는 세무용어다. 추계신고에는 단순경비율제도와 기준경비율제도가 있다.

그중에서 단순경비율 제도는 신규사업자이거나 일정 수입금액 기준에 미달하는 사업자에게는 "너희 장부 작성 힘들지? 매입 증빙도 제대로 안 챙겨서 비용 넣을 것도 없지? 우리가 경비율 줄 테니까 그냥 매출에 그 경비율 곱해서 그만큼 비용 쓴 것으로 신고해" 하는 느낌으로, 일반적으로 스타트업이 계상할 수 없는 큰 경비율을 적용해 종합소득세를 신고할 수 있도록 해주는 제도다. 게다가 장부를 작성하지 않고도 신고할 수 있어 매우 간편하다. 이 단순경비율을 적용받는 대상자의 기준은 무엇인지, 종합소득세 계산은 어떻게 하는지 자세하게 알아보자.

단순경비율 적용 대상자

다음의 둘 중 하나를 충족하는 사업자가 단순경비율 적용 대상자가 된다.

- 해당 과세기간에 신규로 사업을 개시한 사업자로 당해 연도 수입금액

기준이 미달하는 사업자.

- 다음 표의 직전 연도(작년 5월 종합소득세 신고 시) 수입금액 기준에 미달하면서 당해 연도 수입금액 기준도 미달하는 사업자.

업종	직전 연도 수입금액	당해 연도 수입금액◆
농업·임업 및 어업, 광업, 도매 및 소매업(상품중개업을 제외한다), 부동산매매업, 그 밖에 아래 두 칸의 업종에 해당하지 않는 사업	6,000만 원	3억 원
제조업, 숙박 및 음식점업, 전기·가스·증기 및 공기조절 공급업, 수도·하수·폐기물처리·원료재생업, 건설업(비주거용 건물 건설업은 제외하고, 주거용 건물 개발 및 공급업을 포함한다), 운수업 및 창고업, 정보통신업, 금융 및 보험업, 상품중개업	3,600만 원	1억 5,000만 원
부동산 임대업, 부동산업(부동산매매업은 제외한다), 전문·과학 및 기술서비스업, 사업시설관리·사업지원 및 임대서비스업, 교육서비스업, 보건업 및 사회복지서비스업, 예술·스포츠 및 여가 관련 서비스업, 협회 및 단체, 수리 및 기타 개인서비스업, 가구 내 고용 활동	2,400만 원	7,500만 원

◆ 직전 연도 수입금액이 단순경비율이 해당하는 사업자가 당해 연도 수입금액 기준을 초과할 경우 기준경비율을 적용받게 된다. 단, 수리 및 기타 개인서비스업 중 부가가치세법 시행령 제42조 제1호에 따른 인적용역은 2023년 귀속부터 직전연도 기준수입금액 3,600만 원을 적용한다.

계산하는 방법은 다음과 같다.

> **사업소득금액 = 수입금액 − (수입금액 × 단순경비율)**

단순경비율은 업종마다 다르며, 국세청 홈택스에서 업종코드로 검색해 확인할 수 있다.

> 홈택스 ▶ 세금신고 ▶ 종합소득세 신고 ▶ 신고도움자료 조회 ▶ 기준·단순경비율 (업종코드) 조회 ▶ 업종코드 검색 ▶ 사업장이 자가인 경우 자가율, 임차인 경우 일반율 사용

> (예시) 올해 온라인 쇼핑몰을 창업한 A의 매출이 4,000만 원일 때 종합소득금액은?
> (매출 외의 수입금액과 다른 소득은 없는 것으로 하며, 경비율은 86%로 가정한다)
>
> 4,000만 원 - (4,000만 × 86%) = 560만 원
>
> **정답) 560만 원**

TOP ⚡ TIPS!

단순경비율 적용 대상자가 복식부기로 신고할 수 있나요?

가능하다. 단순경비율 적용 대상자인데 손실이 많이 발생했다면, 손실을 계상해 차기에 이익이 발생할 때 차감하려고 하거나 기장세액 공제를 적용받기 위해서 복식부기로 신고하는 사례도 있다.

기장세액 공제란 간편장부 대상자가 종합소득 과세표준 확정신고를 할 때 복식부기에 따라 기장해 소득금액을 계산하고 재무제표 및 조정계산서를 제출하는 경우 다음과 같이 세액을 공제해주는 것을 말한다.

다음 중 작은 것으로 세액 공제
- 종합소득 산출세액 × 복식부기로 기장한 사업소득금액 / 종합소득금액 × 20%
- 한도 : 100만 원

장부 없이 기준경비율 적용할 때

창업하고 사업이 잘될수록 단순경비율과는 빨리 이별할 것이다. 아마도 최대 1~2년 정도 받을 수 있을 것이다. 그다음은 보통 기준경비율을 적용받게 된다. 기준경비율 또한 장부를 작성하지 않은 사업자가 추계로 신고할 수 있는 경우인데, 단순경비율에 비해선 그 비율이 현저히 낮다. 예를

들어 중식당의 경우 단순경비율은 88.4%인 데 반해 기준경비율은 10.1% 밖에 안 된다(2021년 기준). 그래서 비용을 조금 더 인정받아서 세금을 덜 내고자 한다면 주요 비용(재화 매입 비용, 인건비, 사업장 임차료)에 대해 증빙을 챙겨야 한다. 그러므로 힘들더라도 간편장부를 작성하는 편히 훨씬 이득인 경우가 많다. 거기에다 웬만한 기준경비율 적용 대상자는 뒤에 다루게 되는 무기장 가산세를 추가로 납부해야 할 수 있고, 단순경비율 적용 대상자일 때는 제출하지 않았던 추가 서류들도 제출해야 한다.

그런데도 과세기간에 간편장부를 작성하지 않았다면 어쩔 수 없이 기준경비율로 신고해야 하는데 그 기준과 계산 방법은 다음과 같다.

① 적용 대상자

다음의 표에 해당하는 사업자가 추계신고를 하면 기준경비율을 적용받는다.

업종	직전 연도 수입금액
농업·임업 및 어업, 광업, 도매 및 소매업(상품중개업을 제외한다), 부동산매매업, 그 밖에 아래 두 칸의 업종에 해당하지 않는 사업	6,000만 원 이상
제조업, 숙박 및 음식점업, 전기·가스·증기 및 공기조절 공급업, 수도·하수·폐기물처리·원료재생업, 건설업(비주거용 건물 건설업은 제외하고, 주거용 건물 개발 및 공급업을 포함한다), 운수업 및 창고업, 정보통신업, 금융 및 보험업, 상품중개업	3,600만 원 이상
부동산 임대업, 부동산업(부동산매매업은 제외한다), 전문·과학 및 기술서비스업, 사업시설관리·사업지원 및 임대서비스업, 교육서비스업, 보건업 및 사회복지서비스업, 예술·스포츠 및 여가 관련 서비스업, 협회 및 단체, 수리 및 기타 개인서비스업, 가구 내 고용 활동	2,400만 원 이상

② 계산 방법

다음 두 가지 방법으로 계산해서 작은 것을 추계소득금액으로 한다.

- 수입금액 − 주요경비◆ − (수입금액 × 기준경비율)
- 수입금액 × (1−단순경비율) × 배율◆◆

◆ 임차료, 인건비, 매입 비용 등으로, 증빙 갖출 경우 경비로 인정해준다
◆◆ 간편장부 대상자는 2.8배 복식부기 의무자는 3.4배

(예시) 중식당을 운영하는 간편장부 대상자 B 씨의 매출이 1억 원이고 증빙을 갖춘 주요경비가 4,000만 원이다. 기준경비율을 적용한 종합소득금액은 얼마일까?
(단순경비율은 88.4% 기준경비율은 11.4%로 가정)

- 1억 원 − 4,000만 원 − 1억 원×11.4% = 4,860만 원
- {1억 원 × (1−0.884)} × 2.8 = 3,248만 원

정답) 둘 중 적은 금액인 3,248만 원

무기장 가산세

단순경비율이나 기준경비율로 신고하는 경우를 추계신고라고 한다. 그러나 종합소득세법은 장부의 기장을 의무화하고 있으므로 기장하지 않았다면 비록 종합소득세를 신고했을지라도 다음과 같은 무기장 가산세를 부과하고 있다.

무기장 가산세 = (종합소득 산출세액 × 무기장 사업소득금액◆ ÷ 종합소득금액)×20%

◆ 수익에서 경비율에 해당하는 금액을 차감한 금액

다만 무기장 가산세는 세법에서 규정하는 '소규모 사업자'에게는 부과하

지 않도록 하고 있는데 다음 중 어느 하나에 해당하는 사업자를 '소규모 사업자'라 한다.

① 해당 과세기간에 신규로 사업을 개시한 사업자.
② 직전 과세기간의 사업소득 수입금액 합계액이 4,800만 원에 미달하는 사업자.
③ 연말정산되는 사업소득만 있는 자(보험모집인·방문판매원·음료품배달원).

추계신고를 통해 종합소득세를 신고하는 경우 본인이 무기장 가산세를 납부해야 하는 대상인지 정확히 숙지하고, 만약 해당한다면 종합소득세 신고 시에 자진해서 가산세를 추가해 납부하도록 하자.

신고서 작성법:
단일소득 단순경비율 대상자
(모두채움 납부 유형)

　종합소득세 신고 의무가 있는 사업자가, 어떤 신고 유형을 적용받는지 앞서 살펴봤다. 어떤 유형이든, 종합소득세를 신고하는 것은 쉬운 일이 아니다. 그래서 세무사에게 세무대리를 맡기지 않은 사람도 종합소득세만은 일정액의 수수료를 지급하고 신고를 맡긴다.

　그런데 본인이 모두채움 납부 유형의 신고 대상자라면, 기준경비율 이상을 적용받는(기준경비율을 적용받는 사업자는 간편장부로 신고하는 편이 유리한 경우가 많다) 간편장부 대상자나 복식부기 의무자에 비해 난이도가 낮으므로, 가능하다면 수수료를 절약하기 위해 직접 신고하는 것도 나쁘지 않다. 물론 수수료보다 시간을 절약하는 것이 더 중요한 경우에는 이 수수료가 일반적으로 비싸지 않기 때문에 세무사에게 맡기는 것 또한 좋은 방법이지만 말이다.

　지금부터 김단순 씨의 사례를 통해, 모두채움 납부 유형 적용 사업자의 신고 방법을 살펴보겠다.

〈내용1〉 기본사항

주소 : 서울시 성동구 성수이로 20길 **

성명 : 김단순(891016-******)

〈내용2〉 전자상거래 사업소득 내역

· 2022년 수입금액 : 6,000만 원

· 2021년 수입금액 : 3,000만 원

· 상호 : 온라인만세(123-**-*****) 업종 : 도매 및 소매업 / 전자상거래 소매업

  개업일 : 2021년 1월 1일

· 신고유형 : 단순경비율 일반율 86%(업종코드 525101)

〈내용3〉 부양하는 가족은 없음

〈내용4〉 국민연금 보험료 60만 원 납부 외에 소득 공제 자료 없음

〈내용5〉 신고일 5월 21일

〈내용6〉 홈택스 전자신고

1단계: 기본사항 작성

240쪽의 종합소득세 과세표준 확정신고 및 납부계산서를 다음과 같이 순서대로 작성해보자.

① 성명 ② 주민등록번호 ③ 주소 ④ 전자우편주소 ⑤ 주소지 전화번호 ⑥ 주사업장 전화번호 ⑦ 휴대전화번호 ⑧ 신고유형 ⑨ 기장의무 ⑩ 신고 구분을 각 칸에 기재한다.

김단순 씨의 경우 신고유형은 '추계-단순율', 기장의무는 도매 및 소매업 종으로 직전 수입금액이 3억 원에 미달하기 때문에 '간편장부 대상자', 신고 구분은 신고기한인 5월 31일 전에 신고했기 때문에 '정기신고'에 체크한다.

(2022년 귀속)종합소득세·농어촌특별세 과세표준확정신고 및 납부계산서
(단순경비율사업·근로·연금·기타소득자용)

거주구분	거주자1 / 비거주자2
내·외국인	내국인1 / 외국인9
거주지국	거주지국코드

❶ 기본사항

① 성 명	김단순	② 주민등록번호	891016 - ******
③ 주 소	서울시 성동구 성수이로20길 **		
⑤ 주소지 전화번호		⑥ 주사업장 전화번호		⑦ 휴대전화번호	
⑧ 신고유형	㉜추계-단순율	⑨ 기장의무		⑩ 신고구분	⑩정기신고, ⑳ 수정신고, ㊵기한후신고

❷ 환급금 계좌신고 ⑪ 금융기관/체신관서명 ⑫ 계좌번호

❸ 종합소득세액의 계산

구 분						금 액
⑬ 종합소득금액: ❺ 사업소득명세(⑬)와 ❼ 근로소득·연금소득·기타소득명세(⑫)의 소득금액 합계를 적습니다.						8,400,000
⑭ 소득공제: ⑮~㉙합계-㉚						2,100,000

소득공제명세

	인적공제 대상자 명세					인적공제	
관계 코드	성 명	내외국인 코드	주민등록번호	구 분		인원	금 액
0	김단순	1	891016-******	기본 공제	⑮ 본 인	1	1,500,000
					⑯ 배 우 자		
					⑰ 부 양 가 족		
					⑱ 경로우대자		
				추가 공제	⑲ 장 애 인		
					⑳ 부 녀 자		
					㉑ 한부모가족		

㉒ 기부금(이월분) 소득공제: 4쪽의 작성방법을 참고하여 기부금 지출액 중 공제액을 적습니다.		
㉓ 연금보험료공제: 국민연금 / 공무원·군인·사립학교 교직원·별정우체국 연금		600,000
㉔ 주택담보노후연금 이자비용공제		
㉕ 개인연금저축공제: 개인연금저축 납입액에 40%를 곱한 금액과 72만원 중 적은 금액을 적습니다.		
㉖ 중소기업창업투자조합 출자 등		
㉗ 소기업소상공인 공제부금		
㉘ 근로소득자 소득공제: 근로소득이 있는 경우에만 3쪽의 ❽ 근로소득자 소득공제 명세 합계금액(⑫)을 적습니다.		
㉙ 소득공제 종합한도 적용 소득공제액 - 2,500만원		
㉚ 과세표준: ⑬ - ⑭ ("0"보다 적은 경우에는 "0"으로 합니다)		6,300,000
㉛ 세율: 5쪽의 작성방법을 참고하여 세율을 적습니다.		6%
㉜ 산출세액: (㉚×㉛) - 누진공제액(5쪽 작성방법 참고)		378,000
㉝ 중소기업에 대한 특별세액감면 금액을 적습니다.		
㉞ 근로소득자 세액감면: 근로소득이 있는 경우에만 3쪽의 ❾ 근로소득자 세액감면 합계금액(㉗)을 적습니다.		
㉟ 세액공제: 세액공제명세(㊱~㊸)의 합계금액을 적습니다.		70,000

세액공제명세

자녀 세액 공제	7세 이상의 기본공제 자녀(입양자, 위탁아동 포함) ※ 2명 이하: 1명당 15만원, 자녀 2명 초과: 30만원+2명 초과 1명당 30만원		명
	출산·입양 세액공제: 첫째 30만원, 둘째 50만원, 셋째 이상 70만원		명

㊲ 연금계좌세액공제: 5쪽의 작성방법을 참고하여 적습니다.	공제 대상금액	과학기술인공제	
		퇴직연금	
		연금저축	
		개인종합자산관리계좌 만기 시 연금계좌납입액	

㊳ 기부금세액공제: 기부금지출액 중 공제액의 20%(1천만원 초과분은 35%)	「소득세법」 제34조제2항제1호에 따른 기부금공제 대상금액	
※ 사업소득만 있는 경우는 제외(연말에 따른 기부금공제 대상금액 정산대상 사업소득자는 공제 가능)	「소득세법」 제34조제3항제1호에 따른 기부금공제 대상금액	
	우리사주조합기부금공제 대상금액	
㊴ 표준세액공제 - 근로소득이 없는 경우: 7만원 - 근로소득이 있는 경우: 13만원(특별소득공제, 보험료·의료비·교육비·기부금 세액공제, 월세 세액공제 중 하나 이상의 소득·세액공제를 받는 경우는 0원)		70,000
㊵ 납세조합공제: 납세조합영수증상의 납세조합공제액을 적습니다.		
㊶ 정치자금기부금 세액공제	10만원 이하	100/110
	10만원 초과	15%(3천만원 초과분 25%)
㊷ 근로소득자 세액공제: 근로소득이 있는 경우에만 3쪽의 ❿ 근로소득자 세액공제 명세 합계금액(⑯)을 적습니다.		
㊸ 전자신고세액공제		
㊹ 결정세액: ㉜ - ㉝ - ㉞ - ㉟ ("0"보다 적은 경우에는 "0"으로 합니다)		308,000

210mm×297mm[백상지80g/㎡ 또는 중질지80g/㎡]

▲ 종합소득세 과세표준확정신고 및 납부계산서 (단순경비율)

구 분				계산기준	기준금액	가산세율	금 액
㉟ 가산세액: 가산세액명세(㉖~㊴)의 합계금액을 적습니다							

가산세액계산명세	구 분			계산기준	기준금액	가산세율	가산세액
	㊱ 무 신 고	부 정 무 신 고	무신고납부세액			40/100(60/100)	
			수 입 금 액			14/10,000	
		일 반 무 신 고	무신고납부세액			20/100	
			수 입 금 액			7/10,000	
	㊲ 과 소 신 고	부 정 과 소 신 고	과소신고납부세액			40/100(60/100)	
			수 입 금 액			14/10,000	
		일 반 과 소 신 고	과소신고납부세액			10/100	
	㊳ 납 부 지 연		미 납 일 수	( )		22/100,000	
			미납부(환급)세액				
	㊴ 보고불성실	지급명세서	미제출(불명)	지급(불명)금액			1/100	
			지 연 제 출	지 연 제 출 금 액			0.5/100	
		근로소득간이지급명세서	미제출(불명)	지 급 금 액			0.25/100	
			지 연 제 출	지 연 제 출 금 액			0.125/100	
	㊵ 공동사업장등록불성실	미등록·허위등록	총 수 입 금 액			0.5/100	
		손익분배비율 허위신고 등	총 수 입 금 액			0.1/100	
	㊶ 무 기 장		산 출 세 액			20/100	
	㊷ 신용카드거부	거 래 거 부 · 불 성 실 금 액				5/100	
		거 래 거 부 · 불 성 실 건 수				5,000원	
	㊸ 현금영수증미발급 등	미 가 맹	수 입 금 액			1/100	
		발 급 거 부 · 불 성 실 금 액				5/100	
		발 급 거 부 · 불 성 실 건 수				5,000원	
		미 발 급	금 액			20/100 (10/100)	
	㊹ 주택임대 사업자미등록	미 등 록 기 간 수 입 금 액				2/1,000	

구 분	금 액
㊺ 총결정세액 : ㉝+㉟	308,000
㊻ 기납부세액	중간예납세액	
	원천징수 및 납세조합징수 세액의 합계 : ❻ 원천(납세조합)징수세액의 원천징수 또는 납세조합징수 세액 ⑦ 합계와 ❼ 근로소득·연금소득·기타소득명세의 소득세 원천징수세액 ⑧ 합계를 적습니다.	
㊼ 납부할 세액 또는 환급받을 세액 : ㊺-㊻	308,000

❹ 농어촌특별세의 계산

구 분	금 액
㊽ 과세표준: ⑱ 주택자금차입금 이자세액공제 금액을 적습니다.	
㊾ 세율	20%
㊿ 산출세액 : ㊽×㊾	
⑪ 가산세액	
⑫ 합계 : ㊿+⑪	
⑬ 기납부세액 : 원천징수된 ⑭ 농어촌특별세 합계를 적습니다.	
⑭ 납부(환급)할 세액 : ⑫-⑬	

❺ 사업소득명세

⑮일련번호	사업장		⑯소득구분코드 (5쪽 작성방법 참고)	⑰업종코드	⑱총수입금액	⑲단순경비율(%)		⑳필요경비 (=⑱×⑲)	㉑소득금액 (=⑱-⑳)	❻ 원천(납세조합)징수세액	
	⑯상호 (성명)	⑰사업자등록번호 (주민등록번호)				일반율	자가율			⑭원천징수 또는 납세조합징수세액	⑮원천징수자 또는 납세조합 사업자등록번호
1	온라인만세	126-**-*****	40	525101	60,000,000	86		51,600,000	8,400,000		

210mm×297mm[백상지80g/㎡ 또는 충질지80g/㎡]

▲ 종합소득세 과세표준확정신고 및 납부계산서 (단순경비율)

❼ 근로소득 · 연금소득 · 기타소득명세

⑯소득 구분코드 (5쪽 작성 방법 참고)	⑰일련 번호	소득의 지급자 (부여자의 국내사업장)		⑱ 총수입금액 · (총급여액 · 총연금액)	⑲ 필요경비 (근로소득공제 · 연금소득공제)	㉑ 소득금액 (⑱−⑲)	원천징수세액	
		⑱ 상호 (성명)	⑲사업자등록번호 (주민등록번호)				㉒ 소득세	㉓ 농어촌 특별세

❽ 근로소득자 소득공제명세

특별소득 공제	㉔ 보험료 공제(건강보험료 및 고용보험료)	
	㉕ 주택자금 공제	
그밖의 소득공제	㉖ 주택마련저축소득공제	
	㉗ 우리사주조합 출연금	
	㉘ 장기집합투자증권저축	
	㉙ 신용카드등 사용액	
	㉚ 고용유지 중소기업 근로자	
㉛ 합 계 : ㉔+㉕+㉖+㉗+㉘+㉙+㉚		

❾ 근로소득자 세액감면

㉜ 「소득세법」상 세액감면(제59조의5)	
㉝ 「조세특례제한법」상 세액감면(제18조 외)	
㉞ 「조세특례제한법」상 세액감면(제30조)	
㉟ 조세조약(원어민교사 등)	
㊱ 합 계 : ㉜+㉝+㉞+㉟	

❿ 근로소득자 세액공제명세

특별세액 공제	㊲ 근로소득세액공제			
	㊳ 보험료	보장성	공제대상금액	
			세액공제액	
		장애인전용보장성	공제대상금액	
			세액공제액	
	㊴ 의료비		공제대상금액	
			세액공제액	
	㊵ 교육비		공제대상금액	
			세액공제액	
㊶ 주택자금차입금 이자세액공제				
㊷ 외국납부세액공제				
㊸ 월세액 세액공제			공제대상금액	
			세액공제액	
㊹ 합 계 : ㊲~㊸ 세액공제액 합계				

신고인은 「소득세법」제70조 및 「국세기본법」제45조의3에 따라 위의 내용을 신고하며, **위 내용을 충분히 검토하였고 신고인이 알고 있는 사실 그대로를 정확하게 적었음을 확인합니다.** 위 내용 중 과세표준 또는 납부세액을 신고하여야 할 금액보다 적게 신고하거나 환급세액을 신고하여야 할 금액보다 많이 신고한 경우에는 **「국세기본법」제47조의3에 따른 가산세 부과 등의 대상이 됨을 알고 있습니다.**

2023년 05월 15일 신고인 김 단 순 (서명 또는 인)

세무서장 귀하

첨부서류	1. 장애인증명서 1부(해당자에 한정하며, 종전에 제출한 경우에는 제외합니다) 2. 기부금명세서(별지 제45호서식) 및 기부금납입영수증 각 1부(기부금공제가 있는 경우에 한정합니다) 3. 가족관계증명부 1부(주민등록표등본에 의하여 공제대상 배우자, 부양가족의 가족관계가 확인되지 않는 경우에만 제출하며, 종전에 제출한 후 변동이 없는 경우에는 제출하지 않습니다) ※ 이 신고서는 5월 31일까지 세무서로 우송해야 합니다.

210mm×297mm[백상지80g/㎡ 또는 중질지80g/㎡]

▲ 종합소득세 과세표준확정신고 및 납부계산서 (단순경비율)

2단계: 사업소득 명세를 작성한다

㉕ 일련번호: 1을 기재하되, 동일한 소득구분 코드가 둘 이상인 경우에 그다음 사업장은 2, 3⋯의 순서대로 기재하고 다른 소득구분 코드가 있는 경우 다시 1로 시작한다.

㉖ 상호: '온라인만세'.

㉗ 사업자등록번호 : '123-**-*****'.

㉘ 소득구분 코드◆: '40'.

◆소득구분 코드
  가. 부동산임대업(주택임대업 제외)의 사업소득: 30
  나. 주택임대업의 사업소득: 32(업종코드가 701101, 701102, 701103, 701104, 701301에 해당하는 주택임대업의 소득)
  다. 부동산임대업 외의 사업소득: 40

㉙ 업종코드: 525101.

㉚ 총수입금액: 6,000만 원.

㉛ 단순경비율: 일반율◆◆에 86%.

◆◆일반율과 자가율
사업자등록증상 사업장 주소가 타인 소유일 때는 일반율, 자기 소유일 때는 자가율이며, 보통은 일반율에 0.3%를 차감하지만 업종마다 차이가 있으므로 정확한 내용은 홈택스에서 찾아보자(233쪽 참조)

㉜ 필요경비: 5,160만 원(6,000만 원 × 86%).

㉝ 사업소득금액: 840만 원(6,000만 원 - 5,160만 원).

3단계: 종합소득세액의 계산

⑬ 종합소득금액: 사업소득 외에 다른 소득이 없으므로, 840만 원.

⑭ 소득 공제: 210만 원(⑮+㉓).

소득 공제 명세의 인적공제 대상자 명세는 본인만 해당하므로 관계코드 ◆ '0', 내외국인 코드 ◆◆ '1'로 기재.

◆ 관계코드 : 소득자 본인=0, 소득자의 직계존속=1, 배우자의 직계존속=2, 배우자=3, 직계비속 중 자녀·입양
자 = 4, 직계비속 중 자녀·입양자 외(직계비속과 그 배우자가 모두 장애인일 때 그 배우자 포함)=5, 형제자매
=6, 수급자=7, 위탁아동=8
◆◆ 내외국인 코드 : 내국인은 '1' 외국인은 '2'로 구분해 기재

⑮ 인적공제: 부양가족 없으므로 본인 150만 원.

㉓ 연금보험료 공제: 60만 원.

㉚ 과세표준: 630만 원.

㉛ 세율: 6%.

㉜ 산출세액: 37만 8,000원.

㉟ 세액 공제: 7만 원(세액 공제 명세의 합계금액을 기재).

㊴ 표준세액 공제 : 7만 원.

㊹ 결정세액 : 30만 8,000원.

㉟ 총결정세액 : 30만 8,000원.

㊻ 납부할 세액 또는 환급받을 세액 : 30만 8,000원.

홈택스로 신고하기:
단일소득 단순경비율 대상자(F유형)

앞서 소개한 김단순 씨의 경우 홈택스로 신고하게 되면, 전자 신고세액 공제 2만 원을 추가로 받을 수 있다. 홈택스를 통해 직접 신고하는 사례에 대해 알아보자.

1단계: 신고서 작성 경로

홈택스 로그인 ▶ 세금신고 ▶ 종합소득세 신고(인증서 로그인 필수) ▶ 모두채움/단순 경비율 신고 ▶ 정기신고

2단계: 기본사항 작성

▲ 단순경비율 홈택스 신고 1

주민등록번호란에 입력된 본인 주민등록번호를 확인한 후 조회 클릭 ▸ '나의 소득 종류' 팝업창에서 '부동산임대업 외의 사업소득' 체크 확인 ▸ 사업소득 사업장 명세에서 자신의 소득 체크 확인 후 '앞의 내용대로 적용하기' 클릭 ▸ 나머지 인적 사항 입력 ▸ 저장 후 다음 이동을 클릭한다.

▲ 단순경비율 홈택스 신고 2

종합소득세 신고안내문에 단순경비율로 안내받았다면, 신고 유형과 기장의무가 자동으로 입력되어 있다. 왼쪽 하단의 그림처럼 단순경비율 간편장부 대상자로 확인되었으면 스크롤을 내리고, 혹시 입력되어 있지 않다면 간편장부 대상자 선택 후 사업소득을 체크, 그리고 '소득 종류 선택 완료'를 클릭하고 스크롤을 내린다.

3단계: 소득 입력

	수입금액 입력/수정	사업자등록번호	상호	소득구분	주업종코드	수입금액	단순경비 일반율
			조회된 내역이 없습니다.				

> 사업장정보 입력

☞ 사업자등록번호 입력 후 「조회」 버튼을 클릭, 주업종코드 6자리를 입력한 후에 「등록하기」 버튼을 클릭

* 사업자등록번호	있음 ▼ ☐ - ☐ - ☐ 조회	상호	
* (14) 주업종코드	☐ 업종코드 찾기 사업자등록 없이 입력 가능한 업종 조회		
(13) 소득구분	○ 부동산임대업의 사업소득(30) ○ 주택임대업의 사업소득(32)	○ 부동산임대업외의 사업소득(40)	
업태		(15) 단순경비율	일반율 / 자가율

등록하기 닫기

▲ 단순경비율 홈택스 신고 3

사업소득금액 명세에 아무것도 나와 있지 않다면, 사업자 정보를 입력해 등록하기 버튼을 눌러야 한다. 그리고 수입금액이 작성되어 있지 않다면 입력/수정으로 들어가자. 그러면 다음과 같은 팝업이 뜬다.

업종별 총수입금액 입력 및 단순경비율 선택

※ 선택한 사업장의 "총수입금액 및 경비율" 입력을 위한 문답입니다. 모든 문답내용에 대한 답변 완료후 "문답내용 적용하기" 버튼 클릭시 자동 등록됩니다.

사업자번호

상호 업종코드

● 문답내용

1 귀하가 선택한 사업장에 대해 신고도움서비스에 제공된 총수입금액은   원 입니다. 해당 수입금액으로 신고하시겠습니까?
   ○ 예 ○ 아니오

2 귀하가 선택한 사업장은 본인 소유입니까?
   ('예'인 경우 '자율', '아니오'인 경우 '일반'이 선택됩니다.)
   ○ 예 ○ 아니오

문답내용 적용하기

▲ 단순경비율 홈택스 신고 4

　문답 내용 1번의 수입금액이 맞는다면 '예' 그렇지 않다면 '아니오'를 체크한다. 그리고 2번은 사업장이 임차해 사용하는 곳인지, 본인 명의의 사업장인지 선택하면 된다. 사업장이 거주지와 같더라도 마찬가지로 본인 명의인지 임차인지 선택한다. 모두 체크했으면 문답내용 적용하기를 클릭하자. 사업 명세를 보면 수입금액과 필요경비가 모두 입력되어 있을 것이다.

4단계: 소득 공제 입력

　지금까지 잘 따라왔다면 계산된 종합소득금액이 보일 것이다. 이제 종합소득 공제를 적용해야 한다. 사업자가 적용받을 수 있는 종합소득 공제는 인적 공제, 연금보험료 공제, 주택담보 노후연금 이자비용 공제, 개인연금저축 공제, 중소기업창업투자조합 출자 등 소득 공제, 소기업·소상공인 공제부금이 있다. 일반인이 모든 공제를 알기는 쉽지 않지만, 적어도 인적 공제와 연금보험료 공제, 소기업·소상공인 공제부금의 개념 정도는 알고

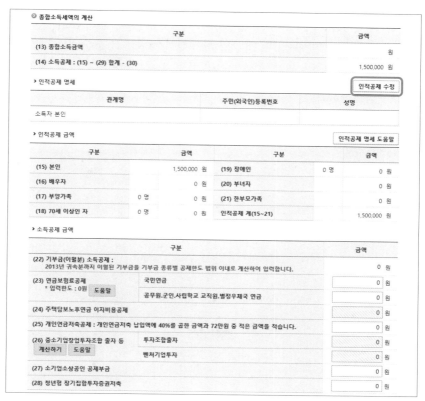

▲ 단순경비율 홈택스 신고 5

있는 것이 좋다.

이 중 인적공제는 생계를 같이하는 나의 부양가족(자녀의 경우 생계를 같이하고 있지 않아도 가능하며, 부모는 따로 살 경우 실제로 부양하는 것을 입증해야 한다)에 대한 공제로, 한 명당 150만 원의 기본공제 및 네 가지 항목의 추가공제를 받을 수 있다. 이를 기본공제 대상자라고 하는데, 여기에 해당하려면 법이 정한 나이 요건과 소득 요건이 맞아야 한다.

우선 소득 요건은 종합소득금액이 100만 원 이하여야 한다(예외로 근로자는 1년간 총급여가 500만 원 이하라면). 그리고 나이 요건은 부모는 60세

이상, 자녀는 20세 이하, 형제·자매는 20세 이하 또는 60세 이상이며, 배우자는 나이 제한이 없다. 또 가족이 장애인에 해당하는 경우에도 나이 제한이 없다. 빨간 박스에 새롭게 입력하거나 전년도 인적공제를 불러온 뒤 대상자를 수정하자.

▲ 단순경비율 홈택스 신고 6

　나이 요건과 소득 요건을 모두 충족하는 가족이 있다면, 가족 중 다른 사람의 기본공제 대상자로 입력되어 있지 않은 이상 본인의 기본공제 대상자로 공제할 수 있으므로 빨간 박스에 인적사항을 입력하도록 하자. 여기서 주의할 점은 하단에 보이는 인적공제 항목에 70세 이상, 부녀자, 한부모가족, 장애인 항목이다. 70세 이상은 부모나 장애인, 형제자매가 만 70세 이상인 경우를 말하며, 추가로 100만 원을 공제받는다. 두 번째, 부녀자의 경우 납세자 본인이 종합소득금액이 3,000만 원 이하의 여성으로, 배우자가 있거나 부양가족이 한 명 이상 있는 세대주를 말한다. 공제금액은 50만 원이다. 세 번째, 한부모가족의 경우 납세자 본인이 배우자가 없는 경우로, 기본공제 대상자인 자녀가 있을 때 체크 가능하며 추가로 100만 원을 공제받는다. 마지막으로 장애인은 본인이나 기본공제 대상자 중 장애인 있을 때 체크 가능하며 200만 원을 추가로 공제받을 수 있다. 인적공제 등록을 마쳤다면, 입력 완료 버튼을 누르자.

다음으로 연금보험료 공제는 종합소득세 과세기간에 국민연금을 납부했다면, 납부액 전액을 소득 공제받을 수 있다.

또 소기업·소상공인 공제부금은 국가에서 운영하는 노란우산 공제에 가입해 저축하는 금액이 있는 경우 최소 200만 원에서 최대 500만 원까지 소득 공제가 가능하다. 해당 내역은 각 기관에서 홈택스로 전송하기 때문에 종합소득세 탭에 들어올 때 공동인증서 등 인증서로 로그인했다면 금액이 자동으로 입력되어 있을 것이다. 금액이 입력되어 있지 않다면 확인해서 직접 입력하자.

구분	금액
(30) 과세표준 : (13) - (14) ("0"보다 적은 경우에는 "0"으로 합니다.)	원
(31) 세율	%
(32) 산출세액 : (30) x (31) - 누진공제액	원
(33) 중소기업에 대한 특별세액감면 금액을 적습니다. [도움말]	원

▲ 단순경비율 홈택스 신고 7

5단계: 세액 공제, 가산세 및 기납부세액 입력

소득 공제까지 입력했으면 과세표준, 세율 및 산출세액이 나올 것이다. 이제 세액 공제 및 세액 감면, 그리고 가산세, 기납부세액만 입력하면 된다. 적용할 수 있는 것에는 소득세법상 세액 공제가 있고, 조세특례제한법에 규정된 세액 공제 및 세액 감면 있다. 그런데 조세특례제한법에 규정하는, 사업자가 적용할 수 있는 세액 공제 및 세액 감면은 엄청나게 많고 전문적이기 때문에 우리가 규정들을 숙지하고 적용하기란 쉽지 않거니와 단

구분			세액공제금액
(36) 세액공제 : (37)~(45) 합계			90,000 원
(37) 전자계산서발급전송세액공제 도움말			0 원
(38) 자녀세액공제	자녀세액기본공제 도움말		0 명 0 원
	출산·입양 자녀세액공제 도움말	☐ 첫째 ☐ 둘째 ☐ 셋째이상 ☐ 명	0 명 0 원
(39) 연금계좌세액공제 연말정산간소화불러오기	과학기술인공제 대상금액	0 원	0 원
	퇴직연금공제 대상금액	0 원	0 원
	연금저축공제 대상금액	0 원	0 원
	ISA만기시 연금계좌납입액	0 원	0 원
(40) 기부금세액공제	특례기부금공제	0 원	0 원
	일반기부금공제	0 원	0 원
	우리사주조합기부금공제	0 원	0 원
(41) 표준세액공제 도움말			70,000 원
(42) 납세조합공제 도움말			0 원
(43)정치자금기부금 세액공제	10만원 이하 (100/110)	0 원	0 원
	10만원 초과 15% (3천만원 초과분 25%)	0 원	0 원
(45) 전자신고세액공제 도움말			20,000 원
(46) 결정세액 : (33) - (34) - (35) - (36)('0'보다 적은 경우에는 '0')			원

▲ 단순경비율 홈택스 신고 8

순경비율 대상자가 알아야 할 정도의 실익도 없다.

　다만 그림의 단순경비율 간편장부 대상자가 적용할 수 있는 세액 공제의 명칭 정도는 기억해두도록 하자. 우선, 자녀 세액 공제의 경우 설명과 같이 공제를 받을 수 있고, 기본공제 대상자로 입력했다면 금액이 자동으로 계산되어 입력될 것이다. 그리고 연금계좌 세액 공제는 은행이나 보험사를 통해서 연금저축을 하거나 퇴직금 연금계좌를 가지고 있다면 해당 납입금을 최대 700만 원까지 공제받을 수 있다. 마찬가지로 종합소득세 신고 탭 진입 시 인증서 로그인을 했다면 납입액이 자동으로 입력된다. 기부금 세액 공제의 경우 구분란에 명시된 것과 같이 사업소득만 있는 사업자는 받을 수 없다. 납세조합 공제는 납세조합에 가입한 일원으로, 납세조합으로부터 징수된 세금이 있는 경우 100분의 5를 공제받을 수 있다. 그리고 정치자금기부금 세액 공제는 정치자금으로 기부한 금액이 있다면 구분란의 설명과 같이 공제받을 수 있다.

한편 표준세액 공제는 신고자에게 7만 원을 일괄적으로 공제해준다.

마지막으로 맨 앞에서 이야기했던 것처럼, 전자신고 세액 공제는 납세자가 직접 신고하면 일괄적으로 2만 원의 세액 공제를 받을 수 있으니 꼭 적용하자.

❓ 가산세액 계산명세 상세내역 접기 ▲

가산세 감면 도움말

구분		계산기준	기준금액	가산세율	가산세액
(48) 무신고 감면율 계산	부정무신고	무신고납부세액	원	40/100 (60/100)	원
		수입금액	원	14/10,000	원
	일반무신고	무신고납부세액	원	20/100	원
		수입금액	원	7/10,000	원
(49) 과소신고 감면율 계산	부정과소신고	과소신고 납부세액	원	40/100 (60/100)	원
		수입금액	원	14/10,000	원
	일반과소신고	과소신고 납부세액	원	10/100	원
(50) 납부지연 계산하기 계산내역삭제		미납일수	일		
		미납부(환급)세액	원	22/100,000	원
(51) 보고불성실	지급명세서 미제출(불명)	지연(불명)금액	원	1/100	원
	지급명세서 지연제출	지연제출금액	원	0.5/100	원
	간이지급명세서 미제출(불명)	지급금액	원	0.25/100	원
	간이지급명세서 지연제출	지연제출금액	원	0.125/100	원
	일용근로소득지급명세서 미제출(불명)	지급금액	원	0.25/100	원
	일용근로소득지급명세서 지연제출	지연제출금액	원	0.125/100	원
(52) 공동사업장 등록불성실	미등록·허위등록	총수입금액	원	0.5/100	원
	손익분배비율 허위신고 등	총수입금액	원	0.1/100	원
(53) 무기장		산출세액	원	20/100	원
(54) 신용카드 거래거부		불성실 금액	원	5/100	원
		불성실 건수	건	5,000원	원
(55) 현금영수증	미가맹	총수입금액	원	1/100	원
	발급거부	불성실 금액	원	5/100	원
		불성실 건수	건	5,000원	원
	미발급	미발급금액	원	20/100 (10/100)	원
(56) 주택임대 사업자미등록		미등록기간 수입금액	원	2/1,000	원

(47) 가산세액 합계: (48)~(56)의 합계		원
(57) 총결정세액 : (46) + (47)		원
(58) 기납부세액	중간예납세액 중간예납세액 불러오기	원
	원천징수 및 납세조합징수 세액 원천징수세액입력	원
(59) 납부할 세액 또는 환급받을 세액 : (57) - (58)		원

▲ 단순경비율 홈택스 신고 9

세액 공제의 적용 끝났다면, 이제 가산세, 농어촌특별세 및 기납부세액을 입력하면 된다. 그중 가산세는 각 장에서 설명했던 가산세 중 해당 사항이 있다면 직접 입력해 작성하면 된다.

※ 가산세 항목

가산세 항목	가산세 적용사유 또는 가산세 대상			
무신고 또는 무기장가산세	추계 또는 간편장부신고시			
(세금)계산서관련 보고불성실	미(지연) 제출금액		0 원	
현금영수증미가맹				
현금영수증미발급	미발급 금액		0 원	
현금영수증발급거부	10만원 미만	0 건	10만원이상	0 원
신용카드발급거부	10만원 미만	0 건	10만원이상	0 원
사업장현황신고불성실	무과소신고금액		0 원	
사업용계좌미신고				

▲ 단순경비율 홈택스 신고 10

가산세 대상의 해당 여부는 위의 그림처럼 홈택스 신고도움안내서비스의 두 번째 페이지에서 확인할 수 있으니 활용하도록 하자.

그리고 기납부세액은 신고하는 종합소득세 과세기간 중 11월에 중간예납한 종합소득세와 원천세 등으로 납부를 마친 세액을 적는다. 원천세는 프리랜서가 용역을 제공하고 대금을 받았을 때 내는 세금 등을 말하는데, 사업소득은 3.3%, 기타소득은 8.8%나 22%의 세금을 납부했을 것이다. 이를 미리 납부한 세금으로 입력하는 것이다. 어렵다면 신고도움안내서비스의 첫 번째 페이지를 살펴보자.

종합소득세 신고 안내 정보

※ 신고안내유형 및 기장의무 안내

성명		생년월일	
안내유형			
기장의무		추계시 적용경비율	
납부기한 직권연장 여부		ARS 개별인증번호	

※ 사업장별 수입금액

사업자 등록번호	상호	수입종류 구분코드	업종 코드	사업 형태	기장 의무	경비율	수입금액	기준경비율		단순경비율	
								일반	자가	일반 (기본)	자가 (초과)

※ 타소득(합산대상) 자료유무

소득종류	이자	배당	근로		연금	기타
			단일	복수		
해당여부	X	X	X	X	X	X

※ 종교인기타 소득유무 :   X

※ 공제 참고자료

구분		납입액(부담액)	공제 가능액
기납부 세액	중간예납세액(기납부세액)		중간예납세액 전액
	원천징수세액 (인적용역 사업소득)	원	원천징수세액 전액
소득 공제 항목	국민연금보험료	원	납부액전액
	개인연금저축	원	납입액의 40%와 72만원 중 적은 금액
	소기업소상공인공제부금 (노란우산공제)	원	납입액과 200만원(사업소득 1억원초과), 300만원(사업소득 1억원이하), 500만원(사업소득 4천만원이하) 중 적은 금액
세액 공제 항목	퇴직연금세액공제	0원	하단 참고사항을 확인하세요
	연금계좌세액공제	0원	

1) 종합소득금액 4천만원(근로소득만 있는 경우 총급여액 5천5백만원) 이하인 거주자는 15%
   ㄱ) 50세 이상 : 납입액[한도 600만원(퇴직연금 포함 시 900만원)]
   ㄴ) 50세 미만 : 납입액[한도 400만원(퇴직연금 포함 시 700만원)]
2) 종합소득금액 1억원(근로소득만 있는 경우 총급여액 1억2천만원) 거주자는 12%
   ㄱ) 50세 이상 : 납입액[한도 600만원(퇴직연금 포함 시 900만원)]
   ㄴ) 50세 미만 : 납입액[한도 400만원(퇴직연금 포함 시 700만원)]
3) 종합소득금액 1억원(근로소득 있는 경우 총급여 1억2천만원) 초과자는 300만원한도 12%

▲ 단순경비율 홈택스 신고 11

6단계: 신고서 작성

(47) 가산세액 합계: (48)~(56)의 합계	원
(57) 총결정세액 : (46) + (47)	원
(58) 기납부세액 중간예납세액 [중간예납세액 불러오기]	원
원천징수 및 납세조합징수 세액 [원천징수세액입력]	원
(59) 납부할 세액 또는 환급받을 세액 : (57) - (58)	원

○ 농어촌특별세의 계산 [상세내역 펼치기 ▼]

※ 신고 편의를 위해 국세청 보유자료를 활용하여 작성하였습니다. 사실과 다른 경우 신고서를 수정하여 제출하시기 바랍니다.

위 내용을 충분히 검토하였고 사실 그대로 작성하였음을 확인합니다.
납부세액을 적게 신고하거나 환급세액을 많이 신고한 경우 가산세 부과 대상이 됨을 알고 있습니다.
※ 소득세 신고 법령: 「소득세법」 제70조, 「농어촌특별세법」 제7조
가산세 부과 법령: 「국세기본법」 제47조의 3

☐ 이에 동의합니다.

[이전] [제출화면 이동]

▲ 단순경비율 홈택스 신고 12

최종적으로 납부할 세액을 확인하고 나서 동의란에 체크한 뒤 제출화면 이동을 누르면 아래와 같은 화면이 나오는데, 내용 확인 후 신고서 제출하기를 누르면 신고가 완료된다.

[메뉴펼침] [메뉴접기] 님	제출여부 ···· 작성중입니다. [미리보기]
01. 기본사항	
02. 과세표준 및 세액계산	**○ 신고서 제출** [동영상(신고서 제출)] [화면도움말]
03. 신고서제출	소득자 (-) 귀속연도
	신고유형 ( )

○ 신고기한 내 납부할 세액

종합소득세	원
농어촌특별세	원

[상세내역 펼치기 ▼]

○ 환급계좌 정보

금융회사	계좌번호

○ 개인정보 지방자치단체(위택스) 통보 제공동의

소득세 신고서의 전화번호, 환급계좌번호, 세무대리인 사업자번호를 지방소득세 신고를 위하여 지방자치단체(위택스) 제공하는데 동의하십니까?

○ 예, 동의합니다.   ○ 아니오, 동의하지 않습니다.

신고서 제출 후 접수증과 납부서를 확인하여 5월 31일까지 납부하시기 바랍니다.
개인지방소득세는 지방자치단체에 별도로 신고하여야 합니다.
※ 소득세 신고 종료 후 [지방소득세 신고하기] 클릭하면 간편하게 신고 가능

[이전] [신고서 제출하기]

▲ 단순경비율 홈택스 신고 13

간편장부를
직접 작성해보자

작년까지 단순경비율을 적용받던 장부상 씨는 올해부터 기준경비율을 적용받게 되면서 간편장부를 작성하는 편이 절세에 훨씬 도움이 된다는 사실을 알았다. 하지만 장부를 작성하는 방법도 모르겠고 세무대리인을 구할 형편도 되지 않는다. 유튜브를 통해서 열심히 공부했다고 했는데도 현재 상황은 장부를 작성하기 위한 간편장부도 구하지도 못했다. 문방구에도 팔고 국세청 홈페이지에도 들어가면 있다는데 도무지 찾을 수가 없다.

국세청 홈페이지에 올라와 있는 간편장부 안내 자료를 보면 간편장부는 문구점에서 구할 수 있다고 안내한다. 그런데 실제로 문구점을 찾아가 보면 간편장부가 있는 곳도 있지만, 없는 곳도 많다. 문구점에서 못 찾았다고 하더라도 좌절할 필요는 없다. 국세청 홈페이지에서 다운받아 사용할 수 있는 엑셀 파일이 있기 때문이다. 이 파일은 프로그램화되어 있어 간편장부를 작성하면 신고서로 바로 출력할 수 있기 때문에 간편장부 작성이 더

욱 쉬워졌다.

경로는 국세청 홈페이지(https://www.nts.go.kr/)에 들어가 국세신고 안내의 종합소득세의 간편장부 안내 탭에 들어가면 볼 수 있다.

간편장부 작성법

여러 번 언급했듯이, 간편장부는 일종의 가계부다.

가계부와 회계장부의 차이는 무엇일까? 복식부기 의무자나 법인사업자가 회계 요소를 이용해 작성하는 복식부기는 자산, 부채, 자본을 나타내는 재무상태표와 수익과 비용을 표현하는 손익계산서를 작성하기 위한 사전작업이다. 그러나 간편장부는 고정자산 매입 외의 자산과 부채는 표현하지 않는다. 즉 손익만 나타내는 장부라고 보면 된다. 그래서 일종의 가계부라고 표현하는 것이다. 그도 그럴 것이 가계부를 작성하면서 에어컨을 구매해 5년 동안 감가상각하는 것으로 기록하지는 않지 않은가? 이 로직을 생각하면서 간편장부를 작성하면 어렵지 않다.

① 일자	② 계정 과목	③ 거래 내용	④ 거래처	⑤ 수입(매출)		⑥ 비용		⑦ 고정자산 증감(매매)		⑧ 비고
				금액	부가세	금액	부가세	금액	부가세	

▲ 간편장부 양식

① 일자

거래 일자는 매출 대금을 수취한 날이 아닌 매출을 일으킨 날, 즉 공급일을 기준으로 작성한다. 예를 들어 1월 1일 세금계산서를 발급했고, 1월 3일 그 대금을 받았다면 간편장부의 거래 일자는 1월 1일로 작성하는 것이다.

② 계정과목

회계에는 수많은 계정과목이 있다. 하지만 회계 지식이 없는 우리에게는 모두 생소한 이름일 것이다. 그래서 계정과목을 적을 때는 다음의 항목 중에서 선택하되, 잘 모르는 것들은 적어도 같은 계정과목으로 분류하자.

- 수입 : 매출, 기타(고정자산 판매 이익 등)
- 비용(제조업 외의 경우) : 상품매입, 급료, 제세공과금, 임차료, 지급이자, 접대비, 기부금, 기타
- 비용(제조업의 경우) : 위 계정과목 + 재료 매입, 제조노무비(제조를 위해서 들어간 인건비), 제조경비(제조를 위해서 들어간 공장감가상각비, 전기료 등 기타경비)
- 고정자산 매입 : 건물 및 구축물, 차량운반구(육상 운송에 사용되는 자동차, 오토바이 등)·비품, 기계장치, 기타

③ 거래내용

거래내용에는 1년 후에 볼 때도 기억날 수 있도록, 급료라면 '직원 누구누구의 월급이 얼마였다'든지, 접대비라면 '누구의 결혼식' 이런 식으로 구체적으로 기재하자.

④ 거래처

거래처에는 사업자라면 상호 및 사업자등록번호, 개인이면 상호, 온라인 판매의 경우는 오픈마켓명 등을 기재하도록 하자.

⑤⑥⑦ 금액 및 부가세

거래처, 또는 고객과 주고받은 증빙과 그 금액을 정확히 일치시켜야 한다. 여기서 자주 하는 실수는 카드 결제로 수입이나 비용이 발생한 경우인데 카드 결제금액이 1만 원이라면 금액 1만 원 부가세 1,000원이 아니라 금액 9,091원, 부가세 909원, 즉 합계가 1만 원이 되도록 작성해야 한다는 점이다.

⑧ 비고

여기에는 어떠한 증빙을 통해서 거래가 발생했는지 그 유형을 기재해야 한다. 증빙서류는 세금계산서, 계산서, 신용카드, 현금영수증, 간이영수증, 기타가 있는데 세금계산서의 경우는 '세계', 계산서의 경우는 '계', 신용카드 및 현금영수증은 '카드 등', 간이영수증의 경우 '영', 증빙이 없는 경우에는 '기타'를 기재하면 된다.

간편장부 작성 사례

지금까지 배운 작성법을 토대로 간편장부를 작성해보자.

다음의 사례는 의류 도소매업(상호 : '멋진남녀', 사업자등록번호 : 123-45-*****)을 운영하는 김간편 씨의 1월 한 달간의 매출과 매입을 토대로 간편장부를 작성한 사례다.

① 매출거래

- 1월 10일 : ㈜멋드러진녀석들에 블라우스 등 의류를 880만 원(공급가
  액 800만 원, 부가세 80만 원)에 판매하고, 세금계산서를 발행함.
- 1월 30일 : 매장을 방문한 박패션 씨에게 청바지를 33만 원(공급가액
  30만 원, 부가세 3만 원)에 판매하고, 카드 결제받음.

② 매입거래

- 1월 5일 : ㈜평화의류로부터 블라우스, 청바지 등 각종 판매용 의류를
  1,100만 원(공급가액 1,000만 원, 부가세 100만)에 현금으로 구매하고 세
  금계산서를 받음.
- 1월 11일 : '돼지고기한근'에서 거래처인 ㈜평화의류를 접대하고 50만
  원 현금 결제.
- 1월 15일 : 판매직원 판매왕의 급여 100만 원을 계좌이체함
- 1월 25일 : 교부문고에서 가위 등 각종 사무용 비품을 22만 원에 현금
  구매하고 현금영수증 받음

③ 고정자산 매입거래

- 1월 31일 : 2월에 새로 출근할 직원을 위해 나라가구에서 책상을 구매
  하고 현금 220만 원을 지급한 뒤 세금계산서를 받음.

① 날짜	② 거래 내용	③ 거래처	④ 수입		⑤ 비용		⑥ 고정자산 증감		⑦ 비고
			금액	부가세	금액	부가세	금액	부가세	
1.5	청바지 등 의류매입	(주)평화의류			10,000,000	1,000,000			세계
1.10	블라우스 등 의류 매출	㈜멋드러진 녀석들	8,000,000	800,000					세계
1.11	거래처 접대 (현금)	돼지고기한근			500,000				영
1.15	급여 지급 (현금)	판매왕			1,000,000				기타
1.25	사무용품 구매 (현금)	교부문고			200,000	20,000			카드 등
1.30	블라우스, 청바지 등 의류매출 (카드매출)		300,000	30,000					카드 등
1.31	책상 구매	나라가구					2,000,000	200,000	세계
1월 계			8,300,000	830,000	11,700,000	1,020,000	2,000,000	200,000	카드매출 (330,000)

사업비일까, 아닐까
알쏭달쏭한 항목들

　사업을 하다 보면 결혼이나 부고, 돌잔치 등 거래 상대의 다양한 경조사에 참여해야 할 때가 있다. 또는 비록 친구라도 고객이 되지 않을 것이라는 보장은 없으므로 인맥 형성을 위해서 경조사에 참여해야 하는 일이 발생한다. 경조사에 초대받으면 축의금이나 조의금 등을 내게 된다. 이 금액들은 종합소득세법상 '접대비'라는 명목의 비용으로 처리할 수 있다.

　그런데 대부분의 사업자가 이 사실을 알고는 있지만, 정작 무엇을 준비해야 하는지는 모르는 경우가 많다. 그래서 이번에는 경조사비를 어떻게 비용으로 처리할 수 있는지, 또 이를 위해서는 무엇을 준비해야 하는지 알아보겠다.

경조사비는 초대장으로 접대비 처리

　우선 각종 경조사에 참여하면서 내는 축의금 등의 금액은 건당 20만 원을 한도로 접대비로 인정받을 수 있다. 다시 말해, 30만 원을 내더라도 접대비로는 20만 원만 인정해준다는 것이다. 다음으로 어떤 서류를 준비해야 할까? "○○씨, 결혼 너무 축하해요. 제가 축의금 냈는데 사업자 비용으로 처리해야 하니까 현금영수증 좀 끊어주세요"라고 할 수는 없지 않은가? 그래서 결혼은 '청첩장', 장례는 '부고장', 그 외의 행사도 초대장만으로 비용 처리를 할 수 있도록 하고 있다. 다만, 이는 영수증이나 마찬가지이므로 5년 동안 잘 보관해두어야 한다.

TOP ⚡TIPS!

요즘은 모바일 청첩장으로 많이 주는데 어떻게 하나요?
모바일 청첩장도 사본으로 출력할 수 있고 보관하는 데는 오히려 종이 청첩장보다 편하다. 문자나 카톡으로 온 청첩장을 스크린 캡처해서 보관하도록 하자.

핸드폰 요금으로 절세하기

사업을 하면서 사업용 핸드폰을 별도 장만해 핸드폰을 두 개 쓰는 사람도 있고, 기존에 개인용으로 사용하던 핸드폰을 사업용으로 사용하는 예도 있다. 세법에서는 사업을 위해서 핸드폰을 사용하는 경우 그 통신비를 종합소득세 및 부가가치세의 비용으로 인정해준다. 통신비용이 큰 금액은 아닐지 몰라도, 티끌 모아 태산이라고 하지 않았는가? 그러나 많은 사업자가 이 사실을 몰라서 핸드폰을 통신비에 포함하지 못해 절세에 실패한다.

핸드폰 요금을 사업 비용으로 전환하는 방법은 실로 간단하다. 통신요금을 카드로 납부한다면 사업용 카드를 사용하면 되고, 계좌이체로 납부하는 이들은 각 통신사의 고객센터나 공식대리점에 사업자 명의로 세금계산서 발행을 요청하면 된다.

다만, 직원의 통신요금을 회사에서 대납해주는 경우는 사업비가 아닌 직원의 인건비로 구분해야 한다. 즉 직원의 급여를 신고할 때 이 금액을 급여에 포함해야 하며, 인건비에 속하기 때문에 부가가치세를 신고할 때 절세 효과를 보지는 못한다.

개인 대출이자도
비용 처리할 수 있다?

시중 은행에는 많은 대출 상품이 존재한다. 사업자 대출, 생활비 대출, 주택 담보 대출, 전세자금 대출…. 이 중 사업을 위해서 받은 대출의 이자는 비용으로 처리할 수 있다. 여기서 많은 사람들이 오해하는 부분은 사업자 명의로 받은 대출의 이자인 경우에만 비용으로 인정받을 수 있을 거라고 생각하는 점이다. 하지만 이는 사실과 다르다. 비록 사업자의 대표인 나의 명의로 대출을 받았더라도 이를 사업자금으로 활용하기만 하면 그 대출은 세법상 사업자의 대출로 인정해준다. 그러니 해당 대출에 대한 이자는 놓치지 말고 종합소득세를 신고할 때 이자비용으로 처리할 수 있도록 준비해야 한다.

그런데 개인 대출을 받아서 일부는 사업자금으로 일부는 개인자금으로 쓰는 사람도 많다. 이럴 때는 어떻게 해야 할까? 원칙적으로는 사업자금으로 사용한 부분에 해당하는 이자만 비용으로 처리해야 한다. 그렇지만, 실질적으로 그 부분을 어떻게 나누겠는가? 세무서에서도 이를 정확히 포착하기란 쉽지 않다. 그래서 이와 같은 일이 발생하면 세무서에서는 보수적인 견해에서 보고 증명할 것을 요구하고, 증명하지 않으면 모두 개인 용도로 사용했다고 판단할 가능성이 크다. 그렇기 때문에 웬만하면 개인 명의 대출이라도 사업자금으로 사용하고자 하는 돈은 먼저 사업용 통장으로 이체함으로써, 사용하기 전부터 정확히 구분하는 습관을 기르도록 하자.

기계를 구매했는데 자산일까, 비용일까?

회계 용어에는 일반적으로 사용하지 않는 생소한 단어가 꽤 많다. 그중 여기서 다룰 단어는 '고정자산'과 '감가상각'이다. 감가상각이라는 단어는 일상생활에서도 가끔 쓰일 때가 있기는 하다. 예를 들어 중고차를 사고팔 때 이 용어가 등장하면 '사용감에 대해 어느 정도 금액을 깎는 것인가 보다' 하고 생각한다.

감가상각이란 지출한 금액 전액을 일시에 비용으로 처리하는 것이 아니라, 사업에 사용하면서 그 사용한 부분만큼 줄어든 가치를 비용으로 환산하는 것을 말한다. 그리고 이 감가상각을 할 수 있는 대상 자산을 세법에서는 고정자산이라고 부른다.

예를 들어 공장의 기계가 그렇다. 보통 기계를 사는 데는 적지 않은 돈이 든다. 만약 5,000만 원을 지출해서 기계를 구매했다고 하자. 그런데 우리가 기계를 일회용으로 쓰는가? 한번 구매하면 그 기계는 수명이 다할 때까지 수년에서 수십 년 동안 사용할 수 있을 것이다. 그래서 기곗값 5,000만 원을 기계를 사용할 수 있는 기간으로 나누어서 매년 비용으로 처리하는 것이다.

이처럼 고정자산을 구매하면, 구매 당시에는 자산으로 잡고 매년 조금씩 비용으로 처리하면서 당초 계상했던 자산 금액을 감소시키는 작업을 한다. 이를 감가상각이라고 하는 것이다.

세법에서 인정하는 고정자산

오래 사용할 수 있는 물건을 모두 고정자산이라고 하는 것은 아니다. 세법에서는 고정자산으로 처리할 수 있는 자산의 종류를 정확히 지정하고 있다. 아니, 다시 말하면 고정자산으로 처리할 수 없는 것들을 열거해 놓았다. 펜을 예로 들어보자. 펜을 구매하면 사용 빈도에 따라 몇 년은 거뜬히 사용할 수 있지 않은가? 이처럼 거래단위(독립적으로 사용할 수 있게 만드는 모든 비용의 합)별로 100만 원 이하의 소액자산은 실제 사용 가능한 연수에 상관없이 세법에서 비용으로 일시에 처리하는 '즉시상각의제'라는 법률을 규정하고 있다.

즉시상각의제를 조금 쉽게 설명하자면, 자산으로 볼 수 있지만 구매하자마자 일시에 감가상각을 다 한 것으로 본다는 것이다. 이 소액자산 외에도 전화기와 컴퓨터, 가정용 가구 등 일부 자산 역시 즉시상각의제를 적용한다. 즉시상각의제는 소득세법 시행령 제67조 7항을 통해서 확인할 수 있다. 이 조항에 열거된 항목 외에는 감가상각을 통해서 수년에 걸쳐 비용으로 처리해야 하는 자산임을 명심하자.

프리랜서에게 맡긴 일 비용으로 처리하는 법

 창업을 준비 중이던 송지아 씨는 사업자등록도 하고, 예쁘게 인테리어도 끝마치고 마지막으로 홈페이지 제작만 남겨두었다. 컴퓨터와는 이미 오래전에 담을 쌓았기에 직접 제작하는 것은 엄두도 낼 수 없었다. 그래서 평소 알고 지내던 웹디자이너 송아지 씨에게 200만 원에 제작을 의뢰하기로 했다. 홈페이지가 완성되고 송아지 씨에게 대금을 지급하면서 세금계산서를 요구하자, 본인은 사업자가 아니라서 세금계산서를 발급하지 못한다는 대답을 들었다. 어쩔 수 없이 쿨하게 대금만 지급하고 온 송지아 씨, 과연 비용으로 처리할 수 있을까?

이 사례와 같이 홈페이지 제작 용역을 공급한 경우 사업자는 세금계산서 등의 증빙을 발급해야 하는 의무가 있다. 그런데 사업자가 아니라면 어떠한 증빙도 발급할 수 없다. 그렇다고 용역을 맡긴 내가 대금만 지급해주고 넘어간다면, 이를 비용으로 처리할 방법은 없을 것이다. 이처럼 비사업자에게 용역을 의뢰하고 대금을 지급할 때 이를 비용으로 인정받기 위해서는 증빙을 받는 것이 아니라 원천세를 징수하고 대금을 지급해야 한다. 즉 약속했던 금액에서 원천세만큼 제한 뒤에 남은 금액을 지급하는 것이다.

그런데 원천세는 소득의 종류에 따라 세율이 달라진다. 따라서 원천징수를 하기 위해서는 제일 먼저 지급하는 소득의 종류를 파악해야 한다. 회사에 소속된 근로자 외에 용역을 공급하고 대가를 지급받는 경우는 대부분이 사업소득이나 기타소득이다.

'사업소득'은 영리를 목적으로 독립적이며 계속적·반복적으로 행하는 활동을 통해 얻는 소득을 말하고, '기타소득'은 다른 종합소득에 열거된 것 외의 모든 소득을 일컫는 말로 흔히들 일시적으로 일어나는 소득을 말한다. 사업소득의 경우 원천징수 세율은 3%이고, 기타소득은 20%다.

프리랜서 비용 3.3% 원천세 신고하기

보통 프리랜서의 경우, 사업자등록은 하지 않았지만 본인의 기술을 가지고 독립적이고 반복적으로 소득을 벌어들이기 때문에 사업소득으로 보아 3%의 원천징수를 하게 된다. 그런데 원천징수의 세금 또한 지방세를 10% 내야 하므로 3%의 10%에 해당하는 0.3%를 주민세로 가산해 총 3.3%를 원천징수하는 것이다.

이제 원천징수를 통해 비용으로 처리하는 구체적인 절차를 알아보자.

① 계약 단계

처음 계약할 때 계약서를 작성하는 사업자도 있고, 그렇지 않은 사업자도 있다. 계약서를 작성하지 않는 경우가 더 많은데, 민법이든 세법이든 법적으로 보호받기가 힘들기 때문에 웬만하면 계약서를 작성할 것을 권한다.

계약서 작성 단계에서 우리가 세금을 확실히 처리하기 위해 명시할 것은 무엇일까? 바로 계약한 금액에 3.3%의 원천징수를 차감해 지급한다는 내용이다. 지급받는 금액에 계약서상 금액이 아닌 원천징수세액을 차감한 세후 금액이라는 사실을 모르는 프리랜서들이 많다. 그래서 이 같은 사실이 계약서에 명시되지 않는다면 차후 법적인 문제까지 번질 가능성이 충분하다. 계약서를 따로 작성하지 않더라도, 계약한 금액이 정확히 얼마이고, 여기서 얼마의 원천징수가 되고, 세금을 제했을 때 얼마가 지급될지는 사전에 언급하고 만일에 대비해 기록을 남기기로 하자.

② 지급 단계

계약서상 지급하기로 한 날짜, 또는 용역의 공급이 완료된 날에 대금을 지급할 것이다. 이때 정확히 3.3%를 제외하고 지급하자.

여기서 중요한 것은 용역의 공급을 완료한 날과 대금을 지급한 날이 다를 수 있는데, 비용 처리를 해야 하는 날은 용역의 공급을 완료한 날이 되고(귀속 시기), 원천세를 신고하는 기준은 지급한 날(지급 시기)이 된다.

③ 세금 신고 및 서류 제출 단계

사업소득의 원천세와 관련해 원천징수 의무자에게 부여되는 의무는 총 세 가지가 있다.

- 지급한 달의 다음 달 10일까지 원천세(원천징수 이행상황 신고서) 신고
- 지급한 달의 다음 달 말일까지 간이 지급 명세서 제출
- 지급한 연도의 다음 연도 3월 10일까지 지급 명세서 제출

원천세를 신고할 때는 원천징수 이행상황 신고서를 제출해야 하는데, 원천징수 이행상황 신고서에는 세무서에 "우리 회사에서 몇 명에게 어떤 소

득으로 얼마를 지급했어요"라는 내용을 제공하는 것이고, 지급 명세서는
송아지에게는 200만 원, 김개똥에게는 100만 원, 이런 식으로 "누구에게
얼마를 지급했어요"라고 좀 더 상세한 지급 정보를 제공하는 시스템이라고
생각하면 된다. 그리고 마지막으로 간이 지급 명세서는 1년에 한 번 제출
하는 지급 명세서를 반기나 분기 또는 월 등 짧은 주기로 신고하는 서류다.
이는 근로장려금 지급자를 파악하기 위한 국세청의 시스템 중 하나인데,
작성 방법은 지급 명세서와 다를 바 없다

이 중 하나라도 완수하지 않는다면 원천세를 신고할 때 신고불성실 가산
세와 납부지연 가산세를, 지급 명세서의 경우에는 미제출 가산세를 납부할
수 있으니 다음의 작성 예시를 참고해 꼭 완수하자.

- 사업소득 지급대장

(2021년 12월) 사업소득지급대장(상세)

회사명: 인테리어 송지아

No	코드	성명	귀속년월	지급액	세율(%)	소득세	학자금상환액	영수인
			지급년월일			지방소득세	차인지급액	
1	00001	송아지	2021.12	2,000,000	3.0	60,000		
			2021.12.31			6,000	1,934,000	
2	00002	김개똥	2021.12	1,000,000	3.0	30,000		
			2021.12.31			3,000	967,000	
	총계			3,000,000		90,000		
						9,000	2,901,000	

▲ 사업소득 지급대장 예시

• 원천징수 이행상황 신고서

■ 소득세법 시행규칙 [별지 제21호서식] <개정 2021. 3. 16.>

① 신고구분						원천징수이행상황신고서 원천징수세액환급신청서		② 귀속연월	2021년 12월
(매월)	반기	수정	연말	소득처분	환급신청	√		③ 지급연월	2021년 12월

원천징수의무자	법인명(상호)	인테리어	대표자(성명)	송지아	일괄납부 여부	여, (부)
					사업자단위과세여부	여, (부)
	사업자(주민)등록번호	111-11-11111	사업장소재지		전화번호	
					전자우편주소	

❶ 원천징수 명세 및 납부세액 (단위 : 원)

소득자 소득구분		코드	원천징수명세						납부 세액	
			소득지급 (과세 미달, 일부 비과세 포함)		징수세액			⑨ 당월 조정 환급세액	⑩ 소득세 등 (가산세 포함)	⑪ 농어촌 특별세
			④인원	⑤총지급액	⑥소득세 등	⑦ 농어촌 특별세	⑧가산세			
개인·거주자·비거주자	근로소득	간이세액	A01							
		중도퇴사	A02							
		일용근로	A03							
		합계	A04							
		연말정산 분납금액	A05							
		납부금액	A06							
		가감계	A10							
	퇴직소득	연금계좌	A21							
		그외	A22							
		가감계	A20							
	사업소득	매월징수	A25	2	3,000,000	90,000				
		연말정산	A26							
		가감계	A30	2	3,000,000	90,000			90,000	
	기타소득	연금계좌	A41							
		종교인소득 매월징수	A43							
		종교인소득 연말정산	A44							
		가상자산	A49							
		그외	A42							
		가감계	A40							
	연금소득	연금계좌	A48							
		공적연금(매월)	A45							
		연말정산	A46							
		가감계	A47							
	이자소득		A50							
	배당소득		A60							
	저축 등 해지추징세액등		A69							
	비거주자 양도소득		A70							
법인	내 외국법인원천		A80							
수정신고(세액)			A90							
총합계			A99	2	3,000,000	90,000			90,000	

❷ 환급세액 조정 (단위 : 원)

전월 미환급 세액의 계산			당월 발생 환급세액					⑱ 조정대상 환급세액 (⑭+⑮+⑯+⑰)	⑲ 당월 조정 환급세액계	⑳ 차월 이월 환급세액 (⑱-⑲)	㉑ 환급 신청액
⑫ 전월 미환급세액	⑬ 기환급 신청세액	⑭ 차감잔액 (⑫-⑬)	⑮ 일반환급	⑯신탁재산 (금융회사 등)	⑰ 그밖의환급세액						
					금융회사등	합병 등					

원천징수의무자는 「소득세법 시행령」 제185조제1항에 따라 위의 내용을 제출하며, 위 내용을 충분히 검토하였고 원천징수의무자가 알고 있는 사실 그대로를 정확하게 적었음을 확인합니다.

　　　　　　　　　　　　　2022 년 01 월 10 일

　　　　원천징수의무자　　　　인테리어 송지아 (서명 또는 인)

세무대리인은 조세전문자격자로서 위 신고서를 성실하고 공정하게 작성하였음을 확인합니다.

　　　　세무대리인　　　　　　　　　　　　　(서명 또는 인)

세무서장 귀하

신고서 부표 등 작성 여부 ※ 해당란에 "0" 표시를 합니다.		
부표(4~5)쪽	환급(7쪽~9쪽)	승계명세(10쪽)
세무대리인		
성명		
사업자 등록번호		
전화번호		
국세환급금 계좌신고 ※ 환급금액 5천만원 미만인 경우에만 적습니다		
예입처		
예금종류		
계좌번호		

210㎜×297㎜[백상지 80g/㎡ 또는 중질지 80g/㎡]

▲ 원천징수 이행상황 신고서 예시

• 근로소득 간이 지급 명세서

■ 소득세법 시행규칙 [별지 제24호의4서식(2)] (2021.05.17 개정)

근 로 소 득 간 이 지 급 명 세 서
(거 주 자 의 사 업 소 득)
([ ] 지 급 자 보 관 용   [√] 지 급 자 제 출 용)

❶ 원천징수의무자 인적사항 및 지급내용 합계사항

①법인명 (상호, 성명)	② 사업자(주민) 등록번호	③소재지 (주 소)		④소득인원	⑤총 지급액 계 (⑫합계)
인테리어 송지아	111-11-11111			2명	3,000,000
⑥귀속연도	2022	⑦지급월	[ ] 1월 [ ] 2월 [ ] 3월 [ ] 4월 [ ] 5월 [ ] 6월 [ ] 7월 [ ] 8월 [ ] 9월 [ ] 10월 [ ] 11월 [√] 12월		

❷ 소득자 인적사항 및 월별 소득내용

일련 번호	⑧ 업종 코드	⑨ 소득자 성명(상호)	⑩ 주민(사업자) 등록번호	⑪ 내·외국인	⑫ 지급액	⑬ 세율	⑭ 소득세	⑮ 지방 소득세	⑯ 계 (⑭+⑮)
1	940909 (기타자영업)	송아지	주민등록번호(필수)	1. 내국인	2,000,000	3	60,000	6,000	66,000
2	940909 (기타자영업)	김개똥	주민등록번호(필수)	1. 내국인	1,000,000	3	30,000	3,000	33,000

원천징수의무자는 「소득세법」 제164조의3 제1항에 따라 위의 내용을 제출하며 위 내용을 충분히 검토하고 원천징수의무자가 알고 있는 사실 그대로를 정확하게 적었음을 확인합니다.

2022 년 1 월 31 일   제출자: 인테리어 송지아   (서명 또는 인)

▲ 사업소득 간이지급 명세서 예시

대금을 나누어서 지급하기로 계약한 경우는 어떻게 하나요?

세법에서는 대금을 나누어서 지급한 경우 각각의 날마다 따로따로 원천세를 신고하도록 하고 있으나, 실무적으로는 연도가 바뀌지 않는다면 세무서에서 크게 간섭하지 않으니 마지막 대금을 지급할 때 한번에 신고하는 것이 더 편할 수 있다.

사업소득 외의 다른 소득을 지급할 때는 어떻게 하나요?

근로소득을 지급하는 근로자의 경우는 여기에 연말정산 의무만 더 발생할 뿐, 그 외에 원천징수 의무가 있는 다른 소득들도 지급 명세서 제출의 날짜만 변경되고 원천세를 신고하고 지급 명세서를 제출하는 기본 로직은 전부 같다.

홈택스 이용해 3.3% 원천세 신고하기

① 홈택스 로그인 ▶ 세금 신고 ▶ 원천세 신고 ▶ 일반신고

▲ 홈택스를 이용한 신고 방법

　그림에서 보는 것과 같이 사업장으로 로그인하고 세금신고 탭에 커서를 가져다 대면 아래에 메뉴가 나오고 원천세 신고 중 일반신고로 들어간다. 세금신고 탭을 눌러서 들어가서 원천세를 클릭해도 된다.

▲ 홈택스를 이용한 원천세 신고 방법 1

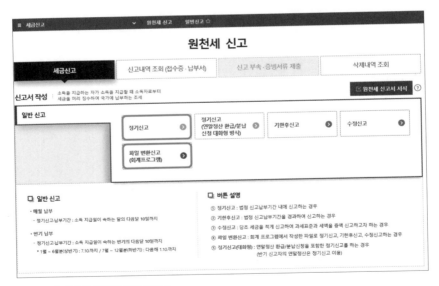

▲ 홈택스를 이용한 원천세 신고 방법 2

원천세로 들어오면 왼쪽 하단의 그림과 같은 화면이 나오는데, 여기서 정기신고 또는 파일 변환신고(회계프로그램) 메뉴를 통해서 신고를 진행한다. 사용하는 회계프로그램이 따로 없다면 정기신고를 클릭해서 신고를 진행하면 된다.

원천세 신고 및 납부는 매월 납부와 반기 납부가 있다. 매월 납부는 소득 지급일이 속하는 달의 다음 달 10일까지 매월 신고 및 납부하는 것이고, 반기 납부는 소득 지급일이 속하는 반기의 다음 달 10일까지 신고 및 납부하는 것이다.

예를 들어 매월 납부는 1월 지급분에 대해 2월 10일까지 신고 및 납부하는 방식으로 매월 진행하고, 반기 납부는 1~6월분(상반기)을 7월 10일, 7~12월분(하반기)을 다음 해 1월 10일까지 신고 및 납부한다.

② 기본정보 입력 ▶ 저장 후 다음 이동

다음 화면이 나오면 사업자(주민)등록번호를 작성하고 확인을 누르면 아래에 원천징수의무자에 해당하는 사업장 내용이 나온다.

- 원천징수 신고구분 : 매월 또는 반기/연말정산 포함 여부
- 원천징수 의무자 : 해당 사업장 내용
- 소득 종류 선택 : 사업소득 체크

이러한 기본내용을 모두 작성했으면 저장 후 다음으로 이동하도록 하자.

제출여부 ▸▸▸▸ 작성중입니다.   ▤ 미리보기

➕ 기본정보 입력

📄 기본정보 입력 메뉴얼

• 사업자 기본사항을 나타내는 화면입니다.

※ 신고(제출)한 신고서를 세금신고 삭제요청 신청 후, 신고서를 다시 작성하시는 경우 반드시 삭제처리 결과를 확인하시기 바랍니다.
 - 홈택스 > 세금신고 삭제요청 > Step2.요청내역 > 삭제요청 내역조회 > 처리결과 "처리완료" 확인 필수

◎ 징수의무자 기본정보

신고서 불러오기   새로작성하기

* 제출년월	2021 년 11 ∨ 월	* 귀속년월	2021 년 10 ∨ 월	* 지급년월	2021 년 10 ∨ 월
* 사업자(주민)등록번호		⋯⋯⋯⋯ 사업자번호 확인	※ 확인해야만 세부사항을 입력할 수 있습니다.		

◎ 원천징수신고구분

* 원천신고구분	◉ 매월 ○ 반기	* 신고구분	◉ 정기 ○ 수정 ○ 기한후
연말정산	☐ 연말정산포함	소득처분 ☐ 소득처분신고	환급신청 ☐ 환급신청

◎ 원천징수의무자

상호(법인명)	상호명	* 성명(대표자)	대표자이름
전화번호	☐-☐-☐	전자우편주소	☐ @ ▨▨▨ ∨
사업장소	우편번호 ☐ 주소검색		
	도로명주소 ▨▨▨		
	지번주소 ▨▨▨		
* 일괄납부여부	○ 예 ◉ 아니오	* 사업자단위과세여부	○ 예 ◉ 아니오

◎ 소득종류선택

☐ 근로소득	☐ 퇴직소득	☑ 사업소득	☐ 기타소득
☐ 연금소득	☐ 이자소득	☐ 배당소득	☐ 저축해지추징세액
☐ 양도소득	☐ 법인원천	☐ 수정신고(세액)	

◎ 세무대리인

성명 ▨▨▨	사업자등록번호 ☐-☐-☐	전화번호 ☐-☐-☐	

저장 후 다음이동

▲ 홈택스를 이용한 원천세 신고 방법 3

③ 원천징수 이행상황 신고서 작성 ▶ 저장 후 다음 이동

(4) 인원수 : 지급한 인원을 모두 합해서 총수를 입력한다.

(5) 총지급금액 : (4)의 인원에 지급한 금액을 모두 합해서 입력한다.

제출여부 ▶▶▶▶ 작성중입니다.　🖶 미리보기

● 원천징수이행상황신고서(원천징수세액 환급신청서)　📄 원천징수이행상황신고서 안내

◎ 원천징수내역 및 납부세액
> 사업소득

※ 아래 스크롤을 좌우로 움직이면 환급세액조정내역을 확인할 수 있습니다.　(단위:원)

| 소득구분 | 코드 | 소득지급 | | 징수세액 | | | | (9)당월조정 환급세액 |
		(4)인원수	(5)총지급금액	(6)소득세 등	(7)농어촌 특별세	(8)가산세	
매월징수	A25	2	3,000,000	90,000			
연말정산	A26						
가감계	A30	2	3,000,000	90,000			

> 총 합계　(단위:원)

| 소득구분 | 코드 | 소득지급 | | 징수세액 | | | | (9)당월조정 환급세액 |
		(4)인원수	(5)총지급금액	(6)소득세 등	(7)농어촌 특별세	(8)가산세	
총합계	A99	2	3,000,000	90,000			

◎ 환급세액 조정
> 전월 미환급 세액의 계산

(12)전월미환급세액	(13)기환급 신청세액	(14)차감잔액(12-13)
0 원	0 원	0 원

> 당월 발생 환급 세액　차월이월환급세액 승계명세서 작성

(15)일반환급	(16)신탁재산(금융회사 등)	(17)그 밖의 환급세액
0 원	0 원	금융회사 등 : 0 원 / 합 병 등 : 0 원

※ 합병 및 사업자단위과세전환 등에 따른 차월이월 환급세액 승계명세서 작성하려면, '차월이월 승계명세서 작성' 버튼을 누르세요.

◎ 환급조정 및 신청세액

(18)조정대상환급세액(14+15+16+17)	(19)당월 조정환급 세액 합계	(20)차월이월 환급세액(18-19)
0 원	0 원	0 원

※ 환급신청하려면 [기본정보입력] 화면에서 "환급신청구분"에 체크 후 환급신청서부표를 작성합니다.

(21)환급신청액	
0 원	

이전　저장 후 다음이동

▲ 홈택스를 이용한 원천세 신고 방법 4

PART 5 | 종합소득세 완전정복　**281**

(6) 소득세 등 : 지급금액의 3%를 계산해 입력한다.

(7) 농어촌특별세 : 3.3%를 지급하는 프리랜서의 경우 농어촌특별세가 발생하지 않는다.

(8) 가산세 : 기한 후 신고를 하거나 수정신고한 경우 발생하는 '소득세 등 × 3%+소득세 등 × 0.022% × 당초 법정 신고기한 이후부터 신고 납부하는 일수까지 기간'을 입력한다.

(9) 당월 조정환급세액 : 연말정산이나 원천세 경정청구로 인해 원천세의 환급이 발생했지만 발생한 달에 환급 신청을 하지 않았다면, 그 잔액 중 당월 원천세 금액과 차감할 금액을 입력한다.

(12) 전월 미환급세액 : 연말정산이나 원천세 경정청구로 인해 발생한 원천세 환급액 중 전월까지의 조정환급세액으로, 차감한 후의 잔액을 입력한다.

(13) 기환급 신청세액 : 전월 미환급세액 중 전월에 환급신청을 한 세액이 있다면 그 금액을 입력한다.

④ 신고서 소득 종류 선택 ▶ 저장 후 다음 이동 ▶ 신고서 작성 완료 ▶ 신고서 제출

우리가 신고하는 원천세는 거주자의 사업소득에 해당하기 때문에 여기는 해당사항이 없다. 따라서 아무것도 선택하지 않고 '저장 후 다음 이동'을 누르면 된다(해당 페이지에 대한 설명은 PART 6의 '근로소득자 홈택스 신고' 편에서 확인할 수 있다).

● 신고서 소득 종류 선택

신고하고자 하는 소득의 종류를 모두 선택하십시오.
선택한 소득에 따라 다음 화면이 구성되며, 소득별 부표를 입력할 수 있습니다.

① 원천징수의무자가 징수하는 세액을 각 소득종류별로 기재하되, 법인세에는 법인세법 제 73조의 규정에 의한
　신탁재산분, 수탁회사분 원천징수세액을 포함합니다.
② 원천징수이행상황신고서(부표)는 매월 지급년월에 해당하는 내역을 기재하여 매월 제출합니다.
③ 비거주자소득에는 이자, 배당, 사업, 기타, 양도, 근로 소득이 포함됩니다.
④ 법인원천소득에는 일반이자, 신탁재산분, 수탁회사징수분, 비영업대금의 이익 및 국내 원천소득이 포함됩니다.
※ 소득의 종류 선택은 해당되는 사항이 없을 경우 선택하지 않고 「저장 후 다음이동」을 클릭합니다.

◎ 소득의 종류 선택

☐ 거주자 : 이자소득　　　　　　　☐ 비거주자 : 이자, 배당, 사업, 기타, 양도, 근로 소득
☐ 거주자 : 배당소득　　　　　　　☐ 법인원천 : 일반이자, 신탁재산분, 수탁회사징수분,
☐ 거주자 : 해지추징　　　　　　　　　　　　　　비영업대금의 이익 / 국내원천소득
☐ 거주자 : 근로소득(파견근로에 대한 대가)

※ 근로소득(파견근로에 대한 대가) 항목은 외국법인에서 온 파견근로자에 대해서 작성합니다.
　(관련법령은 소득세법 156조의7 과 소득세법 시행령 207조의10를 참고하시기 바랍니다.)

[이전]　[저장 후 다음이동]

▲ 홈택스를 이용한 원천세 신고 방법 5

TOP ⚡ TIPS!

거주자와 비거주자는 무엇인가요?

소득세법에는 국적과 상관없이 거주자와 비거주자라는 용어를 사용한다. 여기서 거주자란 소득세법 제1조의 2를 보면 "국내에 주소를 두거나 183일 이상 국내에 거소를 둔 개인"을 말하며, 비거주자는 거주자가 아닌 자를 말한다. 그 외 구체적으로 판단하자면 국내에 주소를 두고 있지 않더라도 거소를 183일 이상 두었거나 비록 타지에 있더라도 생계를 함께하는 가족이 모두 국내에 거주하고 있는 등 가족, 직업, 자산상태 등을 종합적으로 살펴 거주자 여부를 판단하고 있다.

소득의 종류 선택에서 따로 체크한 부분이 없는 경우 신고서 부표는 따로 작성할 필요가 없으므로 바로 '신고서 작성완료'를 누르자. 그러면 접수증을 볼 수 있고 바로 납부하거나 가상계좌가 있는 납부서를 출력할 수 있다.

제출여부 ▶▶▶▶ 작성중입니다. [미리보기]

◉ 신고서 부표 작성   [신고서 부표 작성 메뉴얼]

[이전] [신고서 작성완료]

▲ 홈택스를 이용한 신고 방법 6

⑤ 원천세 신고서 접수증 ▶ 납부서 조회 or 납부하기 ▶ 원천세 납부

원천세 신고를 완료했다면 납부하기를 눌러 가상계좌를 통해 소득세를 납부해야 한다. 원천세는 국세의 10%를 지방자치단체에 지방소득세로 납부하게 되어 있으며, 이를 위해서는 지방소득세도 신고해야 한다. 신고하는 방법은 PART 6의 근로소득세 원천세 신고를 참고하자.

사업용 자동차,
어디까지 비용 처리할 수 있나?

사업을 지속하다 보면 언젠가 차량이 절실하게 필요해진다. 그런데 사업용 차량을 구매하려고 보면 주변에서 차량은 비용 처리가 안 된다느니, 가능하더라도 차량운행일지를 작성해야 해서 매우 번거롭다느니 말들이 많아 결국 차량 구매를 계획만 하다가 포기하게 된다.

그런데 사실 사업용 차량을 엄격하게 관리하는 데는 그럴 만한 이유가 있다. 정말 사업을 위해 사용했는지 명확하지 않기 때문이다. 예를 들어, 부동산임대업자의 경우에는 사업 활동의 주는 임대료를 받는 것이다. 그런데 업무의 어느 부분에서 차를 사용할 일이 있겠는가? 반대로 부동산매매업은 어떠할까? 부동산매매업은 부동산을 매입하거나 건설해 판매하는 것을 주목적으로 한다. 그렇다면 '임장'이 필수다. 부동산을 매입하기 위해 그 지역을 직접 탐방하는 것을 임장이라고 하며, 임장 활동이 없다면 부동산의 가치평가가 쉽지 않을 것이다. 그래서 임장 활동을 원활히 하기 위해 자동차가 필요한 것이다.

한편 차량운행일지의 경우 개인사업자 모두에게 강제되는 것은 아니다.

간편장부 대상자는 차량운행일지를 작성하지 않더라도 자동차의 매입, 유지와 관련해 모든 비용을 인정받을 수 있다. 그래서 차량을 사용하기 위해서는 이 규정들을 간략하게나마 명확히 알 필요성이 있다. 지금부터 알아보자.

꼭 알아야 할 업무용 차량비용 규정

① 업무용 승용차의 범위

다음 중 어느 하나에 속하는 차량으로, 운수업·자동차판매업 등 업종상 수익을 창출하기 위해 직접 사용하는 승용자동차를 제외한 차량(운수업과 자동차판매업의 차량은 영업용 승용차로 구분한다).

- 배기량이 2,000CC를 초과하는 승용자동차◆와 캠핑용 자동차
- 배기량이 2,000CC 이하인 승용자동차(배기량이 1,000CC 이하인 경차 제외)와 이륜자동차
- 전기승용자동차◆◆

◆ 9인승 이상인 차량은 제외한다.
◆◆ 정원 8명 이하면서 길이 3.6미터 이하, 폭 1.6미터 이하인 것은 제외한다.

② 업무 전용 자동차보험의 가입

사업장에서 등록한 업무용 차량이 두 대 이상일 때 두 대째부터 업무 전용 자동차보험에 가입해야 한다. 즉 한 대만 보유하면 개인보험에 가입해도 된다.

③ 감가상각 방법

5년의 내용연수로, 정액법으로 감가상각해야 한다(강제규정).

④ 감가상각에 따른 비용 인정 규정

감가상각금액은 연간 800만 원 한도로 인정한다. 다만 리스 차량의 감가상각 상당액은 임차료에서 보험료, 자동차세 및 수선유지비를 차감한 금액으로 한다. 렌터카의 경우는 임차료의 70%로 보고 한도와 비교한다.

⑤ 업무용 차량과 관련된 연간 비용 한도(한도로 인정된 감가상각 금액 포함)

- 차량운행일지 작성: 작성 비율만큼
- 차량운행일지 미작성: 연간 1,500만 원

⑥ 그 밖의 규정

- ①부터 ⑤까지의 업무용 차량과 관련된 모든 규정은 복식부기 의무자만 적용하고, 간편장부 대상자는 적용하지 않는다.
- 업무용 차량과 관련된 모든 비용은 부가가치세 매입세액 공제를 적용받지 못한다. 따라서 종합소득세 신고할 때 적용해야 한다는 점을 기억하자.

세무대리인이 필요한 시점

요즘은 각 업종을 경영하는 사업자들이 인터넷 카페를 통해 각종 정보를 주고받는다. 그곳에서 가장 많이 나오는 질문 중 하나가 무엇일까? 바로 '언제부터 세무대리 서비스를 이용하느냐'다. 그만큼 사업을 하는 이들이라면 언젠가는 세무 서비스를 이용한다는 계획은 있다. 정확히 언제부터 이용해야 할지 그 시기를 고민한다. 왜 그럴까? 시기를 정확히 알아야 불필요한 지출을 줄일 수 있기 때문이다. 물론 세무서비스가 다른 전문용역에 비해 큰 비용은 아니지만, 그마저도 창업 초기에는 아끼고 아껴야 사업을 유지할 수 있다. 그렇다면 세무서비스를 가장 합리적으로 이용하려면 언제, 어느 시점에 시작하는 것이 좋을까?

고민된다면 망설이지 말자

영업활동이 전혀 없는 사업자, 또는 세금계산서 매출만 발생하는 사업자의 창업 초기 1년 정도는 굳이 세무대리인이 없어도 된다. 그렇다고 세금 신고를 아무렇게나 해도 된다는 뜻은 아니다. 많은 창업자를 대면해보면 대부분 세법 지식이 거의 없는데, 이는 세금 신고를 잘못할 가능성으로 이어진다. 그때 생기는 문제가 가산세다. 심지어 세무조사로 이어질 수도 있다.

"에이, 창업 초기 3년 정도는 세무서에서 별 관심 없던데?".

사실이다. 결국 세무 행정 업무도 사람이 하는 것이기 때문에 인건비를 효율적으로 돌리기 위해서는 작은 업체에 일일이 신경 쓸 수 없다. 그렇다고 그때까지 신고를 아무렇게나 해도 된다는 것은 아니다. 세금 신고가 잘못되어서 세무서가 추징할 수 있는 기간이 과거로 소급해서 최소 5년이기 때문이다. 그래서 세법에 대한 지식이 전혀 없다는 기준에서 세금 신고는 영업활동이 없는 과세기간 또는 세금계산서 매출만 발생한다면 납세자가 직접 하는 데 어려움이 없을 것이다.

그런데 영업활동이 있고 세금계산서 외의 현금매출 등이 발생하면 관련 세무는 비교할 수 없이 복잡해진다. 이때가 세무대리인이 필요한 시점이다. 영업활동이라고 말했는데, 좀 더 구체적으로 살펴보면 비용을 일시적으로 크게 지출했을 때도 세무사의 도움이 필요할 수 있다. 큰 비용의 경우 어떤 비용은 일반 매입 비용이 될 수도 있고 고정자산 매입 비용이 될 수도 있다. 그런데 어떤 항목이 고정자산이고 어떤 항목이 일반 비용인지 일반인들은 잘 알 수 없기 때문이다.

세무대리인이 필요한 두 번째 시점은 세금에 관련된 자문이 필요할 때다. 일반적으로 세무서가 제공하는 서비스에는 신고대리와 기장대리가 있다. 신고대리는 일회성 서비스를 제공받고 일회성 수수료를 납부하기 때문에 세무 자문은 포함되지 않는다. 반면 기장대리의 경우 연간으로 진행되는 서비스이므로, 기본적인 세무 자문 서비스가 포함된다. 이때 앞으로 일어날 세무 리스크에 대한 관리도 시작된다. 예를 들어 직원이 없는 개인사업자가 사용한 식대의 경우 부가가치세는 물론 종합소득세에서도 비용으로 처리하지 못한다. 그런데 이를 모르는 개인사업자들은 부가가치세나 종합소득세 신고 시에 전액을 복리후생비로 처리해 신고한다. 세무서는 신고가 이루어진 시점에 바로 시정조치를 요구하지 않고, 묵은지처럼 몇 년을 놔뒀다가 몇 년 치를 폭탄처럼 한 번에 터트린다.

또 다른 사례를 보자. 집에서 대중교통으로 40분가량 걸리는 곳에서 음식점을 운영하는 사업자 A는 배달비를 아끼려고 음식 재료 중 급하거나 소량인 것들 위주로 집에서 가까운 마트에서 장을 봐서 출근했다. 세금을 신고할 때 당연히 이 금액도 비용으로 처리했다. 그런데 세무서에서는 집 앞 마트에서 지속적으로 구매했기 때문에 가사용 경비(개인의 생활을 위해서 쓰는 비용)로 보고 세금을 추징했다. 구매 당시 품목이 적힌 영수증만 모아뒀더라면 쉽게 입증될 문제였다.

소개한 이 사례들은 속은 쓰리더라도 소소한 수준이겠지만, 불경기에는 사업을 유지할 수 없을 만큼 큰 부담으로 다가올 수도 있다.

세무대리 맡기더라도 세금은 알아야 한다

특히 혼자 하던 사업이 잘되면서 규모가 점점 커지고 직원을 고용해야 할 일이 생긴다면 그때는 세무서비스를 진지하게 고민하는 편이 좋다. 이는 직원으로 인한 세금 신고가 복잡해지기 때문만이 아니다. 직원을 한 명 고용했다고 하자. 4대 보험 취득 신고, 보수총액 신고, 매월 원천세 신고, 연말정산, 지급 명세서 제출 등 해야 할 일이 산더미다. 귀찮을 뿐만 아니라 익숙하지 않은 사람에게는 시간도 오래 걸리는 일이다. 혼자 하기 벅차서 직원을 고용했는데, 일은 쉬워질지 몰라도 직원으로 인해 공부해야 할 게 늘어나 시간적으로 큰 부담으로 다가오는 것이다. 이럴 때 세무대리 서비스를 이용하고 확보된 시간 동안 나는 회사의 수익 창출을 위해 좀 더 노력하는 편이 효율적이지 않을까?

물론 숫자에 익숙하고 배우는 것이 즐거워서 이런 일을 술술 해내는 사업자도 있다. 정답은 없다. 이 책을 따라서 처음 세금 신고를 무사히 해내고 조금 자신이 붙는다고 하더라도, 방심해서는 안 된다. 연수가 쌓여갈수록, 사업이 확장할수록, 챙겨야 할 것은 더 많아지고 세금은 더 복잡해진다. 세금 신고가 쉽다면 세무사라는 전문직이 있을 이유도 없다. 세무적으로 발생할 수 있는 리스크를 본인이 지기 버겁다면 세무대리인을 이용하자. 다만 앞서 언급했듯이 세무 업무를 직접 하든, 전문가에게 맡기든, 사업을 하는 내가 세금을 알고 있어야 한다. 그 점을 명심하자.

세무대리인 선정의
4가지 기준

세무대리 서비스를 이용하기로 결정했다면, 가장 먼저 해야 할 일은 세무대리인의 선정이다. 다양한 부분을 살펴봐야 하겠지만, 여기서는 네 가지 기준을 제공하고자 한다.

첫째, 내 업종을 얼마나 이해하는가? 세법에서는 각 세목(예를 들면 법인세 신고, 부가가치세 신고 등)에 따라 신고 방법을 명확하게 규정하고 있다. 그렇지만 특수한 업종이 아니고서는 각 업종에 따라 세부적인 지침이 있는 경우는 별로 없다. 이럴 때는 일반적으로 공신력이 있는 예규, 판례 등이 있으면 이에 따라 처리하거나 그마저도 없다면 관행에 따라 처리한다. 하지만 세무사가 이를 잘 모른다면, 신고가 잘못되어 세금을 과다 납부하거나, 가산세를 부담하는 경우가 생길 수 있다. 그러니 기본적으로 세무사와 계약하기 전에 내 업종에 관해 잘 아는지 꼭 점검해보자.

둘째, 내 사업을 이해하려고 노력하는 사람인가? 스타트업의 데스밸리에 관해 들어본 사람이 있을 것이다. 데스밸리란 미국의 '죽음의 골짜기'라는 지역에서 따온 말로, 스타트업이 자금난으로 인해 가장 많이 무너지는 시기를 뜻한다. 이 외에도 성장 단계, 침체 단계 등 여러 단계가 있는데, 개인 사업자부터 법인까지 회사를 경영한다면 모두 적용받는다. 그런데 수많은 사업자와 회사를 상대하는 세무사의 관점에서 내 사업이 어느 단계의 어느 지점에 도달했는지 정확히 파악하고, 사업자인 나의 니즈에 맞춰 경영에 충분한 조력자가 되어준다면 세무대리 수수료가 전혀 아깝지 않을 것이다. 진심으로 나와 내 사업을 위하고 걱정하고 이해하려고 노력하려는 세무대리인을 찾아보자.

셋째, 세금 신고 외의 부가 서비스가 있는가? 직관적으로 보이는 세무사의 서비스 부류는 세 가지 정도가 있다. 하나는 세금 신고를 해주는 대리인, 하나는 기업의 경영 과정에서 세무 리스크와 니즈를 파악하고 문제점을 미연에 방지하며 절세를 위해 미리 조처해주는 대리인, 그리고 마지막 하나는 세금은 물론이거니와, 그 외에 경영을 위해서 컨설팅을 지원하는 대리인이 있을 것이다. 방대한 분야를 케어해주는 만큼의 수수료를 요구하겠지만 말이다. 나에게 필요한 서비스가 어디까지이고, 그에 따른 예산을 어느 정도까지 고려하는가에 따라 선택하도록 하자.

네 번째, 기장료는 얼마인가? 사람의 욕심은 끝이 없다. 누구든 무엇인가를 소비할 때는 싸고 질 좋은 상품을 구매했을 때 비로소 합리적인 소비를 했다고 생각한다. 당연한 이치다. 그런데 저렴함이 세무 서비스를 받을 때 어떻게 돌아올까? 조금 적나라하게 표현해보자면, 세무사무실에서 기업을 무난하게 관리해줄 수 있는 직원은 일반적으로 3년 차를 기준으로 본다. 그 3년 차 직원의 연봉이 최소 3,000만 원 정도인데 이를 월급으로 환산하면 250만 원 수준이다. 그리고 해당 직원이 관리할 수 있는 일반적인 기업(사업자)의 수가 40~50곳 정도 된다. 직원을 둔 사업자는 다들 알겠지만, 직원 한 명이 평균적으로 창출할 수 있는 수익은 급여의 3배가 되어야 하는데, 세무업계에서는 급여의 2배 정도가 수익으로 창출되어야 회사가 건전하게 움직인다. 그런데 기장료가 저렴한 곳은 이 수익률을 맞추기 위해 직원이 소화 가능한 업체를 초과해서 배분받게 된다. 결국 너무 저렴한 기장료는 재무건전성에 치명적인 오류를 초래할 수 있다. 이 부분을 명심해서 세무대리인을 선정하자.

세무대리인에 대한 오해

의류매장을 운영하는 김불편 씨는 매출 중 현금에 해당하는 부분을 세무대리인에게 알리지 않고 전액 주식에 투자했다. 그렇게 조금씩 이득이 생겨 행복에 젖은 것도 잠시, 국세청으로부터 주식 취득 자금에 대한 출처 소명 통지가 왔다. 통지서를 보자마자 김불편 씨는 과거에 세금을 신고하지 않은 것, 부모님으로부터 증여받은 돈, 형제들에게 이체했던 돈, 모든 것에 겁이 나기 시작했다. 그렇게 며칠을 잠을 설치다 갑자기 세무대리인에게 배신감이 들었다.

"이때까지 뭐 했던 거야? 이런 건 미리 알려줘야 하는 거 아냐?"

김불편 씨의 사례는 우리 주변에서 생각보다 많이 벌어지는 일이다. 그리고 안타깝게도 세무사에게 맡기기만 하고 세금 공부를 제대로 하지 않아서 벌어지는 오해와 비극이다. 많은 사람이 세무대리인은 나의 사정을 속속들이 알 것이라는 착각을 한다. 물론 세무대리인은 관리하는 사업장에 대해 전부 알아야 마땅하다. 하지만 김불편 씨의 사례까지 어떻게 알 수 있을까.

일반적으로 세무대리인이 사업장에 대해서 알 수 있는 것은 적격증빙을 주고받은 거래, 법인사업자와 성실신고 확인 대상 사업자의 경우는 사업용 계좌(그 외에는 사업용 계좌를 확인하지 않는다)와 그 외에 사업과 관련한 대출, 자산, 지원금 등에 대한 상황이다. 그러니 현금매출을 티 나지 않게 누락하면 세무대리인은 모를 수밖에 없고 개인 주식계좌에 입금되는 금액조차 알 길이 없다.

세무대리인이 제대로 일하도록 하려면, 사업자인 내가 먼저 세무대리인에게 어떤 일을 맡기고 이를 위해 준비할 자료는 무엇이 있는지 생각하고 전달해야 한다.

세무대리 서비스를 효율적으로 이용하자

극단적인 사례이긴 하지만, 간혹 어떤 사업자들은 막상 종합소득세를 신고할 기간에 들어서서 기장대리 서비스를 요청한다. 기장대리는 매달 이루어져야 한다. 그럼에도 1년 동안 하지 않던 기장을 5월에 와서 해달라고 하는 것이다. 거기까지는 그래도 받아들일 수 있다. 준비하겠다는 마음가짐이 있으니 말이다. 그런데 장부를 쓰려면 1년간의 적격증빙이 있어야 한다. 증빙도 갖추지 못했다면, 세무사라고 해서 장부를 임의로 기록할 수 없다. 증빙이 없으면 비용으로 처리할 수 없고, 자연히 세금도 올라간다. 그러면 종합소득세 신고대리를 맡긴 사업자들은 여기에 불만을 표한다. 심지어 세무사를 세무공무원 편이라고 비난하기도 한다.

하지만 이는 오해다. 세무사는 의뢰인을 위해 최대한 정확한 세금 신고를 도와주는 사람이다. 다만 이를 세무공무원이 납득하도록 해야 하는 것도 세무사의 몫이다. 세무공무원이 세금신고서를 납득하지 못하면, 세무조사가 이어지는 수순이기 때문이다. 따라서 세무사는 세금을 다루는 만큼 철저할 수밖에 없다. 철저하게 하지 않으면 그 모든 것이 나중에 다시 사업자에게 돌아오기 때문이다. 그러니 이 점을 명심하고, 기본적인 세금 공부를 하고 나서 세무사에게 일을 맡기자. 그러면 어렵기만 하던 세무사의 의견도 이해할 수 있게 되고, 그에 따라 사업자로서 내 세금을 좀 더 적극적으로 절세할 방법도 알 수 있게 된다.

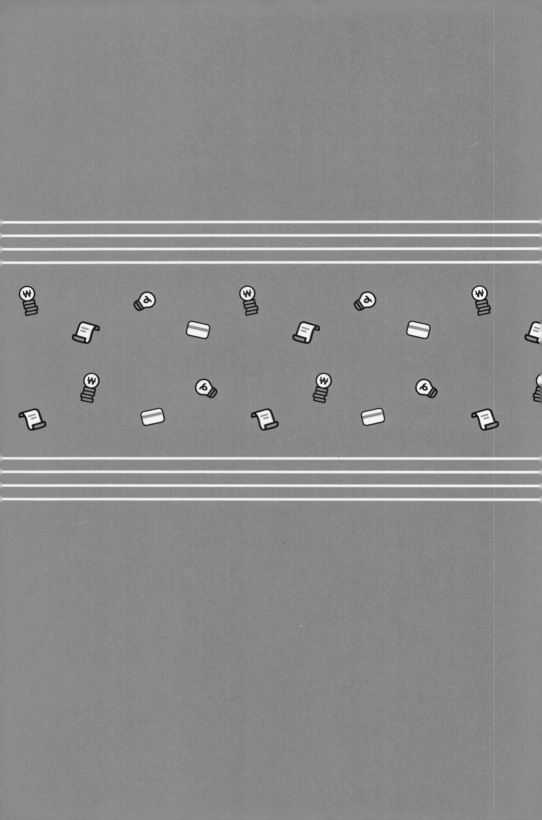

PART 6

직원을
고용해보자

1인 사업자의
첫 직원 채용기

1인 사업자로 사업 활동을 하다 보면, 어느 순간 직원의 존재가 매우 간절해질 때가 있다. 일반적으로 혼자 힘으로 사업을 관리하기 힘들어질 때가 그러할 것이다. 그렇다고 앞뒤 재지 않고 직원을 뽑는다면 어느새 자금난이 시작되어 결국 폐업까지 이어질 수 있다. 그렇다면 직원은 도대체 언제 뽑아야 할까?

정답은 당연하게도 직원을 채용할 여력이 될 때다. 여력이 된다는 것은 결국 급여를 줄 자금이 충분하다는 건데 계산하는 방법은 간단하다. 월평균 매출에서 월평균 매출원가와 그 외 비용 및 일상생활을 위해서 필요한 금액의 합계액을 차감하고 남은 금액이 직원의 급여와 4대 보험 사업자 부담분, 그리고 직원이 업무를 할 책상과 컴퓨터 비품의 비용, 식대 등의 합계액과 맞으면 된다. 이를 알아볼 수 있게 만들어진, 업종마다 통용 가능한 급여의 비율이 있다. 예를 들면 PC방의 경우는 총 매출의 40%, 도소매업은 20~30% 정도가 급여로 통용 가능한 비율이다(업체마다 비율이 차이날 수 있다).

그러나 만약 회사의 수익 창출에 기여할 기대 가치가 높은 인재가 보인다면 조금 무리하더라도 지체하지 않고 채용하는 것이 오히려 회사의 성장에 도움이 될 수도 있다. 이 모든 것을 잘 고려해 올바른 직원 채용의 시기를 잡아보자.

소중한 한 명의 직원, 어떻게 뽑아야 할까

직원이 없이 혼자 하던 작은 사업체에 입사를 희망하는 사람에는 두 부류가 있다. 첫 번째는 경력이 없어서 경력을 쌓기 위해서 입사하는 사람, 그리고 두 번째는 성장 가능성이 있는 작은 회사에 입사해 틀에 얽매이지 않고 일하며 역량을 마음껏 발휘해 회사를 키우고 싶은 사람이다.

둘 중 어떤 사람이 필요할까? 당연히 두 번째 사람이다. 그렇다면 두 번째 인재를 채용하기 위해서 사업자인 나는 어떻게 해야 할까? 구인구직에서 중요한 원칙은 지원자가 내 마음에 드는 것만큼, 나와 내 사업이 지원자의 마음에도 들어야 한다는 점이다. 그렇다면 그들이 입사하고 싶은 사업체의 기준은 무엇일까?

여러 가지 기준이 있겠지만 그중에서 세 가지를 꼽아보면 회사의 성공 가능성, 복지, 대표의 마인드일 것이다. 사실 대표의 마인드가 복지와 회사의 성공 가능성을 모두 보여줄 수 있는 지표이기도 하다. 그렇다면 이제 대표의 마인드를 보여줄 방법을 찾아야 한다. 홈페이지나 기타 매체 등을 통해 보여줄 수도 있지만, 지원자들이 공통적으로 보는 것은 공고다. 그만큼 채용 공고는 중요하다.

그런데 많은 신생기업의 공고를 보면 업종과 급여, 업무 범위, 사무실 주소가 전부인 경우가 상당하다. 이 책을 읽는 독자들의 사업체는 대기업이 아니다. 대기업은 대체로 누구나 알고 있고 또 입사를 원하는 사람이 많으므로 채용 공고에 회사 소개를 특별히 할 필요가 없다. 하지만 대기업이 아니라면, 어떤 곳인지 소개조차 하지 않는 회사의 공고를 보고 누가 일하고 싶겠는가? 결국 경쟁력을 갖춘 지원자는 대기업이나 자기소개가 확실한 기업으로 가고 남은 사람이라고는 경력이 없어서 채용을 진행하는 모든 회사에 이력서를 넣는 사람일 것이다.

그래서 공고를 올릴 때 우리가 제시할 수 있는 복지는 무엇인지, 우리 회사의 비전은 어떻게 되는지, 회사의 성장에 따라 직원은 어떤 혜택을 볼 수 있을지 구체적으로 작성할 필요가 있다.

근로계약서 작성 안 하면
벌금 5백만 원?

 CASE 빵집을 운영하는 J씨는 장사가 잘되어 혼자 일하기에 너무 벅찬 상황이 되어 일주일만 아르바이트를 두 명 고용하기로 했다. 많은 지원자를 면접 본 뒤에 오랜 고민 끝에 고용했다. 그런데 첫날부터 두 사람은 확연히 달랐다. A는 시키지 않은 일도 척척 하는, 그야말로 모범 근로자였다. 반면에 B는 틈만 나면 화장실을 가고 고객 응대를 무표정으로 일관하는 등 마음에 드는 곳이 없었다. 그리고 이튿날, 일도 제대로 하지 않던 B가 오전 반차를 쓴 것처럼 태연하게 오후에 출근하는 것이었다. 너무 화가 난 J씨는 홧김에 B를 바로 해고했다.

그로부터 몇 기원후, J씨는 근로계약서를 작성하지 않았다는 이유로 형사 처벌을 받게 되었다.

일반 중소기업들은 직원을 고용할 때 근로계약서의 작성이 중요하다는 사실을 간과하는 경우가 많다. 이 근로계약서는 원칙적으로 고용 즉시 작성하게 되어 있는데, 근로조건인 '근로시간, 임금'에 대한 내용을 명시하고 약속하는 아주 중요한 절차다. 흔한 오해 중 하나가 수습 기간이 있는 회사는 수습 기간 후에 근로계약서를 작성하면 된다고 알고 있는 점이다. 이는 명백히 근로기준법을 위반한 것이다. 또 앞의 사례와 같이 단 하루를 일하더라도 원칙적으로 근로계약서를 작성해야 한다. 근로계약서를 작성하지 않았을 경우 최대 500만 원 이하의 벌금형에 처할 수 있다.

근로계약서 작성 시 주의할 점

근로계약서 작성에 필요한 양식은 따로 정해져 있지 않다. 그래서 표준근로계약서의 양식을 그대로 써도 되지만, 우리 회사만의 양식을 만드는 것도 가능하다. 다만 근로계약서를 작성할 때 주의할 점은 존재한다. 근로계약서에 반드시 들어가야 나중에 문제가 생기지 않을 항목이 있는데, 다음의 항목들은 절대 누락하지 말도록 하자

① 근로계약 기간: 계약직은 꼭 기재하도록 하되, 정규직은 '근로개시일'만 기재한다.
② 소정 근로시간: 소정 근로시간은 구체적으로 쓰고 휴게시간을 꼭 표기해야 한다. 휴게시간은 하루 4시간 근무 시 30분, 하루 8시간 근무 시 1시간이 되도록 해야 하며, 해당 시간은 점심시간을 포함한다.
③ 임금의 구성항목, 계산 방법 및 지급방법: 연봉으로 계약하더라도 꼭 월급의 형태로 기재하고 상여나 인센티브도 잊지 말고 기재하도록 하자. 시급에 주휴수당이 포함되어 있다면 '주휴수당 포함'도 반드시 기재한다. 주휴수당이란 근로자가 하루 3시간, 일주일에 15시간 이상을 일했을 때 하루를 유급휴일, 즉 주휴일로 정해서 수당을 지급하게 되어 있는 근로기준법이다. 보통의 기업은 토요일이나 일요일 중 하루가

주휴일이며, 나머지 하루는 무급휴일로 본다. '주휴수당 포함'이 기재되어 있지 않다면, 근로자가 주휴수당의 지급을 요구할 때 지급해야 하는 빌미가 될 수 있다.

④ 4대 보험: 적용 여부를 체크한다.

⑤ 휴일과 휴가에 관한 규정: 구체적으로 기재한다.

⑥ 근무 장소와 업무 내용: 근무 장소와 업무 내용을 명시하지 않으면 30만 원의 과태료 대상이 된다. 업무 내용을 상세히 적기 어렵다면 대략적으로라도 명시하자.

직원과 관련된 세무 업무 한눈에 보기

　직원을 한 명 고용하는 순간부터 대표로서 해야 할 일이 꽤 많아진다. 근로계약서 작성, 4대 보험 취득 신고, 4대 보험 사업장 성립 신고, 원천세 신고, 급여 명세서 지급, 연말정산, 급여가 변경되면 급여 변경 신고, 퇴직금 원천세 신고, 4대 보험 상실 신고 등등이 그것이다. 이 중 한 가지라도 빠지거나 잘못 신고한다면 과태료나 가산세를 낼 수 있기 때문에, 전체 프로세스를 정확히 이해하고 넘어가자.

　① 직원 채용 직후 처리해야 할 업무
　– 4대 보험 사업장 성립 신고(사업장)
　– 4대 보험 가입자 취득 신고(근로자와 대표)

　② 직원이 근무하는 동안 처리해야 할 업무
　– 급여를 지급한 달의 다음 달 10일까지 원천세 신고
　– 근로자에게 매 급여지급분 급여 명세서 교부

– 상반기 급여지급분 7월 말까지 근로소득 간이 지급 명세서 제출
– 하반기 급여지급분에 대해 1월 말까지 근로소득 간이 지급 명세서 제출
– 12월 31일 기준 소속 근로자에 대해 3월 10일까지 연말정산 진행 후
  근로소득 지급 명세서 제출

③ 직원이 퇴사한 경우
– 퇴직금을 지급한 경우 지급한 달의 다음 달 10일까지 원천세 신고
– 직원 퇴사일의 다음 날 4대 보험 상실 신고
– 직원 중도 퇴사 연말정산

직원 채용 직후 처리해야 할 업무

처음 직원을 고용하면 제일 먼저 해야 할 업무는 바로 사업장의 4대 보험 사업장 성립 신고와 동시에 4대 보험 취득 신고다. 4대 보험은 각각 국민연금, 건강보험, 고용보험, 산재보험을 말하는데 4대 보험 사업장 성립 신고라는 것은 "우리 회사는 이제부터 4대 보험을 납부하는 회사가 되겠습니다"라고 신고하는 것이고, 취득 신고는 "우리 회사에서 4대 보험에 가입할 사람입니다"라고 신고하는 것이다.

먼저 4대 보험 사업장 성립 신고에 대해서 살펴보자.

4대 보험 사업장 성립 신고하기

① 4대 보험정보연계센터 사이트(https://www.4insure.or.kr) ▶ 민원신고 ▶
사업자업무 ▶ 성립 ▶ 작성 및 저장

▲ 4대 보험 성립 신고

그림에서 보는 것과 같이 국민연금은 '당연적용사업장 해당 신고서', 건강보험은 '사업장 적용 신고서', 고용·산재보험은 '보험관계 성립 신고서'로 이름이 전부 다르다. 그러나 결국 이 신고서들 모두 사업장 성립 신고를 위한 서류들이니 전부 작성해 제출하자. 해당 사이트의 작성 예시를 참고하면 어렵지 않게 작성할 수 있을 것이다.

성립신고서 작성을 끝내고 저장을 눌렀다면, 다음 단계로 넘어가 보자.

② 4대 보험정보연계센터 사이트 ▶ 민원신고 ▶가입자업무 ▶ 자격 취득 ▶ 작성 및 저장

• 가입자 정보 작성

가입자의 정보를 입력해보자. '자격취득일'은 입사일을 입력하고, '월 소득액'은 비과세 식대, 비과세 차량운전보조금을 제외한 월 급여를 입력한다.

▲ 자격 취득 신고 - 가입자 정보

• 국민 연금

▲ 자격 취득 신고 - 국민연금

　국민연금 취득 신고서를 작성할 때 '취득월 납부 여부'는 보통 1일 취득이 아닌 경우, 취득일이 해당하는 달에는 국민연금을 납부할지 선택하는 것이다. 납부하지 않아도 불이익은 없다.

　다음 칸의 '특수직종부호'는 해당 근로자가 광업 종사자라면 '광원', 어선에서 직접 어로작업에 종사한다면 '부원'을 적고, 그 외에는 '해당없음'에 표기한다.

　마지막 칸의 '직역연금 부호'는 공적연금 가입자일 경우 체크하는 것으로, 일반적으로 '해당없음'을 체크하면 된다.

주의할 점은 18세 미만, 60세 이상에 해당하는 사람은 국민연금 가입을 제한하고 있다. 다만, 18세 미만의 경우에는 본인이 희망을 원하고 사용자 (회사 대표)가 동의하는 경우에만 접수일로 가입할 수 있다.

· 건강보험

건강보험 ✓					
⊞ 자격취득부호	00 🔍 최초취득		⊞ 자격취득일 (YYYY.MM.DD) [?]		2021-10-31
⊞ 보수월액 [?]	2,500,000	원			
보험료	감면 부호	🔍			
공무원/교직원	회계	🔍		직종	🔍

▲ 자격 취득 신고 - 건강보험

건강보험은 자격취득부호에 유의해서 취득 신고를 하자.

00	최초 취득	처음 직장가입자로 가입하는 경우
04	의료급여 해제	기초생활보장수급자 및 기타 의료급여 수급권자에서 제외된 경우
05	직장가입자 변경(상실)	다른 회사에서 이직한 경우
06	직장피부양자 상실	다른 가족이 건강보험료를 납부했고 그 가족의 피부양자였다가 제외됐을 경우
07	지역가입자에서 변경	지역가입자로 건강보험료를 내다가 취직한 경우
29	직장가입자 이중자격	다른 회사의 근로자로 있는 경우

건강보험에 취득부호는 이처럼 구분되지만, 실무적으로 00부호를 사용해도 무방하다.

• 고용보험

▲ 자격 취득 신고 - 고용보험

'1주 소정 근로시간'은 근로계약서에 작성된 근로시간을 기준으로 1주일로 계산해 기재한다. 일반적인 1일 소정 근로시간이 8시간이고, 주로 환산하면 40시간이다.

한편 입력하는 부분 밑의 조항은 실제 근로자가 아닌 사람이 고용보험에 가입하는 것을 막기 위한 것으로, 근로자가 동거친족일 때 실제로 근무한다는 입증이 필요하다는 일종의 경고다. 이 사례에 해당할 경우 문의하면 근로복지공단에서 입증을 위한 대략 20장 이상의 서류 제출을 요구할 것이다. 참고로 해당 경고는 산재보험에도 똑같이 들어가 있다.

• 산재보험

산재보험 ✓			
⑧ 월평균보수⑦	2,500,000　　원	⑧ 자격취득일 (YYYY.MM.DD) ⑦	2021-10-31
직종	023 🔍 회계·세무·감?		
1주(週)소정근로시간	40　시간	비고	🔍
계약직여부	◉ 예　○ 아니오	계약종료연월 ⑦	202210　예) 202005
보험료 부과구분 (해당자) 부호 ⑦	🔍	보험료 부과구분 (해당자) 사유	🔍

▶ 근로기준법상 근로자가 아니라면 산재보험 취득대상이 아닙니다. 사업주의 동거친족, 등기임원 등은 근로자로 보기 어려운 면이 있으므로 근로자성 여부는 근로복지공단(1588-0075)으로 문의하시기 바랍니다.

▲ 자격 취득 신고 - 산재보험

　산재보험 취득 신고서는 고용보험 취득 신고서와 양식이 같으므로 그대로 기재하면 된다.

③ 저장 ▶ 전송(신고서 제출)

　제출한 서류는 ▶ 민원신고 ▶ 민원처리현황 조회 메뉴를 통해 확인 가능하니 참고하자.

TOP ⚡ TIPS!

대표도 고용보험에 가입할 수 있을까?

법인사업자·개인사업자의 대표도 고용보험에 가입할 수 있으며, 폐업 등의 이유로 실업급여를 신청할 수 있다.

급여대장 작성 방법

직원에게 급여를 지급할 때 급여대장 작성은 필수다. 왜 그럴까? 그 이유는 급여대장을 작성해야만 근로자에게 최종적으로 지급해야 할 금액을 산정할 수 있는 동시에 급여대장을 기준으로 급여 명세서를 작성할 수 있기 때문이다. 그리고 급여대장은 연말정산의 기준자료로 사용할 수 있다. 그만큼 직원을 고용했을 때 급여대장을 작성하는 것은 중요하다.

이제 그 작성법을 살펴보겠다.

CASE 도소매업을 하는 '일하고싶은곳' 대표는 사업을 순조롭게 확장해 첫 직원을 뽑았다. 2022년 1월 1일에 직원 김가람 씨를 고용하고 4대 보험 취득까지 완료했다. 김가람 씨의 급여는 240만 원이고 급여에는 식대 10만 원과 자가운전보조금 20만 원이 포함되어 있다. 김가람 씨의 급여일은 말일로 정했다. 혼자 하던 업무를 분장해 인수인계하고 사원 김가람 씨의 업무가 익숙해질 즈음에 급여일이 다가왔다. 급여를 지급하기 위해서는 급여대장을 작성해야 한다는데, 어떻게 해야 할까?

'일하고싶은곳'의 사원 김가람 씨의 급여를 분석해보면, 기본급여는 210 만 원이고 식대 10만 원과 자가운전보조금이 20만 원이다. 이를 급여대장 으로 만들면 다음과 같다.

2022년 01월분 급상여대장														page : 1 / 1

(귀속: 2022년 01월 \| 지급: 2022년 01월 31일)

급여대장은 크게 주는 돈과 제하는 돈으로 분리해서 볼 수 있다. 먼저 주 는 돈부터 살펴보자. 왼쪽에 해당하는 기본급여 및 제수당 부분이다.

기본급여 및 제수당						
기본급	상여	식대	자가운전보조금			지급합계
2,100,000		100,000	200,000			
						2,400,000

▲ 급여대장 예시 - 과세, 비과세 구분

　이 부분에는 급여의 과세 항목과 비과세 항목이 기재 된다. 그리고 지 급합계가 우리가 흔히 말하는 '세전' 금액이다. 여기서 '과세 항목'이란 4대 보험, 소득세, 지방소득세 등 세금을 부과하는 항목이고, 비과세 항목은 세금을 부과하지 않는 항목이다. 비과세가 가능한 항목은 법(소득세법 시행 령 제12조부터 제17조의 4 참조)에서 명시하고 있고 여기에 없는 모든 항목은 과세 항목으로 볼 수 있다. 일반적으로 급여대장에 항목은 작성하지만, 항목별로 과세인지 비과세인지는 따로 표시하지 않기 때문에 경영자라면 비과세가 가능한 것들이 무엇인지 정확히 구분해야 한다.

비과세 근로소득	한도 금액	설명
식사	전액 비과세	근로자가 사내 급식 또는 이와 유사한 방법(식권 등)으로 제공받는 식사 및 기타 음식물
식사대	월 20만 원	식사 및 기타 음식물을 제공받지 않는 근로자가 받는 식대
자가운전 보조금	월 20만 원	종업원 소유의 차량을 종업원이 직접 운전해 ⓐ 사용자의 업무 수행에 이용하고 ⓑ 시내출장 등에 소요된 실제 여비를 받는 대신에 그 소요경비를 ⓒ 당해 사업체의 규칙 등에 의해 정해진 지급기준에 따라 받는 금액
출산·보육수당	월 10만 원	근로자 또는 그 배우자의 출산이나 6세 이하(해당 과세기간 개시일을 기준으로 판단) 자녀의 보육과 관련해 사용자로부터 받는 급여(자녀 수는 관계없음)
연구보조비 또는 연구활동비	월 20만 원	다음 중 어느 하나에 해당하는 사람 ⓐ 유아교육법, 초·중등교육법 및 고등교육법에 따른 학교 및 이에 준하는 학교(특별법에 따른 교육기관을 포함함)의 교원 ⓑ 특정연구기관육성법의 적용을 받는 연구기관, 정부 출연 연구기관, 지방자치단체 출연 연구원에서 연구 활동에 직접 종사하는 사람(대학교원에 준하는 자격을 가진 자에 한함) 및 직접적으로 연구 활동을 지원하는 사람으로, 기획재정부령으로 정하는 사람 ⓒ '기초연구 진흥 및 기술개발지원에 관한 법률'에 따라 인정받은 중소기업 또는 벤처기업의 기업부설 연구소와 연구개발 전담부서(중소기업 또는 벤처기업에 설치하는 것으로 한정함)에서 연구활동에 직접 종사하는 사람

비과세 항목은 다양하지만, 일반적으로 회사가 사용하는 비과세 항목을 예시로 열거했다. 앞의 표에서 김가람 씨에게 적용되는 비과세는 식대와 자

가운전보조금이다. 여기서 주의할 것은 한도 금액인데, 만약 식대로 월 25만 원을 지급한다면 비과세 되는 식대는 20만 원이고 나머지 5만 원의 식대는 과세된다.

급여대장의 아래쪽 절반 부분에는 제하는 돈, 즉 공제항목이 들어간다. 쉽게 말해 급여에서 차감하는 것들의 집합이라고 보면 되는데, 공제항목에는 4대 보험(국민연금, 건강보험, 고용보험 등)과 소득세, 지방소득세 등이 해당한다.

이 금액들이 어떻게 산정되는지 하나하나 알아보도록 하자.

공제 및 차인지급액					
국민연금	건강보험	고용보험	장기요양보험료	소득세	지방소득세
					공제합계
					차인지급합계
94,500	74,445	16,800	9,537	22,740	2,270
					220,292
					2,179,708

▲ 급여대장 예시 - 공제항목

① 4대 보험

4대 보험은 급여에 일정 비율을 곱해 산정된다. 이 비율을 흔히 '4대 보험료율'이라고 부른다. 앞서 말했던 것처럼, 여기서 기준이 되는 급여는 과세분이다. 한편 근로기준법에 따른 최저시급은 해가 바뀔 때마다 상승하며, 사업주는 그때마다 이를 확인하고 최저시급에 미달하는 근로자가 없는지 점검해야 한다. 급여가 변하면 4대 보험료율도 변한다는 점에 주의하자. 다음의 표는 2023년의 비율이므로 참고만 하고, 매년 개정될 때마다 꼭 확인하자.

2023년 4대 보험 요율				
	국민연금	건강보험	장기요양보험	고용보험
요율	9%	7.09%	0.91%	1.8%+α
근로자 부담	4.5%	3.545%	건강보험×12.81%◆	0.9%
사업주 부담	4.5%	3.545%	건강보험×12.81%◆	0.9%+α◆◆

◆ 2024년 장기요양보험료율은 12.95%로 변경 예정
◆◆ 고용안정 및 직업 능력개발(고용보험 범주, 사업주 부담) 추가 부담
  - 근로자 150명 미만 0.25%
  - 근로자 150명 이상(우선지원대상기업) 0.45%
  - 근로자 150명 이상(우선지원대상기업 제외) 0.65%
  - 근로자 1,000명 이상 0.85%

4대 보험인데 급여대장에 산재보험은 빠진 것을 확인할 수 있을 것이다. 4대 보험 중 유일하게 전액 사업주 부담이기 때문이다. 4대 보험 중 국민연금, 건강보험은 근로자와 정확히 반반씩 부담하고 고용보험은 사업주가 근로자보다 조금 더 부담하게 된다. 하지만 산재보험은 근로자가 부담하지 않기 때문에 급여에 포함하지 않는다. 한편 산재보험은 업종마다 요율이 다르므로 여기서는 요율을 따로 표기하지 않았다. 정확한 요율은 근로복지공단에 문의해보자.

② 근로소득세와 지방소득세 근로소득분

근로소득세와 지방소득세는 세법의 '근로소득 간이세액표'에 의해서 책정된다. 매달 정확한 세금을 계산할 수 없기에 일차적으로 '근로소득 간이세액표'에 의해 대략적인 세금을 계산해 납부하고 차후 연말정산을 통해서 정산할 수 있게 간략하게 정해놓은 표다. 모든 근로자의 원천징수는 이 '근로소득 간이세액표'에 의해서 하게 되는데, 홈택스에서 검색할 수 있다.

홈택스 로그인 ▶ 세금신고 ▶ 원천세 신고 ▶ 근로소득 간이세액표

월 급여액을 입력한 후 조회하기를 누르면 소득세와 지방소득세 금액이
나온다. 여기서 월 급여액은 식대 및 자가운전보조금 등 비과세 항목을 뺀
금액임을 주의하자. 80%, 100%, 120%의 세 가지 선택사항이 있는데, 기
본적으로 100%의 금액을 공제항목에 작성한다. 어떤 비율은 선택하고 납
부하느냐에 따라 연말정산 때 세금을 더 낼 수도 있고, 환급받게 될 수도
있다는 사실을 기억하자.

▲ 근로소득 간이세액표

임금 명세서가 무엇일까?

임금명세서는 임금의 구성 항목, 계산 방법, 임금의 일부를 공제한 경우의 내역 등 대통령령으로 정하는 사항을 적은 문서로 사업장의 규모, 계약의 형태와 상관없이 모든 노동자에게 임금명세서를 반드시 주어야 한다. 급여를 지급할 때 임금명세서를 함께 제공하지 않으면, 최대 500만 원의 과태료가 부과될 수 있으니 주의하도록 하자.

임금명세서

지급일 : 2021-11-25

성명	홍길동		사번	073542
부서	개발지원팀		직급	팀장

세부 내역				
지급			공제	
임금 항목		지급 금액(원)	공제 항목	공제 금액(원)
매월 지급	기본급	3,200,000	소득세	115,530
	연장근로수당	379,728	국민연금	117,570
	야간근로수당	15,822	고용보험	31,570
	휴일근로수당	94,932	건강보험	135,350
	가족수당	150,000	장기요양병원	15,590
	식대	100,000	노동조합비	15,000
격월 또는 부정기 지급				
지급액 계		3,940,482	공제액 계	490,610
			실수령액(원)	3,472,161

계산 방법		
구분	산출식 또는 산출방법	지급액(원)
연장근로수당	연장근로시간 수(16시간)×15,822원×1.5	379,728
야간근로수당	야간근로시간 수(2시간)×15,822원×0.5	15,822
휴일근로수당	휴일근로시간 수(4시간)×15,822원×1.5	94,932
가족수당	100,000원×1명(배우자)+50,000원×1명(자녀 1명)	150,000

근로자의 소득세 납부하기

근로소득세는 원천징수를 하는 세금이다. 따라서 직원의 소득세는 대표인 내가 세무서에 신고 및 납부해야 한다. 우리는 앞서 PART 4에서 프리랜서를 고용했을 때 소득세를 원천징수해 신고하고 납부하는 법을 살펴봤다. 직원의 소득세를 신고하는 방법도 똑같으니 참고하도록 하자.

절차에 따라 신고·납부를 끝냈으면, 이번에는 지방소득세를 신고하고 내는 방법을 살펴보자.

위택스로 지방소득세 신고·납부하기

지방소득세는 납부해야 하는 기관이 국세청이 아닌 지방자치단체다. 지방자치단체에 세금을 신고하는 데는 위택스라는 사이트를 이용한다.

1단계: 위택스(http://www.wetax.go.kr) 접속 ▶ 신고하기 ▶ 지방소득세 특별징수

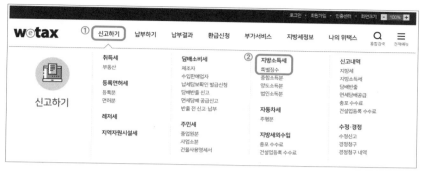

▲ 위택스로 지방소득세 신고납부 1

위택스에서는 비회원으로도 신고 및 납부가 가능하지만, 사업을 하다 보면 지방소득세를 낼 일이 종종 생긴다. 그러므로 이 기회에 회원가입을 해두면 이후에 편리할 것이다.

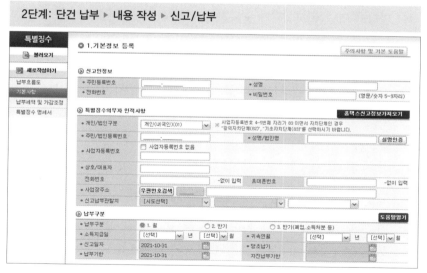

▲ 위택스로 지방소득세 신고납부 2

내용을 작성할 때 홈택스 신고분을 불러올 수 있다. 그러면 직접 작성하지 않아도 홈택스에 신고된 자료가 자동으로 입력되어 편리하다. 해당 내용 확인 후 신고 및 납부하면 된다.

계속근로자의 연말정산

회사에 소속된 근로자라면 '13월의 월급'에 관해 모르는 사람이 없을 것이다. 이를 세법용어로는 연말정산이라고 한다. 연말정산은 매월 지급하는 급여에 대해 납부하는 원천징수세액이 종합소득세법에 따라 계산된 방법이 아닌 '근로소득 간이세액표'라는 미리 정해진 표에 의해 계산된 세액을 납부하기 때문에, 이를 나중에 정확한 소득에 대한 정확한 계산을 통해 정산하는 것을 말한다.

그런데 세법은 근로자들이 별도로 연말정산을 진행할 수 있을 정도의 지식이 없다고 판단해 사업자가 근로자를 대신해 연말정산을 하도록 규정하고 있다. 그래서 2월에 근로자가 있는 모든 사업자는 전년에 지급한 각 근로자의 급여 및 그에 따른 원천징수세액에 대해 연말정산을 계산해야 한다. 정산한 금액을 2월 급여대장 작성에 포함해 세액을 환급해주거나 추가로 징수한다.

이를 시간 순서로 자세하게 살펴보도록 하자.

① 고용한 근로자가 있는 경우 매월 급여에 대해서 근로소득 간이세액표에 의한 원천징수세액을 납부한다.
② 2월 급여 지급 시 전년도에 각 근로자에게 지급한 총급여를 기준으로 산출한 종합소득세과 1년간 납부한 원천징수세액의 차액을 비교해 환급(1년간 원천징수세액 〉 종합소득세법에 따라 계산된 소득세) 또는

추가 징수(1년간 원천징수세액 〈 종합소득세법에 따라 계산된 소득세액)하며, 이는 2월의 급여에 반영한다.

③ 연말정산으로 인해 발생한 환급 또는 추가 징수는 2월 급여에 대해서 원천세를 신고할 때 반영한다.

②와 ③을 조금 더 쉽게 설명하자면, 우선 연말정산에 의해 발생하는 차액은 국세청에서 각 근로자에게 환급하거나 추가 납부를 요구하는 것이 아니라, 사업자가 먼저 근로자에게 그 차액을 정산해주고 나서 사업자가 모든 근로자에 대한 차액을 국세청으로부터 정산받는 것이다.

이런 일을 사업자가 세무대리 없이 직접 할 수 있을까?

연말정산은 다시 말하면 근로자의 종합소득세 신고를 하는 것이다. 그렇기 때문에 사업자도 정확히 계산하는 일이 쉽지 않다. 그도 그럴 것이 종합소득세 신고는 실무적으로 다양한 분야의 세법 지식을 요하고 있어 사업자들이 사업소득에 대한 종합소득세 신고조차 대부분 세무사에게 대행을 맡기기 때문이다. 앞서 언급했던 것처럼, 모두채움(납부) 유형이나 모두채움(환급) 유형의 단순경비율 적용 대상자라면 사업자가 스스로 소득 신고를 해도 되지만, 직원을 둔 사업주라면 여기에 해당하기는 쉽지 않을 것이다. 이뿐만 아니다. 근로자의 사업소득인 연말정산은 사업자의 종합소득세를 신고하는 것보다 더 많은 소득 공제나 세액 공제 및 세액 감면을 적용해야 해야 하는 경우도 종종 있어 난이도를 장담할 수 없다. 그렇기 때문에 원천세를 직접 이행하는 사업자라도 연말정산은 세무대리인의 연말정산대행 서비스를 이용할 것을 추천한다.

직원이 퇴사 후
처리해야 할 업무

직원이 퇴사하게 되면 가장 먼저 해야 할 업무가 4대 보험 자격 상실 신고다.

여기서 상실 신고는 4대 보험공단에 행하는 일종의 퇴사 신고로 생각하면 된다. 그리고 퇴직금 자격 상실 신고를 할 때는 국민연금, 건강보험, 고용보험, 산재보험 모두 자격 상실 신고를 해야 하며, 어느 하나라도 빼먹으면 안 된다. 자격 상실 신고는 자격 취득 신고와 같은 사이트에서 가능하고 진행 방법 또한 매우 비슷하다.

그럼 자격 상실 신고를 하는 방법에 대해 먼저 살펴보자.

자격상실 신고하는 법

4대 보험정보연계센터 사이트 ▶ 민원신고 ▶ 가입자 업무 ▶ 자격 상실 ▶ 작성 및 저장

① 가입자 정보 작성

상실자1				
가입자 정보				
⊠ 주민(외국인)등록번호[?]	주민번호 –		⊠ 성명	상실자 이름
⊠ 전화번호	– –		휴대전화	– –
⊠ 자격상실일 [?]	◉ 공통 2021-11-01 📅			
	○ 보험별			

▲ 자격 상실 신고 - 가입자정보

먼저 가입자의 정보를 입력한다. 자격상실일은 퇴사일의 다음 날이다. 상실 신고는 취득 신고할 때와는 달리 가입자 정보를 입력할 때 월 소득액을 입력하지 않는다.

② 국민연금 상실 신고서 작성

국민연금 ✓			
⊠ 상실사유	3 🔍 사용관계 종	자격 상실일 [?]	2021-11-01
⊠ 초일 취득, 당월 상실자 납부 여부	해당없음		

▲ 자격 상실 신고 - 국민연금

국민연금의 상실 사유로 가장 많이 사용되는 항목은 다음의 세 가지에 해당하며, 실무적으로는 03 부호를 사용하면 된다.

> 01 사망: 가입자가 사망했을 경우
> 03 사용관계 종료(가장 일반적인 경우): 일반적인 퇴사를 했을 경우
> 04 국적상실(국외 이주): 해외로 이주할 경우
> ⋮
> – 그 외 상실

③ 건강보험 상실 신고서 작성

건강보험 ✓					
▼ 상실사유		01 🔍 퇴직		자격상실일 ?	2021-11-01
▼ 연간 보수총액 ?	당해연도 ?	보수 총액	당해년도 총 급여 원	근무개월수 ?	당해년도 근무개월수
	전년도 ?	보수 총액	원 ※보험료 연말정산을 실시하지 않은 경우에만 작성	근무개월수 ?	

▲ 자격 상실 신고 - 건강보험

건강보험의 상실 사유로 가장 많이 사용되는 항목은 다음의 여섯 가지에 해당하며, 실무적으로는 01 부호를 가장 많이 사용한다.

---

01 퇴직(가장 일반적인 경우): 가입자가 퇴사했을 때

02 사망: 가입자가 사망했을 때

04 의료급여 책정

05 직장가입자로 변경

13 기타

17 국적상실

:
:

– 그 외 상실

---

④ 고용보험 상실 신고서 작성

고용보험 ✓			
ⓘ 상실사유 ?	코드	[🔍] ▢▢▢▢▢▢	[상실사유 분류항목]
※ 허위 신고시 과태료 부과대상 ‼ 고용보험 상실사유 문의 : 국번없이 1350	구체적사 유	※구체적 사유는 필수 입력항목입니다. ※사유코드가 23,26의 경우 반드시 글자수 13자 이상 기재 ▢▢▢▢▢▢▢▢▢▢▢▢▢▢	

❋ 실업급여 수급자격 및 고용안정지원 판단의 중요한 자료이므로 정확하게 확인하여 입력해주시기 바랍니다
 - 사유정정 또는 허위사실신고시 과태료부과 대상임
 - 고용보험 상실사유 문의 : 국번없이 1350

자격 상실일 ?	2021-11-01			
ⓘ해당연도 보수총액	해당연도 총 급여액 ▢▢▢ 원 ※부과고지사업장의 '20.1.16. 이후 퇴 직한 근로자에 대하여 상실신고로 보험 료 정산		ⓘ전년도 보수총액	▢▢▢▢ 원

▲ 자격 상실 신고 - 고용보험

　고용보험은 다른 보험에 비해 상실 사유에 매우 민감한 곳이다. 실업급여의 지급과 연관되어 있기 때문이다. 국민연금이나 건강보험과는 다르게 상실(이직) 사유를 거짓으로 신고하면 과태료가 부과된다. 신고 후에 변경하는 것도 과태료 대상에 포함된다.

　고용보험의 상실 사유로 가장 많이 사용되는 항목은 다음의 일곱 가지에 해당하지만, 어떤 사유에 해당하는지 정확하게 모른다면 관할 근로복지공단 지사에 연락하고 신고하는 것이 좋다. 보통은 개인사정으로 인한 자진퇴사가 가장 보편적이다. 하지만 그 외에 아래와 같은 사유들도 있으니 참고하도록 하자.

> 11 개인사정으로 인한 자진퇴사: 다른 직장으로 이직하거나, 기타 개인사정 등으로 자진 퇴사하는 경우
>
> 12 사업장 이전, 근로조건 변동, 임금체불 등으로 자진퇴사: 계속되는 휴업. 휴직, 지속적인 임금체불, 사업장의 이전 등으로 자진 퇴사하는 경우

22 폐업·도산(예정 포함): 사업장이 폐업하거나 도산, 천재지변 등으로 사업이 불
   가능한 경우

23 경영상 필요 및 회사 불황으로 인한 인원 감축 등에 따른 퇴사: 경영상 필요에
   의한 인원 감축, 매출 감소 등으로 인해 퇴사하는 경우

26 근로자의 귀책사유에 의한 징계해고·권고사직: 사회통념상 근로관계를 계속
   할 수 없을 정도로 근로자에게 중대한 귀책사유가 있어 해고하거나, 귀책사유
   가 징계해고 정도에는 해당하지 않지만(업무능력 미달 등 포함) 사업주가 권유해
   사직한 경우

32 계약기간 만료, 공사 만료: 근로계약의 기간이 끝나 퇴사하는 경우 등

42 이중고용: 다른 사업장에서 피보험자격 취득해 상실하는 경우

　.
　.
　.

－ 그 외 상실

⑤ 산재보험 상실 신고서 작성

산재보험 ✓			
상실사유	구분코드	[　] 🔍 [　]	상실사유 입력하지 않습니다.
	구체적 사유	[　　　　　　　　]	
자격상실일 ?	2021-11-01		
ⓘ해당연도 보수총액	해당연도 총 급여액 원 ※부과고지사업장의 '20.1.16. 이후 퇴직한 근로자에 대하여 상실신고로 보험료 정산	ⓘ전년도 보수총액	[　　　　] 원

▲ 자격 상실 신고 - 산재보험

　　산재보험은 다른 보험들과는 다르게 상실 사유를 작성하지 않는다. 그
이유는 고용보험과 산재보험은 모두 근로복지공단에서 관리해서 고용보험
에 작성한 상실 사유 코드가 자동으로 입력되기 때문이다.

4대 보험의 상실 신고를 모두 작성했다면 제출할 수 있게 된다.

제출된 서류는 4대 보험 정보연계센터 사이트의 민원처리현황 조회에서 확인 가능하니 참고하도록 하자.

중도퇴사자의 연말정산

다음으로 해야 할 것은 중도퇴사자 연말정산이다.

근로자가 중도에 퇴직하는 경우, 퇴직하는 달의 근로소득을 지급하는 때에 연말정산을 해야 하는데 이를 중도퇴사자 연말정산이라고 한다. 이때 연말정산은 2월에 행하는 연말정산처럼 신용카드 소득 공제 같은 공제들은 하지 않고, 오직 급여자료만을 가지고 기본적인 항목(기본소득 공제 및 근로소득세액 공제)만 적용해 연말정산을 한다. 만약 연말정산 이후 환급이 나온다면, 퇴사일이 속한 달의 급여를 지급할 때 반드시 이 환급세액도 포함해서 지급해야 한다.

퇴직금 지급 시 원천세 신고 잊지 말자

근로기준법에는 1년 이상 근무한 근로자에게는 필수적으로 퇴직금을 지급하도록 하고 있다. 퇴직금은 지급할 때 여타 다른 소득과 다를 바 없이 세금을 원천징수해서 신고 및 납부해야 한다. 그리고 급여와 마찬가지로 지급하는 달의 다음 달 10일까지 원천징수 이행상황 신고서를 제출하고 다음 해 3월 10일까지 지급 명세서를 제출해야 한다는 점을 명심하자.

직원의 카드를
사업용으로 사용했다면
어떻게 처리할까?

　직원을 두고 업무를 하다 보면, 직원이 출장을 가는 등 사업을 위해 직원 개인 명의의 카드를 피치 못하게 사용하는 일이 발생한다. 그런데 이때 회사에서 사용액만큼 직원에게 이체만 해주고 별다른 처리를 하지 않을 때가 많다. 하지만 이는 엄연히 사업을 위해서 사용한 금액이기 때문에 사업자의 비용으로 처리할 수 있다. 이에 대한 국세청의 상담 내용을 살펴보자.

> 법인⁺의 비용을 신용카드로 결재하는 경우 원칙적으로 당해 법인의 명의로 발급받은 것을 사용해야 하나, 종업원 개인 명의의 신용카드를 사용하고 매출 전표를 수취했을 때도 당해 법인의 업무와 직접 관련해 사용된 것으로 인정되는 경우에는 손금불산입⁺⁺으로 달리 규정된 경우 외에는 법인의 비용으로 손금산입⁺⁺되고 정규 지출증빙으로 인증되는 것임. 다만, 이 경우 당해 종업원에 대해 '조세특례제한법 제126조의 2'의 규정에 의한 '신용카드 등 사용금액에 대한 소득 공제'를 적용함에 있어 법인의 업무와 관련해 사용한 금액은 당해 종업원의 신용카드 사용금액으로 보지 아니하는 것임.
> ─서면인터넷방문상담2팀─345, 2006.02.14

앞의 상담 내용을 해석하면 사업용으로 사용한 직원 개인 명의의 신용카드 등 사용액에 대해서는 사업자의 비용으로 인정받을 수 있으며, 이렇게 비용으로 처리했을 때 해당 금액은 직원이 연말정산을 진행할 경우 신용카드에 대한 소득 공제금액에서 제외해야 한다는 것이다.

처리하는 방법은 다음과 같다. 먼저 직원이 사업용으로 개인 카드를 사용한 것에 관한 지출결의서(회사 임의의 양식대로 해도 무방하다)를 받아두자. 지출결의서에는 사용한 내역이 담긴 '신용카드매출 전표'와 '사용한 카드의 번호'가 있어야 하며, '연말정산 불가' 등의 기록을 남겨 5년 동안 보관한다. 그리고 부가가치세를 신고할 때 직원의 카드명의, 카드번호로 매입세액 공제를 받고, 직원별로 해당 금액들을 집계해 연말정산 시 소득 공제 금액에서 제외하도록 하자.

◆ 상담의 대상은 법인사업자이나 개인사업자도 다를 바 없다.
◆◆ '손금산입'은 비용으로 포함해주는 것, '손금불산입'은 비용으로 포함하는 것을 불허하는 것으로 보면 된다. 여기서 손금이란 비용을 말한다.

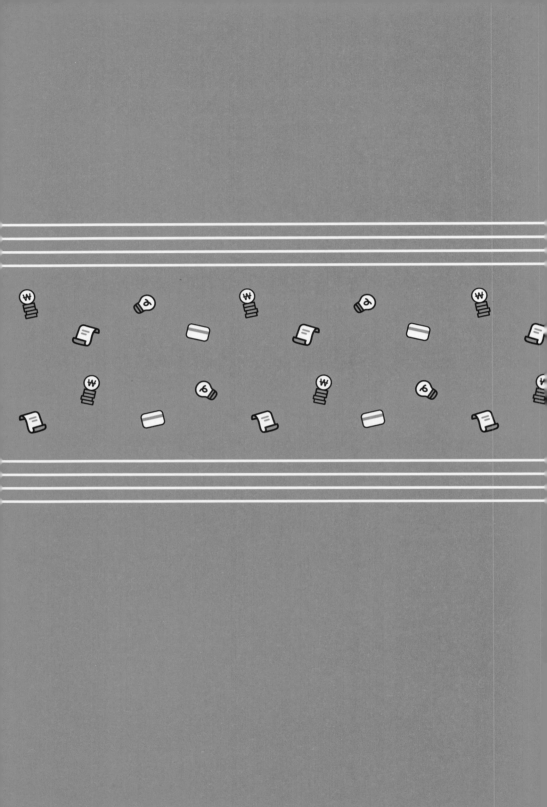

PART 7

그 외 세금
Q & A

업태와 종목의 선택이
왜 중요할까?

해외직구대행업을 준비하고 있습니다. 같은 일을 이미 하고 있는 지인에게 사업자
등록을 할 때 서비스업인 749609 코드로 해야 한다는 말을 들었습니다. 그런데 인
터넷으로 검색해보니 신설된 업종인 소매업 525105로 진행해야 절세에 유리하다
는 글을 보았습니다. 해외직구대행업을 525105 코드로 등록해도 되는지, 또 그렇
게 하면 실제로 절세가 되는지 궁금합니다.

　업태와 종목을 선정하는 것은 생각보다 중요하다. 독자 중에는 "내가 하
는 일에 따라서 업태와 종목이 정해져 있는 것 아니야?"라고 반문할 수 있
겠지만, 꼭 그런 것만은 아니다. 물론 자신이 하려는 사업이 명확해서 정해
진 업종코드를 사용해야 하는 경우도 있다. 그런데 선택의 여지가 있는 사
업도 의외로 많으니 한 번쯤 점검해볼 필요가 있다.

　질문에서 해외직구대행업은 용역을 제공하는 서비스업이다. 사업자등록
에서 2019년까지는 해외직구대행업이라는 업종 자체가 없었기 때문에 서비
스업종에서 기타로 분류되는 749609로 등록했다. 그런데 2020년에 소매업

의 해외직구대행업 코드가 실설되었다. 서비스업과 비교해보면, 간이과세자가 부가가치세를 신고할 때 부가율이 낮고 이 때문에 같은 매출 대비 납부할 세액이 적다. 이 외에도 복식부기, 성실신고 대상으로 넘어가는 기준도 더 높아 종합소득세 신고를 할 때도 절세에 유리하다.

하지만 기존에 서비스업으로 등록하고 소매업으로 변경하지 않은 채 계속해서 사용한다면 이런 혜택을 볼 수 없다.

질문과는 다른 사례로, 목도리를 만드는 등의 가내수공업은 정확한 행태는 제조업으로 볼 수 있지만, 도소매업으로 등록 가능한 예도 있다. 그러므로 절세를 위해서 충분히 조사한 후 업종을 선택해야 한다.

부부가 사업을 같이한다면
꼭 공동사업자로 등록해야 할까?

저희 부부는 이번에 같은 시기에 퇴사하고 함께 치킨집을 차리려고 합니다. 그런데 주위에 알아보니까 그런 경우에는 공동사업자 신청을 해야 한다고 하던데요. 공동사업자가 되면 귀찮은 일이 많이 생긴다고 알고 있는데, 꼭 공동사업을 해야 하는 건가요?

결론부터 말하면, 꼭 공동사업을 할 필요는 없다.

공동사업을 하는 이유는 무엇일까? 공동사업을 하는 사업자들이 본인의 기여분에 따라 소득을 적절하게 분배받기 위함이다. 공동사업장은 1 거주자(종합소득세법상 세금을 부과하는 단위)로 보기 때문에 여기서 두 명이 공동사업을 하면 사업소득금액(공동사업장의 수입금액－공동사업장의 필요경비)을 계산한 다음 손익분배 비율만큼 배분하게 된다. 다시 말하면, 사업장의 매출, 매입 그리고 사업장의 종합소득세액까지 분배한다는 것이다. 그래서 공동사업을 하게 되면 본인의 소득을 동업자의 손익분배 비율만큼 낮출 수 있으므로 절세 효과를 볼 수 있다. 예를 들어 사업장의 소득이 2,400만 원이라고 해보자. 소득 공제가 없다는 가정하에, 단독사업장이라고 한다면 과세표준은 그대로 2,400만 원이므로 15%의 세율을 적용받지만, 손익분배 비율이 50%인 공동사업장이라면 분배받는 소득이 2,400만 원에 50%를 곱한 1,200만 원이고, 과세표준 또한 그대로 1,200만 원이므로 6%의 세율을 적용받는다.

공동사업이 아니라도 절세하는 방법은 있다. 직원으로 고용하는 것이다. 어떤 차이가 있을까? 배우자를 근로자로 고용하면 배우자는 사업소득이 아닌 근로소득으로 과세된다. 같은 금액의 소득이라면 일반적으로 근로소득일 때가 사업소득으로 적용받을 때보다 세금이 덜 나온다. 그리고 다른 직원을 고용하지 않는다면, 공동사업일 때는 둘 다 지역가입자로 건강보험을 내게 되는데, 배우자를 직원으로 고용하면 부부 모두 직장가입자를 적용받게 된다. 이는 대표자만 있는 사업자의 경우 지역가입자를 적용받지만, 직원이 있는 대표자는 직원과 동일하게 직장가입자를 적용받기 때문이다.

지역가입자의 건강보험은 보험료를 산정하는 기준으로 소득 외에 재산을 함께 보지만 직장가입자는 소득만 보기 때문에 보험료가 상대적으로 저렴하다. 그런데 이런 장점을 이용하기 위해 배우자를 직원으로 고용하는 것은 불법이다. 고용된 배우자가 근로자의 지위로 근무해야 한다는 점을 간과하면 안 될 것이다.

공동사업이든 근로자로 고용하든 장단점은 분명히 존재한다. 중요한 것은 판단의 기준점으로 절세 효과만 보면 안 된다는 것이다.

직장인은 사업자등록
할 수 없다?

작은 제조 회사에 다니고 있는 8년 차 직장인입니다. 다름이 아니라 이번에 제가 직장을 다니면서 사업을 작게 시작해보려고 합니다. 그런데 인터넷의 글을 읽다 보니, 직장인은 사업을 못 한다는 글들이 보이더라고요. 그런데 아무리 생각해도 사업소득과 근로소득이 함께 있는 지인을 봤던 것 같은데, 법적으로 무리가 있을 수 있다는 게 이해가 안 되더군요. 정말 직장인은 사업을 못 하나요?

세무대리 업무를 하다 보면, 사업자가 아닌 직장인이 상담을 신청하는 경우가 의외로 많다. 여러 가지 이유가 있지만, 그중에서도 직장인인데 사업자등록이 가능하냐는 질문이 상당히 많다. 결론적으로 말하면 '가능하다'. 그런데 왜 직장인들이 이런 질문을 할까?

그 이유는 세법에 있지 않다. 바로 회사의 내규 때문이다. 일반적으로 회사 대부분이 겸직 금지 의무를 규정하고 있다. 이는 회사의 기술 또는 노하우를 이용해서 본인의 수익을 창출하는 행동을 방지하기 위함이다. 그래서 이 겸직 금지는 부동산임대업은 예외로 한다. 임대업은 기술이나 노하우가 필요한 사업이 아니기 때문이다.

그렇다면, 회사에서 내가 사업자라는 사실을 어떻게 알게 될까? 우선 내부고발자가 있을 것이다. 또 건강보험을 통해서도 알 수 있는데 직장가입자라도 급여 외의 소득금액이 연 2,000만 원을 초과한다면 지역가입자 건강보험료가 별도로 부과되기 때문이다. 물론 지역가입자 건강보험료는 자택으로 발송되므로 직장에서 알 수 없으나 연말정산 간소화 자료에 지역가입자 건강보험료가 표시될 수 있다. 따라서 직장인의 신분에서 사업을 시작하려 한다면 이 부분을 잘 고려해서 시작해야 할 것이다.

사업자등록을 한 직장인은 연말정산을 하나요, 종합소득세 신고를 하나요?

모든 직장인은(3.3%로 신고하고 급여를 받는 사람 제외) 13월의 월급이라고 부르는 연말정산을 진행한다. 이 연말정산은 쉽게 말하면 근로자의 종합소득세 신고와 같다. 앞서 언급했던 것처럼 연말정산은 근로자들의 세법에 관한 지식이 부족하다는 판단하에 사업자가 근로자를 대신해 정산하도록 규정하고 있다. 그런데 사업자등록을 했다면 세금에 관해 충분히 숙지했으리라 보고 5월에 종합소득세 신고를 하도록 규정하고 있다. 그렇다면 직장인이면서 사업을 하는 사람은 연말정산은 하지 않아도 될까?

그렇지 않다. 우선 근로소득이 발생하기 때문에 여타 근로자와 동일하게 2월에 연말정산을 해야 한다. 그리고 종합소득세 신고기간인 5월에 종합소득세 신고를 별도로 진행해야 한다. 여기서 중요한 것은 사업으로 벌어들인 사업소득에 대해서만 신고하는 것이 아니라, 이미 연말정산을 했던 근로소득금액과 사업으로 벌어들인 수입을 기준으로 계산된 사업소득금액을 합산해 종합소득금액을 산출한 후 신고해야 한다.

프리랜서는
사업자등록을 하는 편이 좋을까?

번역일을 하는 프리랜서로, 현재 직원 고용을 염두에 두고 있습니다. 제 평균 수익이 연 6,000만 원 정도인데요. 주위에서 사업자등록을 하는 것이 절세하는 데 훨씬 도움이 된다고 합니다. 어떻게 하는 것이 좋을까요?

유튜버, 번역사, 학원 강사, 연예인, 운동선수, 방송 PD 등 많은 고소득 프리랜서들은 종합소득세 신고 때만 되면 이 같은 고민을 한다. 이유는 소득이 클수록 많은 세금을 부담하기 때문이다. 세금이 왜 많이 나올까?

이유는 간단하다. 프리랜서 개인은 사업과 관련된 비용을 제대로 인정받지 못한다. 사업자의 경우 비용에 대해 세금계산서를 발급받거나 사업자등록번호로 지출증빙용 현금영수증을 받을 수 있지만, 개인은 받을 수 없다. 증빙을 받지 못한 비용은 종합소득세를 신고할 때 반영하지 못한다.

둘째, 인건비를 신고하지 못한다. 사업자라면 4대 보험 신고를 할 수 있어서 직원을 고용하면, 급여를 인건비로 처리할 수 있다. 하지만 개인은 직원에 대해 4대 보험 신고를 할 수 없으므로 동일하게 증빙 부족으로 비용을 반영하지 못한다.

세 번째, 프리랜서 신고에 대한 실무적인 문제 때문이다. 사업자 대부분이 프리랜서에게 외주를 맡기면 소득을 지급할 때 3.3%의 세율로 원천징수 한다. 그런데 법적으로는 다양한 업종코드가 있음에도 불구하고 어떤 일을 하든지 편의를 위해 동일한 업종코드로 신고한다. 그렇게 되면 프리랜서는 종합소득세를 신고할 때 본인의 직업과 일치하지 않은 업종코드로 소득 신고를 하게 되고, 그 결과 본래라면 받아야 할 세액 공제 등을 적용받지 못하는 일이 생긴다.

사업자등록을 하면 이 많은 문제점을 해결할 수 있다. 결국 절세의 길로 이어질 수 있는 것이다. 그렇다고 모든 프리랜서가 사업자등록을 하는 것이 좋다는 것은 아니다. 사업자등록을 하려면 먼저 사업장 주소가 필요하다. 자택에서 불가능하다면 사업장을 별도로 구해야 한다. 그리고 사업자가 아닐 때는 일하고 그에 따른 보수만 받으면 됐지만, 사업자등록을 하면 세금계산서를 발급해줘야 하는 등 일거리가 늘어난다. 세금 측면에서도 사업자등록을 하는 것이 무조건 절세를 보장받는 것도 아니다.

그렇다면 언제 사업자등록을 하는 것이 좋을까? 그 기준은 없다. 업종마다, 소득에 따라 다르기 때문에 반드시 세무사와의 상담을 통해 기대수익과 기회비용을 고려해 선택하도록 하자.

폐업은 어떻게 하고
주의할 사항은 무엇이 있나?

코로나바이러스 대유행 때문에 사업이 너무 힘들어서 이번에 사업을 접고 직장에 들어가기로 결정했어요. 그런데 사업을 그만두려면 폐업 신고를 해야 한다고 하더라고요. 폐업 신고는 어떻게 하면 되는지. 또 폐업 신고할 때 함께 해야 할 것은 무엇이 있는지 궁금합니다.

  사업을 중단하기로 마음먹었다면 가능한 한 빠르게 폐업하는 것이 좋다. 그 이유는 사업장이 계속 존재한다면 비록 실적이 없더라도 신고 의무는 계속 발생해 부가가치세나 종합소득세 또한 신고 기간마다 신고해야 해서 번거롭기 때문이다.

  폐업 신고를 하는 방법은 생각보다 간단하다. 다음 중 어느 하나를 선택하면 되는데, 작성해야 할 것들이 직관적이기 때문에 어렵지 않게 작성할 수 있을 것이다.

① 홈택스 로그인 ▶ 국세증명·사업자등록, 세금관련 신청/신고 ▶ 사업자등록· 신청·정정·휴폐업 ▶ 휴·폐업·재개업신고 ▶ 휴·폐업신고

휴·폐업신고 휴업(폐업) 신고하는 화면입니다.

- 폐업하는 사업자는 폐업일이 속하는 과세기간의 개시일부터 폐업일까지의 사업실적과 잔존 재화에 대해 폐업일이 속한 달의 다음 달 25일까지 부가가치세 확정신고, 납부를 해야 합니다.
- 폐업하는 사업자가 부동산 임대업자이거나 건물 관련하여 가 환급받은 세액이 있는 경우 추가 납부세액이 발생할 수 있습니다.
- 휴업신고(휴업기간이 12개월을 초과하는 경우), 휴업기간정정, 폐업취소, 폐업일자 정정은 관할세무서(민원실)를 방문하여 처리하셔야 바랍니다.

● 기본 인적 사항

사업자등록번호		
상호		
대표자명		
도로명주소		
법정동주소		

전화번호	- -
휴대전화번호	010 ▼ - - ****
이메일	@ 직접입력 ▼

※ 개인정보 유출 가능성을 사전 차단하기 위해 일부 정보를 마스킹(●●●●) 처리하였습니다. 해당 칸을 마우스로 클릭하면 입력한 정보를 확인할 수 있습니다.

● 신청내용   도움말

- * 신청구분   ○ 휴업신고서 ● 폐업신고서
- * 폐업일자   2023-12-31 📅
- * 휴업(폐업)사유   사업부진(폐업)   ▼

● 통합폐업신청 여부

- * 신청구분   ○ 여 ● 부   (타기관의 폐업신고서를 동시에 제출하기를 원하실 때 여를 선택해주시기 바랍니다.)

● 서류 송달장소(사업장소와 다를 경우 입력)

송달받을 장소	○ 주민등록상 주소 ○ 기타 ● 해당없음
송달장소	우편번호 [주소검색]
	도로명주소
	지번주소
	건물명 동 층 호
	기타주소

- 폐업일 또는 휴업시작일이 미래인 경우, 폐업일 또는 휴업시작일에 송달장소가 지정(변경)됩니다.
  송달장소를 먼저 지정(변경)하고자 하는 경우는
  국세증명·사업자등록·세금관련 신청/신고 > 세금관련 신청·신고 공통분야 > 송달장소 신고/변경 신고 화면을 이용하시기 바랍니다.
  (예시) 휴업신고(일자 : 2022.3.15, 휴업기간 : 2022.5.1.~2022.5.31.
         송달장소 지정(변경)일자 : 2022.5.1.

※ 첨부가능 파일형식 : PDF 파일, 이미지 파일(JPG, PNG, GIF, TIF, BMP)
※ 한글서식(HWP)를 내려받은 후 PDF로 변환하여 첨부서류에 추가할 수 있습니다.
- 한글(HWP) 파일 PDF 변환 방법 : 한글 메뉴 상단의 파일-PDF로 저장하기를 이용하여 PDF로 변환
● 첨부서류

◎ 대상 파일선택   파일선택 삭제

□	NO	첨부파일명	제출파일명	파일크기

※ 동일한 파일은 한 번만 첨부됩니다

신청하기

▲ 홈택스를 이용한 폐업 신고

② 폐업신고서를 작성해 사업자등록과 함께 관할세무서에 직접 제출

■ 부가가치세법 시행규칙 [별지 제9호서식] <개정 2017. 3. 10.>

홈텍스(www.hometax.go.kr)에서도
신청할 수 있습니다.

[ ] 휴업 ┐ 신고서
[ ] 폐업 ┘

접수번호		접수일		처리기간	즉시

인적사항	상호(법인명)	다음 기회에	사업자등록번호	XXX-XX-XXXXX
	성명(대표자)	박폐업	전화번호	010-0000-0000
	사업장 소재지	서울시 폐업구 신고동 216		

신고내용	휴업기간	년 월 일부터 년 월 일까지(일간)
	폐 업 일	2022 년 10 월 31일

휴업·폐업사유	사업부진 ①	행정처분 2	계절사업 3	법인전환 4	면세포기 5
	면세적용 6	해산(합병) 7	양도·양수 8	기타 9	

사업 양도 내용 (포괄양도·양수의 경우만 적음)	양수인 사업자등록번호(또는 주민등록번호)

납세자의 위임을 받아 **대리인이 휴업·폐업 신고**를 하는 경우에는 아래의 **위임장을 작성하시기 바랍니다.**

위 임 장	본인은 [ ]휴업, [ ]폐업신고와 관련한 모든 사항을 아래의 대리인에게 위임합니다. 본인 : (서명 또는 인)
대리인 인적사항	성명 주민등록번호 전화번호 신고인과의 관계

「부가가치세법」 제8조제6항 및 같은 법 시행령 제13조제1항·제2항에 따라 위와 같이([ ]휴업, [v]
폐업)하였음을 신고합니다.

2022 년 10 월 31 일

신고인   박폐업   (서명 또는 인)

세무서장 귀하

신고인(대표자) 제출서류	1. 사업자등록증 원본(폐업신고를 한 경우에만 제출합니다) 2. 사업양도·양수계약서 사본(포괄 양도 ·양수한 경우에만 제출합니다)	수수료
담당 공무원 확인사항	사업자등록증	없음

행정정보 공동이용 동의서

본인은 이 건 업무처리와 관련하여 담당 공무원이 「전자정부법」 제36조에 따른 행정정보의 공동이용을 통하여 위의 담당 공무원 확인
사항을 확인하는 것에 동의합니다. *동의하지 않는 경우에는 신고인이 직접 관련 서류를 제출하여야 합니다.

신고인   (서명 또는 인)

참고 및 유의사항

※ **참고사항**
  관련 법령에 따라 허가·등록·신고 등이 필요한 사업으로서 주무관청에 제출하여야 하는 해당 법령상의 신고서(예: 폐업신고서)를
  함께 제출할 수 있습니다. 이 경우 세무서장이 해당 신고서를 주무관청에 송부해 줍니다.
※ **유의사항**
  1. 휴업기간 중에도 제세신고 기한이 도래하면, 부가가치세 등 확정신고·납부를 하여야 합니다.
  2. 폐업하는 사업자는 과세기간 개시일부터 폐업일까지의 사업실적과 잔존 재화에 대하여 **폐업일이 속한 달의 말일부터 25일 이내에**
    부가가치세 확정신고·납부를 하셔야 합니다.

210mm×297mm[백상지 (80g/㎡) 또는 중질지 (80g/㎡)]

▲ 폐업신고서

이렇게 폐업 신고를 하고 나면 많은 사업자가 모든 절차가 마무리되었다고 생각한다. 하지만 그렇지 않다. 폐업 신고 이후에 마지막 세금 신고를 해야 한다. 바로 부가가치세와 종합소득세 신고다. 이 두 가지를 마무리하고 나서야 비로소 사업장과 관련된 세금 업무가 끝난다.

먼저 부가가치세 신고는 폐업일이 속하는 달의 다음 달 25일까지 신고해야 한다. 예를 들어 9월 5일을 폐업일로 폐업 신고를 했다고 하자. 일반과세자라면 상반기에 대해서는 이미 7월 26일 전에 신고한 상태일 것이다. 마지막으로 해야 할 부가가치세 신고는 하반기에 해당하는 7월 1일부터 9월 5일까지의 실적에 대한 것이다. 이를 10월 25일까지 신고해야 한다.

여기서 중요한 것은 '폐업 시 잔존재화'라는 것을 신고서에 함께 작성해 신고해야 한다는 점이다. 폐업 시 잔존재화란 "폐업 당시 남아 있는 재고나 감가상각 대상 자산에 대해 일전에 매입세액으로 공제받았던 부분을 (폐업 이후) 비사업자로 사용·소비하는 경우 판매자와 과세형평이 맞지 않으니 판매한 것으로 보아 부가가치세를 내라"는 것이다. 계산 방식은 다음과 같다.

취득 당시 매입세액 공제를 받은 재화 또는 감가상각 대상 자산이 폐업 당시 남아 있는 경우에는 다음의 금액을 자기 자신에게 공급하는 것으로 보아 부가가치세 신고 시 간주공급으로 과세표준에 입력한다.

① 남아 있는 재화의 경우: 재화의 시가
② 남아 있는 감가상각 대상 자산의 경우: 다음의 간주시가
　취득가액 × (1− 감가율◆ × 경과된 과세기간 수◆◆)

◆ 감가율 : 건물 또는 구축물은 5% 그 밖의 감가상각자산은 25%
◆◆ 경과된 과세기간 수: 연수가 아닌 부가가치세법상 과세기간을 1로 한다. 예를 들어 2021년 3월 1일에 취득했고 폐업한 날이 2022년 8월 20일이라고 한다면, 경과된 과세기간 수는 2021년 상반기 및 하반기, 그리고 2022년의 상반기까지 3이 된다.

이처럼 부가가치세는 폐업 시 잔존재화를 고려해, 폐업일의 다음 달 25일까지 신고를 완료해야 한다.

한편 종합소득세 신고는 다른 개인사업자와 동일하게 다음 해 5월에 신고·납부를 완료하면, 비로소 폐업과 관련된 세금 업무가 마무리된다.

매출·매입 실적이 전혀 없으면
신고 안 해도 될까?

사업을 시작하려고 올해 사업자등록을 했는데, 육아에 치이다 보니 사업은커녕 집 밖으로 한 발짝도 못 나가고 있습니다. 그래서 제가 이번에 사업 실적이 전혀 없습니다. 그런데 이때도 신고는 하라고 하던데, 정말인가요?

사업자등록을 한 채 여러 가지 이유로 경영 활동을 하지 않는 사람이 있다. 이렇게 매출이나 매입이 아무것도 없어 실적이 제로라면 신고도 하지 않는 경우가 많다. 하지만 무실적은 납부 의무가 없을 뿐이지, 부가가치세든 종합소득세든 어떤 세목이든 간에 신고할 의무는 주어진다. 물론 국세기본법상 신고불성실 가산세나 납부지연 가산세 모두 납부할 세액을 기준으로 산정되기 때문에 신고를 하지 않았다고 가산세가 발생하는 것은 아니니 뒤늦게 신고해야 한다는 사실을 알았더라도 걱정할 필요는 없다. 다만 세무서로부터 소득이 있었지만 누락하고 신고도 하지 않았다는 오해를 받을 수도 있다. 추후에 사업을 할 것을 고려한다면, 무실적도 제대로 신고해 납세자의 의무는 다하도록 하자.

직장인인데
프리랜서 소득이 생겼다면

제가 지금 직장인인데 올해 강의를 진행한 게 있어서 사업소득으로 프리랜서 소득이 생겼습니다. 그런데 제가 직장인이니까 2월에 연말정산을 진행하잖아요. 그때이 프리랜서 소득도 같이 신고하는 건가요?

종합소득세법에서 규정하는 종합소득의 종류는 이자소득, 배당소득, 사업소득, 근로소득, 연금소득, 기타소득이 있다. 이 중 일부의 사업소득을 제외하고는 근로소득만 2월의 '연말정산'으로 규정해 종합소득세 신고기한인 5월 전에 미리 신고한다. 이를 바꿔 말하면, 근로소득 외의 다른 소득은 모두 5월에 종합소득세 신고를 진행해야 한다는 것이다.

그렇다면 연말정산을 진행하는 근로소득자가 다른 소득이 발생했을 때는 어떻게 해야 할까? 연말정산은 근로소득에 대해서만 진행하므로 근로소득 외의 소득이 있다면 5월에 그 소득에 대해서 종합소득세 신고를 진행해야 한다. 이때 연말정산을 진행한 근로소득까지 합산해서 신고한다는 것을 명심하자.

회사에서 경품을 지급했는데 어떻게 처리하나?

광고대행업체에 다니고 있는 김광고라고 합니다. 이번에 회사에서 블로그를 통해 체험단을 운영하고 리뷰를 잘 작성한 다섯 명을 뽑아서 경품을 지급하려고 합니다. 세금을 어떻게 처리하면 되는지 구체적으로 말씀 부탁드립니다.

회사에서 사업을 위해 비사업자에게 경품을 지급하면 일반적으로 경품만 지급하고 별다른 회계처리를 하지 않는 경우가 많다. 하지만 이 경우에도 처리에 관한 규정이 존재하고, 그 규정에 따라 정확히 처리하지 않는다면 가산세가 부과될 여지가 생긴다. 어떤 규정에 따라 처리해야 할까?

경품은 부가가치세와 원천세, 종합소득세를 구분해 각각 어떻게 처리하는지를 알아야 한다. 먼저 원천세를 살펴보자. 혹시 경품을 추첨할 때 '제세공과금 본인 부담'이라는 안내문을 본 적이 있는가? 경품은 소득세법 제21조 제1항의 기타소득에 해당하므로 지급할 때 22%의 세율로 원천징수를 해야 하는데, 바로 거기서 나오는 22%가 제세공과금이다. 그렇게 원천징수한 세금은 다음 달 10일까지 원천징수 이행상황 신고서를 제출(원천세 신고·납부)해야 하며 다음연도 2월 말일까지 지급 명세서를 제출해야 한다. 조금 더 직관적으로 시간 순서대로 정리해보자

- 1단계: 경품을 고지할 때 대상자는 '시가의 22%에 해당하는 제세공과금 부과'를 명시한다.
- 2단계: 경품을 지급할 당시 시가를 파악하고 당첨자로부터 22%의 세금을 받으면서 차후 제출할 지급 명세서에 입력하기 위한 인적사항 정보를 수집한다(주민등록증 사본 등).
- 3단계: 다음 달 10일까지 원천세를 신고·납부하고, 다음 해 2월 말까지 지급 명세서를 작성 및 제출한다.

소득세법 제21조(기타소득)
① 기타소득은 이자소득·배당소득·사업소득·근로소득·연금소득·퇴직소득 및 양도소득 외의 소득으로서 다음 각호에서 규정하는 것으로 한다.
:
2. 복권, 경품권, 그 밖의 추첨권에 당첨되어 받는 금품

다음으로 부가가치세에 관해 생각해보자. 우리가 처음 이 경품을 구매할 때 매입세액 공제를 받았는지 먼저 따져봐야 한다. 만약 매입세액 공제를 받아서 구매했거나 새로운 제품을 제조해서 경품으로 제공했다면, 제공 당시 이는 '사업상 증여'라는 간주공급 항목으로, 시가만큼 '기타매출'에 포함해 과세된다. 바꿔 말하면 매입할 때 매입세액 공제를 받지 않았다면 경품으로 제공할 때도 '기타매출'에 포함할 필요가 없다.

마지막으로 종합소득세 신고를 할 때 제공한 경품은 '광고선전비'라는 계

정의 비용으로 처리한다.

　이 세 가지 세금을 정확히 기억하되, 가장 중요한 것은 경품을 지급할 당시에 22%의 세금을 원천징수해야 하다는 것이다. 특히 경품은 현금 지급이 아니기 때문에 시가를 정확히 파악하고, 경품 담청자로부터 시가의 22%에 해당하는 돈을 받아야 한다.

TOP ⚡ TIPS!

모든 경품에 대해 꼭 원천징수 해야 할까?
원천징수는 일종의 소득을 지급받는 자의 소득금액을 확정 짓기 위한 절차이기도 하다. 그렇기 때문에 원천징수를 하는 것은 지급자의 의무다. 하지만 경품과 같은 기타소득은 지급금액이 5만 원 미만일 경우에는 비과세이므로 경품의 시가가 5만 원 미만이라면 원천징수를 이행하지 않아도 된다.

간이과세자는
세금계산서를 받지 않아도 될까?

온라인 쇼핑몰을 하는 사업자입니다. 유튜브나 인터넷을 보거나 커뮤니티에서 다른 사장님들에게 물어보면 간이과세자는 굳이 세금계산서 안 받아도 된다고 받지 말라고 하더라고요. 그 이유는 세금계산서를 안 받는 조건으로 거래처 사장님들이 10%를 할인해준다는 건데요. 그리고 또 어떤 사장님들은 세금계산서를 아예 못 주니까 받으려면 다른 데 가서 사래요. 이 옷을 살 수 있는 도매처가 여기밖에 없는데⋯. 세금계산서, 정말 안 받아도 될까요?

세무대리인으로 활동하다 보면 매입에 대해서 증빙을 받지 않는 간이과세자가 매우 많다. 이유는 간단하다. 거래 상대방에게 10%의 부가가치세를 납부하고 세금계산서를 받아봤자 부가가치세를 신고할 때 매입세액 공제를 받을 수 있는 금액은 공급가액의 10%가 아닌 공급대가의 10%에 5%를 곱한 금액이기 때문에 차라리 부가가치세를 안 내고 세금계산서도 받지 않겠다는 것이다.

10%를 더 주고 계산서를 발행받아도 이 10%, 전부를 매입세액 공제를

받을 수 있는 게 아니기 때문에, 차라리 세금계산서를 끊지 않음으로써, 물건을 판매한 거래처는 매출을 감출 수 있고, 매입한 간이사업자는 공제는 못 받는 대신 10% 싸게 살 수 있어 이득이라 생각하기 때문이다.

하지만 이는 명백히 위법 행위다. 이 위법 행위는 구매자의 입장에서는 매입세액 불공제라는 단순 제재가 있지만, 판매자는 매출 누락의 의도를 적극적으로 수반하고 있다. 이는 거래질서를 해치는 중대한 범죄인데 여기에 협조하는 것이 된다.

여기까지는 세법에 관한 이야기이고, 사실 실무적으로 보면 부가가치세를 부담하고 세금계산서를 달라고 하면 더는 거래하지 않겠다고 말하는 판매자가 있다. 세법에 저촉되지 않는 사업을 하고자 하는 나의 행동이 수익창출에 장애가 되면 안 되지 않는가? 결국 어쩔 수 없이 세금계산서 받지 못하고 거래하게 될 것이다.

여기서 내가 선택할 수 있다면 어떤 선택이 현명할까? 단순히 금액적인 이득을 따지자면 세금계산서를 받지 않는 편이 좋다. 그러니 세금계산서 수취 여부를 내 의사로 선택할 수 있다면 각각 파생되는 상황을 정확히 이해하고 결정해야 한다. 여기서 중요한 게 세금계산서를 받지 않기로 한 시점이 간이과세자일 때는 아니어야 한다. PART 5 종합소득세 편에서 단순경비율에 관해 살펴봤다. 복습하자면, 단순경비율을 적용하면 내가 실제로 얼마만큼의 비용을 사용했든 단순경비율만큼을 비용으로 인정해준다. 대부분 사업자는 이 단순경비율이 실제로 사용한 비용보다 많다. 하지만 기준경비율을 적용받게 되면, 경비율이 현저히 줄어든다. 예를 들어 전자상거래의 경우 단순경비율은 86%고 기준경비율은 10.6%다. 대략 70%가 줄어드는 엄청난 차이다. 이 간극을 메우기 위해서는 기준경비율에 추가로 계상할 수 있는 경비인 임차료, 인건비 및 재료비 등의 적격증빙이 있어야 한다. 적격증빙이 아니라면 대상금액의 2%를 증빙불비 가산세로 납부해야 하기 때문이다. 물론 개중에는 "그래도 가산세를 납부하는 것이 세금계산서를 발행하는 것보다 이익"이라는 말을 한다. 하지만 가산세를 지속적으로 납부하게 되면 세무조사의 빌미를 제공하는 꼴이다.

설명이 좀 복잡했는데, 요약하자면 세금계산서의 수취는 일반과세자냐 간이과세자냐에 따라 결정하기보다는 단순경비율 적용 대상자냐 기준경비율 적용 대상자냐에 따라서 결정하는 편이 조금 더 안전하고 현명한 선택이 될 것이라는 뜻이다.

참고로, 이런 경우가 많이 발생하는 사업자는 다음을 살펴보자.

① 1년 예상 판매금액(매출+부가세)이 4,800만 원 미만이라면 부가가치세 납부 의무 면제가 되기 때문에 세금계산서를 받지 않아도 별 무리가 없을 것이다.

② 적격증빙이 없는 비용을 세무 처리하기 위해서는 매입금액의 2%를 가산세로 납부해야 한다. (다만, 대통령으로 정하는 소규모 사업자(240쪽 참조)의 경우는 가산세 대상에서 제외한다.)

③ 1년 예상 판매금액이 4,800만 원 이상이라면 신용카드매출 전표 등 발행 공제되는 금액과 매출세액을 고려해 적격증빙을 적극적으로 받아야 할 것이다.

예시) 온라인 쇼핑몰의 판매금액이 5,000만 원이고 전액 카드매출이라고 가정해보자. 나의 매출세액은 5,000×10%×15%(부가율)인 75만 원이고 적용 가능한 신용카드매출 전표 등 발행 공제는 65만 원(1.3%)이므로 다른 매입 비용이 없다면 10만 원의 납부세액이 발생한다.

간이과세자로 전환 후
예상치 못한 세금이 나왔다면

헬스장을 운영하는 김탄탄입니다. 얼마 전에 국세청으로부터 사업장이 일반과세자에서 간이과세자로 변경된다는 통지를 받았습니다. 그래서 이제 부가가치세가 조금 줄어든다는 사실에 기분이 좋았는데, 오늘 세무서에서 전화가 와서 일반과세자 때 진행한 인테리어로 부가가치세를 환급받은 사실에 대해 재고납부세액이라는 것으로 300만 원을 내야 한다고 연락이 왔습니다. 어떻게 할 방법이 없을까요?

일반과세자였다가 매출이 급감해 간이과세자로 전환되는 경우가 종종 있다. 물론 간이과세자를 적용받게 되면 부가가치세를 신고할 때 세금이 많이 줄어들기 때문에 좋을 수 있지만, 일반과세자일 당시 고정자산 취득으로 인해 부가가치세를 공제받았거나 공제받았던 재고품이 간이과세자 변경 당시에 남아 있다면 이에 대해서 재고납부세액이라는 세금을 납부해야 한다. 재고납부세액은 쉽게 말해, 일반과세자는 부가가치세 전액을 공제받을 수 있는 반면, 간이과세자는 부가가치세 중 5%만 공제받을 수 있기 때문에 일반과세자로 공제받았던 부가가치세 중 95%를 다시 세무서로 돌려달라고 하는 것이다.

간이과세자가 된 현재에도 고정자산, 즉 감가상각자산은 계속 사용할 것이고 재고품도 판매할 것이다. 그렇다면 김탄탄 씨와 비교해서 처음부터 간이과세자를 적용받았던 사업자는 매출에 대해 납부하는 세금은 똑같지만, 고정자산과 재고품에 대해서는 간이과세자로 부가가치세액의 5%밖에 공제받지 못했을 것이다. 결과적으로 김탄탄 씨보다 세금을 더 많이 납부하게 된다. 이때 과세 형평을 맞추는 것이 재고납부세액이다.

재고납부세액은 이렇게 간이과세자로 전환되고도 수익을 창출할 수 있는 고정자산과 재고에 대해서만 과세하며, 그 방법은 다음과 같다.

구분	계산 방법
재고품	재고품의 부가가치세 × 10/110 × 95%
건물 또는 구축물	공제받은 부가가치세 × (1−5%) × 경과된 과세기간 수◆×10/110 × 95%
그 밖의 감가상각자산	공제받은 부가가치세 × (1−25%) × 경과된 과세기간 수◆×10/110 × 95%

◆ 공제받은 날이 속하는 부가가치세 과세기간부터 일반과세자로 신고하는 마지막 과세기간까지의 수. 예를 들어 2021년 상반기 부가가치세 신고 시 2021년 2월 1일 세금계산서를 수령한 인테리어에 대해 공제받았고, 2022년 하반기부터 간이과세자를 적용받았다면 경과된 과세기간 수는 2021년 상반기와 하반기 그리고 2022년 상반기까지 총 30이다.

매출의 급감 등으로 간이과세자가 되는 것은 본인의 선택이 아닌 세무서의 고지로 인해 이루어진다. 그렇기 때문에 이렇게 예상치 못한 지출이 발생할 수 있다. 하지만 이 예상에도 없는 지출에서 벗어날 방법은 있다. 바로 '간이과세 포기 신고'다. 간이과세자 포기 신고를 통해 일반과세자로 남는다면 재고납부세액을 납부하지 않아도 된다. 물론 간이과세자를 적용받음으로 인해 향후 부가세 납부액이 적어지는 것을 고려해 금전적으로 더 실익 있는 선택을 하는 것이 좋겠다.

나는 세무사 없이 세금 신고한다

초판 1쇄 발행 2022년 12월 15일
초판 5쇄 발행 2024년 1월 25일

지은이 송대훈
펴낸이 안병현 김상훈
본부장 이승은　**총괄** 박동옥　**편집장** 임세미
책임편집 김혜영　**마케팅** 신대섭 배태욱 김수연　**제작** 조화연

펴낸곳 주식회사 교보문고
등록 제406-2008-000090호(2008년 12월 5일)
주소 경기도 파주시 문발로 249
전화 대표전화 1544-1900　**주문** 02)3156-3665　**팩스** 0502)987-5725

ISBN 979-11-5909-826-0 13320
책값은 표지에 있습니다.